Andrea Böhm

Gott und die Krokodile

Eine Reise durch den Kongo

Pantheon

Verlagsgruppe Random House FSC-DEU-0100
Das für dieses Buch verwendete FSC®-zertifizierte
Papier *Munken Pocket* liefert
Arctic Paper Munkedals AB, Schweden.

Der Pantheon Verlag ist ein Unternehmen der
Verlagsgruppe Random House GmbH.

Zweite Auflage
Pantheon-Ausgabe Februar 2011

Copyright © 2011 by Pantheon Verlag, München,
in der Verlagsgruppe Random House GmbH

Umschlaggestaltung: Büro Jorge Schmidt, München
Satz: Ditta Ahmadi, Berlin
Karte: Peter Palm, Berlin
Reproduktionen: Mega-Satz-Service, Berlin
Druck und Bindung: GGP Media GmbH, Pößneck
Printed in Germany
ISBN: 978-3-570-55125-7

www.pantheon-verlag.de

Inhalt

Vorwort   7

Kapitel 1
Kinshasa – Die Stadt der Propheten   11

Kapitel 2
Kautschuk und Diamanten   57

Kapitel 3
Im Land der Gräber   129

Kapitel 4
Ein Katasteramt für Bukavu   199

Kapitel 5
Der Himmel über Katanga   227

Kapitel 6
Kinshasa – Die Parade der Löffelmenschen   243

Dank   255

Auswahlbibliographie   259

Zeittafel   263

Bildnachweis   271

Vorwort

Dies ist kein Buch über Afrika. Dies ist auch kein Buch von einer Weißen, die ihr Herz an Afrika verloren hat und deswegen die unendliche Weite des Kontinents, dessen Sternenhimmel, unberührte Tierwelt oder edle Massai-Krieger suchen muss.

Dies ist ein Buch über den Kongo, eines von über 50 afrikanischen Ländern, das, zugegebenermaßen, eine recht große Fläche des Kontinents einnimmt.

Der Kongo ist eine schier unerschöpfliche Quelle von Rohstoffen und von Klischees: Zu Ersteren zählen Diamanten, Kupfer, Kobalt, Gold, Uran, Holz. Zu Letzteren: »schwül«, »barbarisch«, »voller Rebellen«. Wie es halt sein muss im ewigen Herz der Finsternis.

Wie alle anderen Klischees haben auch diese einen wahren Kern: die Luftfeuchtigkeit im Kongo ist unangenehm hoch. Die Verbrechen, die dort in den vergangenen Jahrhunderten begangen wurden und immer noch begangen werden, können einem den Schlaf rauben. Und natürlich gibt es Rebellen. Sie machen nicht einmal ein Zehntel Prozent der Gesamtbevölkerung aus, was zeigt, wie nachhaltig wenige Menschen Schicksal und Schlagzeilen eines Landes bestimmen können, weil sie im Besitz einer Kalaschnikow sind. Darüber hinaus leben im Kongo rund 60 Millionen Nicht-Rebellen. Auch sie prägen die Geschichte ihres Landes.

»Wenn man beurteilen will, was ein Fremder über ein Land schreibt, muss man wissen, wann der Autor zum ersten Mal dort gewesen ist«, hat der britische Historiker und Autor

Timothy Garton Ash einmal gesagt. »War es vor oder nach der Revolution, Besatzung, Befreiung oder was immer die Zäsur des Landes darstellt? Natürlich spielen auch die Biografie und die politischen Überzeugungen des Autors eine Rolle. Aber meist ist der erste Besuch der prägende.«

Ich habe das Land nicht bei einer Reise ins Kriegsgebiet kennen gelernt, sondern über die Begegnung mit den Bewohnern seiner Hauptstadt Kinshasa. Kinshasa ist der Ausgangspunkt meiner Erkundung dieses Landes, der Ort, an dem dieses Buch seinen Anfang und sein Ende nimmt und an dem ich etwas sehr Entscheidendes begriffen habe.

Auf dem Hügel des Universitätsgeländes von Kinshasa befindet sich die morsche Anlage eines atomaren Forschungsreaktors. Der Reaktor ist schon lange nicht mehr in Betrieb, die Brennstäbe wurden, offenbar auf amerikanisches Betreiben, vor Jahren abtransportiert. Als ich eines Tages das nicht sehr stabil wirkende Tor zu der Anlage öffnete – mal reinschauen, dachte ich, wird ja nicht verboten sein –, pfiff mich ein grimmiger, sehr dürrer Wachmann zurück. Nach einigen harschen Worten über unbefugten Zutritt wechselte seine Stimmung, und er erzählte mit Stolz die Geschichte des Reaktors.

Ein belgischer Geistlicher, Universitätsrektor und Hobby-Nuklearphysiker namens Luc Gillon hatte noch zu Kolonialzeiten seiner Regierung die Idee eines kongolesischen Atommeilers in den Kopf gesetzt. 1959 ging der Reaktor, entworfen vom amerikanischen Konzern *General Atomic*, in Betrieb. Es war ein kleines Dankeschön der Amerikaner, die ihrerseits Anfang der 40er Jahre aus der belgischen Kolonie Uran für ihr Manhattan Project und die Atombomben auf Hiroshima und Nagasaki geholt hatten. »Stellen Sie sich vor, Madame«, sagte der Wachmann, »wir hätten Atommacht werden können.«

Die Begegnung mit dem Wachmann ging mir nicht mehr aus dem Kopf. Nicht so sehr wegen des Größenwahns, mit dem manche Kongolesen den erbärmlichen Zustand ihres

Landes kompensieren. Sondern weil diese Episode deutlich machte, dass der Kongo nie, wie ich anfangs geglaubt hatte, am Rande der Weltgeschichte gestanden war. Er befand sich immer mittendrin. Sei es durch die Ausbeutung seiner Bodenschätze, die Politik seiner Machthaber oder die Interventionen des Auslands.

Der Kongo ist weit mehr als eine belagerte Schatztruhe oder ein ewiges Katastrophengebiet. Er ist ein Schauplatz globaler Zäsuren. Schlagworte wie »Raubtierkapitalismus«, »Globalisierung«, »Rohstoffkriege«, »humanitäre Intervention«, »Weltrecht« beschreiben Krisen und Wendepunkte unserer Zeit. Was kaum jemand weiß: Die Phänomene, die sich dahinter verbergen, sind oft zuerst im Kongo aufgetaucht.

Hier errichtete der belgische König Leopold II. in seiner Privatkolonie den ersten Gulag, das erste entstaatlichte System zur Ausbeutung von Menschen und Rohstoffen. Hier begann vor gut hundert Jahren die erste moderne Menschenrechtskampagne – gegen den Monarchen und die ausländischen Firmen, die von dieser Ausbeutung profitierten.

Hier setzte ein schrulliger Missionar den Bau des ersten Atomreaktors auf afrikanischem Boden durch. Anfang der 60er Jahre kämpften im Kongo zum ersten Mal Blauhelme der Vereinten Nationen. Mitten in der Entkolonialisierung Afrikas wurde hier im Auftrag und unter Mithilfe westlicher Mächte ein demokratisch gewählter Regierungschef ermordet – Patrice Lumumba. Danach stellte das Land zwei traurige Rekorde auf: den der schlimmsten Plünderung der Staatskassen eines afrikanischen Landes durch Mobutu. Und den des schlimmsten Krieges auf dem Kontinent, an dessen Folgen bis zu fünf Millionen Menschen gestorben sind.

Inzwischen kämpfen China, die USA, Südafrika, Angola und Europa um die enormen Vorkommen an Erz, Uran, Gold und Diamanten. Die EU hat sich hier 2003 erstmals als Militärmacht ausprobiert. Die UN, vierzig Jahre später wieder im

Land, betreiben im Kongo ihr größtes Experiment in Sachen Befriedung und Staatsaufbau (mit sehr bescheidenem Erfolg). Und in Zeiten des Klimawandels spricht sich langsam herum, dass im Kongo der zweitgrößte Regenwald nach dem Amazonasgebiet liegt. Der zweite Lungenflügel der Erde.

Meine Erkundung dieses Lands beginnt im Westen und führt nach Osten. Die Route ergibt keine historische Chronologie. Die Spuren der kongolesischen Geschichte fand ich auf diesen Fahrten, wie ein Archäologe Fundstücke aus mehreren Epochen entdeckt. Spuren der Leopoldschen Herrschaft, der späten Kolonialjahre, der Ära Mobutu, der Söldnerheere, verschiedener Religionsbewegungen, des bewaffneten Auf- und Widerstands, der Einmischung durch nahe und ferne Mächte.

Mitten in diesen Ruinen von Kolonialisierung und Globalisierung organisieren fast 60 Millionen Menschen auf bizarre, geniale, mitreißende oder kriminelle Weise ihr Überleben, werden von den historischen und aktuellen Ereignissen immer wieder aus ihren Welten gerissen, reagieren mit Widerstand, Opportunismus, Improvisationskunst, Solidarität, Flucht in Religiosität oder Geisterwelten.

Dieses Buch erzählt vor allem vom Leben dieser Menschen und von meinem Versuch, dieses Leben zu begreifen. Ob mir das immer gelungen ist, mag ich nicht beurteilen. Aber ich hoffe, ich habe ihre Geschichten möglichst genau wiedergegeben.

Kapitel 1
Kinshasa – Die Stadt der Propheten

Boulevard Lumumba

Der Amerikaner war zum ersten Mal nach Kinshasa gereist. In den USA feierte man ihn als berühmten Schriftsteller. Hier, in dieser afrikanischen Hauptstadt kannte ihn niemand. Da ihn bei seiner Ankunft auch noch heftige Magenkrämpfe plagten, stand der Besuch unter einem schlechten Stern. »Da ist man nun am Rand des Herzen der Finsternis, in der alten Kapitale von Joseph Conrad's Horror, einst das teuflische Léopoldville, Zentrum des Sklaven- und Elfenbeinhandels«, schrieb Norman Mailer 1974, »und man betrachtet das Ganze durch die reizbaren Augen eines Mannes mit malträtierten Gedärmen. Hat sich jemand schon mal so sehr danach gesehnt, wieder in New York zu sein?«

Ich kam 28 Jahre später in Kinshasa an. Die Stadt hatte inzwischen zwei Plünderungswellen sowie einige Feuergefechte hinter sich und befand sich in deutlich schlechterer Verfassung. Aber im Gegensatz zu Mailer hatte mein Magen die Reise klaglos hingenommen. Vielleicht fand ich deshalb die Umstände meiner Ankunft eher faszinierend als entsetzlich.

Es war bereits dunkel, am Flughafen N'djili war der Strom ausgefallen. Zöllner, Polizisten, Gepäckträger und Geheimdienstler suchten mit der Leuchtanzeige ihrer Mobiltelefone nach geeigneten Opfern unter den Passagieren, die von der feuchten Hitze bereits leicht betäubt waren. Innerhalb von zwei Minuten hatte ich mir, tollpatschig nach Moskitos schlagend, Pass und Gepäckzettel aus der Hand nehmen lassen.

Ersteren bekam ich nach einer Viertelstunde gegen eine nicht näher beschriebene »Gebühr« von 20 Dollar zurück. Letzteren nach zwei Stunden mit der Auskunft, mein Koffer sei verschwunden. Um mich herum war der Lärm auf den Pegel eines Wagnerschen Opernfinales angeschwollen. Weiß uniformierte Damen von der Gesundheitsbehörde verlangten lautstark Nachweise von Impfungen gegen Krankheiten, die ich nicht kannte – ein Problem, das mit zehn Dollar zu lösen war. Zöllner beugten sich wie hungrige Kater über das pralle Gepäck von Kongolesinnen, die theatralisch Ohnmachtsanfälle simulierten, mit der Strafe Gottes drohten oder der Rache irgendeines Ministers, den sie angeblich kannten. Mittendrin standen, eilfertig lächelnd, Herren in Zivil, die sich *protocol* nannten und weiße Passagiere gegen ein Honorar von vierzig Dollar durch den Strudel zu führen versprachen wie Moses sein Volk durchs Rote Meer.

Nach diesem Schleudergang taumelten die Ankömmlinge ins Freie und verteilten sich je nach Status und Hautfarbe auf Geländewagen der UN, klimatisierte Luxuskarossen oder verbeulte, rostzerfressene Toyotas. Dann rollte die Karawane auf dem Boulevard Lumumba hinein in die Stadt. Als sei dem Leben nachts die Bürde genommen, drängten sich links und rechts der Straße tausende von Menschen zwischen den Kerosinlampen der Marktstände. Sie schleppten Körbe und Säcke, schälten sich aus überfüllten Sammeltaxis, schoben Karren und Fahrräder. Sie feilschten um Preise für Zigaretten, Lutscher und Erdnüsse, diskutierten hitzig über korrupte Politiker, formschwache Fußballspieler und die jüngsten Gerüchte über Hexereien. Sie flickten Autowracks, stampften Maniok, schaukelten sich unter dem Zeltdach einer Erweckungskirche in Ekstase oder bei Bier und kongolesischem Rumba in einen Tanzrausch. In dieser ersten Nacht begriff ich eines: Man kann sich dieser Stadt nicht nähern. Man wird von ihr geschluckt.

Zur Unabhängigkeit hatte die belgische Kolonialmacht dem Kongo eine Geschichte von 75 Jahren brutaler Ausbeutung und Massenmord sowie eine ziemlich solide Infrastruktur hinterlassen. Das war 1960. Kinshasa hieß damals noch Léopoldville und hatte rund 400 000 Einwohner. Zum Zeitpunkt von Norman Mailers Besuch war deren Zahl auf zwei Millionen gestiegen. Inzwischen lebten hier über acht, vielleicht sogar zehn Millionen Menschen in einer Stadt, in der so gut wie nichts mehr funktionierte und so gut wie alles organisiert werden konnte. Jede Mega-City hat Slums und Armenviertel, urbane Desasterzonen ohne Strom, Trinkwasser und Kanalisation, ohne funktionierende Schulen, Polizei und Feuerwehr. Aber nur im Kongo hatte der Staat sich und seine Hauptstadt so gründlich ruiniert. Kein anderes Stadtvolk musste ständig so viele neue Überlebensstrategien erfinden wie die *Kinois*. Und so viele Spitznamen. Aus *Kin, la Belle* (Kinshasa, die Schöne) wurde *Kin, la Poubelle* (Kinshasa, die Mülltonne). Dann, je nach Aktualität anderer Katastrophen, *Sarajevo, Afghanistan, Kosovo, Tschetschenien* oder *Bagdad*. Mochte sich die Welt auch nicht um ihr Schicksal scheren, die *Kinois* taten einfach so, als wäre ihr Elend CNN-würdig.

Eine Stadt, die einen schluckt, erweckt das Bedürfnis zu fliegen. Einmal aus der Vogelperspektive auf Kinshasa schauen und wenigstens so tun, als könnte man in diesem Moloch die Übersicht behalten. Der Einzige, der bei meinem ersten Besuch einen Blick von oben bieten konnte, war ein gewisser Monsieur Mulambi, Angestellter des kongolesischen Informationsministeriums. Monsieur Mulambi war der scheinbar letzte Beamte im leer geplünderten Gebäude des staatlichen Rundfunksenders. Da der Lift nicht funktionierte, stapfte ich achtzehn Stockwerke hoch in sein Büro, in dem sich außer Monsieur Mulambi noch ein ramponierter Schreibtisch und ein Telefon aus den sechziger Jahren befanden, übergab ihm schweißgebadet 100 Dollar und erhielt dafür die schriftliche Erlaubnis, »die

Kultur der Hauptstadt unter strengster Beachtung der menschlichen Würde und der Gesetze der Demokratischen Republik Kongo dokumentieren« zu dürfen. Monsieur Mulambi, ein kleiner Herr, der seine bizarren Arbeitsbedingungen mit der pikierten Würde eines englischen Butlers ignorierte, gewährte als Zugabe einen Rundblick durch die verdreckten Bürofenster auf seine Stadt: Im Westen, auf sandigen Hügeln, liegt Binza-Ma Campagne, ein Villenviertel, das in der Regenzeit alljährlich ein paar Häuser durch Erdrutsch verliert. Im Norden, unweit der rostbraunen Fluten des Kongo-Flusses, ragt das *Grand Hotel*, ehemals *Hotel Intercontinental*, empor, in dem je nach Sicherheitslage abwechselnd Kriegsherren und Weltbank-Experten logierten. Östlich davon sah ich den Fährhafen, wo sich jeden Morgen Händler, Straßenkinder und Verhexte versammelten, um Waren über den Fluss nach Brazzaville zu transportieren, der Hauptstadt des kleinen Nachbarlandes mit dem verwirrend ähnlichen Namen »Republik Kongo«. Stadteinwärts wurde der Platz für die Lebenden und Toten immer enger, in der Hitze flimmerten die Dächer von Matonge, dem Kneipen-und Musikviertel, und Makala mit dem berüchtigten Zentralgefängnis sowie die Gräber des großen, längst überfüllten Friedhofs von Kasa Vubu. Der Boulevard Lumumba zog sich wie ein Bandwurm Richtung Südosten durch Massina und N'djili, im Volksmund »Quartiers Chinoises« genannt, die chinesischen Viertel, weil eigentlich nur in China so viele Menschen auf so engem Raum leben können. Tief im Süden breitete sich über einem Hügel der Campus der Universität Kinshasa aus mit dem stillgelegten nuklearen Forschungsreaktor, der mit jedem Erdrutsch näher an einen Abgrund rückte. Im Osten erhob sich ein grauer Betonklotz, Kinshasas »Stadion der Märtyrer«, so genannt, weil Mobutu an dieser Stelle einst Oppositionelle aufhängen ließ. Ein paar hundert Meter weiter lag das kleinere Oval des Stadions Tata Raphaël, benannt nach einem belgischen Missionar. Dort wurde die Stadt einst für eine Nacht zum Mittelpunkt der Welt und Norman Mailer Zeuge eines Wunders. Und ich hörte in dieser Nacht zum ersten Mal den Namen Kinshasa.

Stadion Tata Raphaël

Angel Moway war gefürchtet für ihre schnelle Führhand, die sie in diesem Augenblick auf meinem Kinn platzierte. Zum dritten Mal in zwei Minuten. Ihre Tochter Herveline saß im Strampelanzug unter dem verdreckten Sandsack und quietschte vergnügt. Es gibt in Kinshasa nicht viele Kinder, deren Mütter eine Gerade landen können. Angel, eine Bantamgewichtlerin mit dünn geflochtenen Zöpfen, tänzelte locker, schlug Kombinationen gegen meine Deckung, lauerte auf die nächste Lücke. Sie machte ihrem Namen alle Ehre. Selbst während des heftigsten Schlagabtausches behielt ihr Gesicht einen engelsgleichen Ausdruck sanfter Konzentration.

Es war Samstagnachmittag, in Judex' Club trudelten Boxer zum Training ein und passierten ungerührt die Halbwüchsigen, die am Eingang wild gestikulierten und schrien. Sie hatten in einem nahe gelegenen Schuppen ein ausgesetztes Neugeborenes gefunden, eingewickelt in ein zerrissenes Hemd. Jetzt wollten sie Taxigeld, um den Säugling ins Waisenhaus zu bringen. »Babys, Babys, Babys!«, sagte Judex, »ich erklär' den Frauen immer: Haltet euch die Kerle vom Leib, sonst seid ihr sofort schwanger.«

»Dschüüdex!« So hatte sich der Mann bei unserer ersten Begegnung vorgestellt. »Ganz einfach: Coach Dschüüdex.« Klein, drahtig, auf dem Kopf eine speckige Baseballmütze, darunter ein Vogelgesicht mit weit auseinanderliegenden Augen, als erwarte er jederzeit einen Haken von der Seite. Ich hatte Judex zufällig auf einem Parkplatz entdeckt, wo er, ausgestattet mit zwei zerfledderten Boxhandschuhen und einem

Badelatschen als Schlagpratze, eine Gruppe Kämpfer trainierte. Darunter befanden sich zu meiner Verblüffung mehrere Boxerinnen, die er als »Frauennationalmannschaft« vorstellte. Das war 2002. Das Land taumelte damals zwischen Krieg und Friedensgesprächen. Konvois von *warlords*, die bei Verhandlungen in Kinshasa um Ministerposten schacherten, rasten durch die Stadt. An der Bar des *Hotel Intercontinental* war die kongolesische Variante der Globalisierung zu besichtigen: ukrainische Waffenschmuggler, libanesische Diamantenhändler, Offiziere aus Simbabwe und Angola, die Militärhilfe gegen Rohstoffkonzessionen anboten. Judex kümmerte das wenig. Die Kämpfe fanden weit weg im Osten des Landes statt, und für Krieg und Politik interessierte er sich nur dann, wenn Putschgerüchte oder Großdemonstrationen seinen Trainingsplan störten. Sein Alter gab er damals mit 53 Jahren an, was er im Laufe unserer Bekanntschaft stetig nach unten korrigierte. Ansonsten waren seine Zahlen präzise und konstant. »Vier Mal nationaler Meister, vier Mal Afrika-Meister im Weltergewicht – 101 Kämpfe, 97 Siege, drei Remis, eine Niederlage.« Das war die Chronologie seiner sportlichen Karriere, damals Ende der siebziger Jahre, als der Kongo noch Zaire hieß und die Zeiten himmlisch schienen. Zumindest im Rückblick.

Nun, über ein Vierteljahrhundert später, hatte Judex endlich seinen eigenen Club: Eine ehemalige Turnhalle unterhalb der Zuschauerränge des Stadions Tata Raphaël. »Judex Boxing« hatte jemand mit blauer Farbe an die Wand gepinselt. Es gab keinen Ring, keinen Kopf- und Mundschutz, die Springseile bestanden aus Wäscheleinen, die Handschuhe – Judex besaß inzwischen drei Paar – waren an den Nähten aufgeplatzt.

Gegen eine Gebühr konnten Gäste mittrainieren, vorausgesetzt, sie gewöhnten sich an das ewige Halbdunkel, die Löcher im aufgerissenen Boden, den Geruch von Gemüse, Urin und Holzkohle und an die Schattenwesen, die durch die Gänge

*Judex im Stadion
Tata Raphaël*

huschten. In den Eingeweiden des Stadions wohnten Kriegsflüchtlinge, deren Dörfer im Osten zerstört worden waren; Obdachlose, die sich die Mieten in den Slums von Kinshasa nicht leisten konnten; junge Boxer, die auf Meisterschaftstitel hofften. Im Laufe der Jahre hatte diese Wohngemeinschaft der Traumatisierten und der Träumer die Sprossen der Turnleiter zu Feuerholz verarbeitet, morsche Barren zu Wäscheständern und ein altes Trampolin zum Schlafplatz umfunktioniert. Nur das verblichene Plakat an der Wand, das an den glorreichsten Tag dieses Stadions erinnerte, wagte lange Zeit niemand anzurühren. »30. Oktober 1974: George Foreman vs. Muhammad Ali. Weltmeisterschaftskampf im Schwergewicht. 15 Runden. Ein Geschenk des Präsidenten Mobutu an das Volk und eine Ehre für alle Schwarzen.« Judex deutete in Richtung der Sandsäcke. »Hier hat *Er* sich aufgewärmt.«

Er. Der Größte. Muhammad Ali, der Schwergewichtler mit den schnellsten Beinen und dem schnellsten Mundwerk in der Geschichte dieses Sports.

Bis zu jenem 30. Oktober 1974 kannten die meisten Europäer und Amerikaner den Kongo allenfalls aus Söldnerromanen oder aus Joseph Conrads *Herz der Finsternis*. Ich kannte das Land überhaupt nicht. Das änderte sich mit dem Gong zur ersten Runde dieses Weltmeisterschaftskampfes um vier Uhr morgens im Stadion Tata Raphaël – 22 Uhr an der amerikanischen Ostküste und somit beste Sendezeit für die USA. Judex' Versionen über seinen Aufenthaltsort während des Kampfes variierten: Mal wollte er mit seinem Onkel mitten unter den Zuschauern gewesen sein, mal daheim in Kinshasa mit der Familie vor dem Fernseher. Wahrscheinlich war es ein Radio. Wie auch immer, Judex beteuerte, in jener Nacht dasselbe Spektakel verfolgt zu haben wie ich, gerade dreizehn, mit meinem Vater einige tausend Kilometer entfernt in unserem Münchner Wohnzimmer: Vier, fünf Runden lang drängte Foreman, der haushohe Favorit, Ali in die Seile und drosch wie ein hünenhafter Holzfäller auf ihn ein. In der sechsten Runde erlahmte er. In der achten passierte das Wunder: Ali schlug ihn k.o. Mehr noch als der Kampf blieb mir der fröhliche Gesang des Publikums im Gedächtnis: »*Ali, boma ye! Ali, boma ye!* Ali, töte ihn«, was nicht als Aufruf zum Mord, sondern als Ausdruck der Zuneigung zu Ali gemeint war.

In jener Nacht schwor sich Judex, Boxer zu werden. Genauso zu werden wie jener Schwarze aus Amerika, der nicht nur den Weltmeistertitel erobert, sondern auch Kinshasa zur Bühne eines grandios-bizarren Welttheaters gemacht hatte. Aber Ali, der geniale Selbstdarsteller, führte in diesem Stück nicht Regie. Die Fäden zog ein Mann, der sich für Boxen wenig interessierte, ein Mann, der selbst nicht schlug, sondern schlagen ließ.

Es ist ein schwüler Tag Anfang September 1974, als Ali in Kinshasa aus dem Flugzeug steigt – im Schlepptau seine riesige Entourage: Trainer, Manager, Masseur, Sparringspartner, Verwandte und Funktionäre der »Nation of Islam«, jener muslimischen Bewegung von Afro-Amerikanern, der er sich angeschlossen hat und die in den USA eine radikale Abschottung von der weißen Gesellschaft vertritt.

Der Kampf gegen George Foreman ist Alis letzte Chance, den Weltmeistertitel wieder zu gewinnen, den man ihm in den USA nach seiner Wehrdienstverweigerung im Vietnam-Krieg aberkannt hat. Eine hauchdünne Chance in Anbetracht von Foremans monströser Schlagkraft. Weil sich außer einem afrikanischen Staatschef namens Joseph Désiré Mobutu niemand bereit erklärt hat, das hohe Preisgeld von zehn Millionen Dollar aufzubringen, wird der Fight in Kinshasa, der Hauptstadt von Zaire, angesetzt. Ali ist vom Austragungsort anfangs überhaupt nicht begeistert. *Black Power* hin oder her – was Afrika betrifft, pflegt er dieselben Klischees wie die meisten seiner weißen wie schwarzen Landsleute: primitiver Urwald mit primitiven Einwohnern. *The Rumble in the Jungle,* das Grollen im Dschungel. So tauft er das bevorstehende Spektakel und prophezeit allen Anhängern Foremans ein böses Ende »im Kochtopf der Kannibalen«. Mobutu und seine Minister finden Alis berühmten Sprachwitz zunächst überhaupt nicht komisch.

Joseph Désiré Mobutu, ehemals Journalist, Militäroffizier und Armeestabschef, ist seit seinem Putsch 1965 an der Macht. Seinem Land hat er eine Kampagne der afrikanischen Erneuerung, der »Authentizität«, verordnet. Miniröcke, Krawatten, christliche Namen gelten als unafrikanisch. Westliche Ideen wie Pressefreiheit und Mehrparteiensysteme ebenfalls. Die kolonialen Namen der Städte wurden afrikanisiert, aus Léopoldville ist Kinshasa geworden. Das Land und den Fluss hat Mobutu in »Zaire« umgetauft. Sich selbst nennt er nun Mobutu Sese Seko Kuku Ngbendu wa za Banga, was in der deutschen Übersetzung klingt wie der Anfang eines Karl-May-Romans: »Der machtvolle Krieger, der dank seiner Ausdauer und seines Siegeswillens von Eroberung zu Eroberung schreitet und Feuer in seiner Spur hinterlässt.«

In den westlichen Medien spottet man über die Propagandashow eines geltungssüchtigen Autokraten. Aber hinter der Kampagne der *authenticité* steckt mehr: Die Unabhängigkeit des Landes liegt keine anderthalb Jahrzehnte zurück, es hat zwei Sezessionskriege und eine selbst für afrikanische Verhältnisse extrem brutale Kolonialzeit hinter sich. Rund 200 ethnische Gruppen, die von den belgischen Kolonialherren geschickt gegeneinander ausgespielt wurden (oder sich gegeneinander ausspielen ließen), vier Hauptsprachen und zahlreiche Regionalsprachen – all das ergibt reichlich Konfliktstoff. Mobutu will diesem jungen, zerrissenen Staat innerhalb weniger Jahre mit künstlicher Symbolik, Personenkult – und, wann immer nötig, Gewalt – verordnen, wofür europäische Länder Jahrhunderte brauchten: eine nationale Identität, anerkannt und respektiert von den eigenen Landsleuten und vom Rest der Welt.

Doch die ist just zu dieser Zeit mit den Folgen von Ölkrise und Watergate-Skandal beschäftigt und interessiert sich wenig für das neue Zaire. Der Boxkampf samt Rahmenprogramm soll das ändern.

Foreman trifft einige Tage nach Ali auf dem Flughafen N'djili mit kleinerem Gefolge ein. Er hat einen seiner geliebten Schäferhunde an der Leine, was sich PR-taktisch als schwerer Fehler erweist. Der Schäferhund erinnert die *Kinois* an die Polizeihunde der belgischen Kolonialherren. Kinshasas Sympathien liegen nun endgültig auf Seiten Alis, zumal der seine Kannibalen-Witze aus dem Programm gestrichen hat und die Öffentlichkeit mit launigen Auftritten unterhält.

Die Nachhut der amerikanischen Invasion bildet eine gefährlich überladene Maschine mit den Musikstars B. B. King und James Brown an Bord samt Bühnenanlage, Instrumenten, Groupies, reichlich Whiskey und Marihuana. Dem Kampf aller Kämpfe soll das Konzert aller Konzerte vorausgehen, ein gemeinsamer Auftritt der amerikanischen Granden des *Blues* und *Soul* mit den afrikanischen Superstars Manu Dibango, Miriam Makeba und Tabu Ley Rochereau. Über allem schwebt und wacht »der große Krieger« mit seinem Leopardenkäppchen auf dem Kopf, dessen undurchdringliches Gesicht auf tausenden Plakaten in der Stadt zu sehen ist. Alles läuft nach Mobutus Drehbuch für diesen ersten schwarzen Mega-Event: Der große afrikanische Staatschef hat gerufen, die amerikanischen Meister des Sports und der Musik, die Nachfahren der Sklaven, sind gekommen. Außerdem eine Armada weißer Sportjournalisten. Und eben Norman Mailer, Ali-Fan und Box-Fanatiker, der, von seiner Magenverstimmung genesen, ein Buch schreiben wird über diesen Kampf, über diese, wie er es nennt, »Krönung eines schwarzen Königs«.

Muhammad Ali, der Boxer, und Norman Mailer, sein Chronist, entdecken in den folgenden Wochen Kinshasa – und sehen völlig verschiedene Welten. Ali verwandelt sich innerhalb weniger Tage vom Spötter über das primitive Afrika in einen staunenden Bewunderer. Aufgewachsen im Amerika der Rassentrennung, sieht er ein Land, in dem schwarze Professoren in Hörsälen dozieren, schwarze Generäle die Armee kommandieren, schwarze Piloten Flugzeuge steuern, Schwarze auf breiten Boulevards Mercedes fahren – und zwar als Besitzer, nicht als Chauffeure. Dass Mobutu alles andere als ein Menschenfreund ist, begreift Ali natürlich auch. Statt dessen Politik zu kommentieren, stiehlt er ihm für einige Wochen einfach die Show. Alis Trainingsläufe durch die Straßen geraten zu kleinen Triumphzügen. Der Prophet des Boxens und der *Black Power* feiert, wie üblich, sich selbst. Und er feiert seine kongolesischen »Brüder und Schwestern«, in deren Augen er zu sehen glaubt, was er bei seinen schwarzen Landsleuten in Amerika so schmerzlich vermisst: Stolz auf die eigene Hautfarbe.

Mailer sieht ein Land, in dem schwarze Generäle das Volk kujonieren, schwarze Bonzen ihre Luxuskarossen zur Schau stellen, und ein schwarzer Diktator seinem Volk die Rückkehr zu afrikanischen Wurzeln verordnet, während er in Europa Prachtvillen aufkauft und in Kinshasa rosa Champagner trinkt und Exekutionskommandos aussendet. Angeblich sogar ins Stadion Tata Raphaël, das damals »Stadion des 20. Mai« heißt, weil Mobutu am 20. Mai 1967 seine Einheitspartei der »Revolutionären Volksbewegung« gegründet hatte.

»Welch eine Arena!«, notiert Mailer für sein Buch, das später unter dem Titel *The Fight* veröffentlicht wird. »Achten Sie auf die Architektur. Dies ist nicht nur ein Ort, um Menschen zu versammeln, sondern auch ein Ort, um sie zu kontrollieren und, wenn nötig, zu beseitigen.« Mobutu hat, davon ist Mailer überzeugt, wenige Monate vor dem Kampf fünfzig Kriminelle in den Gängen des Stadions exekutieren lassen. Womöglich sogar in den Umkleide-Kabinen der Boxer. Zur Abschreckung. Auf dass nicht einmal ein Taschendiebstahl das große Ereignis beeinträchtigen kann.

»Mailer?«, fragte Judex, als wir eines Samstag hinaus ins Stadion zum Aufwärmen trabten, obwohl ich das bei 30 Grad überflüssig fand. »Mailer? Kenne ich nicht.« Wir spurteten die Treppe hoch und drehten einige Runden entlang der obersten Zuschauerränge. Die Reihen boten Platz für 40 000 Zuschauer. Damals, in der Nacht des Kampfes, hatten sich darüber hinaus Zehntausende auf dem Fußballfeld um den Ring gedrängt, hatten Ali wie einen Volkshelden mit Sprechchören empfangen und waren beim Anblick Foremans schlagartig verstummt. »Weil er«, sagte Judex, immer noch mit Ehrfurcht in der Stimme, »so riesig war.« Der Coach und ich starrten auf das Feld. Drei Spieler übten Elfmeter zwischen den Sandkuhlen des Strafraums. Auf den brüchigen Betontreppen machten

Catcher in hautengen Spandex-Hosen Liegestütze. Eine Mädchenmannschaft spielte auf dem Vorplatz Basketball. Männer mit gewölbtem Bizeps wuchteten Hanteln, montiert aus Autoachsen. Alle rannten, stemmten oder warfen mit jenem weihevollen Ernst im Gesicht, mit dem Angel boxte. Als sei der Sport ein Gottesdienst, der seine Gläubigen über den Gestank und Verfall der Stadt erhob. Nur mir fehlte es an der nötigen Würde. Ich keuchte und sehnte mich nach einem Kübel Eiswasser. Kinder johlten hinter mir her. Eine schweißtriefende, schwer atmende Weiße mit hochrotem Kopf – das bekamen sie nicht jeden Tag zu sehen.

»Hinrichtungen ...«, sagte Judex, locker neben mir joggend, »Quatsch. Hier wurde überhaupt niemand hingerichtet. Das ist ein Sportstadion, kein Gefängnis.« Ich bekam zu wenig Luft, um einzuwenden, dass Diktatoren in der Welt schon häufiger Sportstadien in Gefängnisse verwandelt hatten. Außerdem konnte ich Judex' vehementen Widerspruch verstehen. Es ging um seinen Club, um seine Geschichte: Die Geschichte des kleinen Trainers Judex Tshibanda Wata, der an der Stätte des historischen Triumphes des großen Muhammad Ali die erste Boxerinnen-Generation im Kongo trainierte. Dazu passten keine Massaker in Duschräumen.

Natalie, so hieß die erste Frau, der Judex Boxhandschuhe überstreifte. Das war 1995. Kinshasa trug längst den Spitznamen *Kin, la poubelle*, Kin, die Mülltonne. Mobutus Regime siechte dem Ende entgegen, seine Armee hatte zweimal hintereinander die Hauptstadt geplündert. In dieser Untergangsstimmung Frauen Leberhaken und Liegestütze beizubringen, hielten Judex' Männerfreunde für höchst bedenklich. »Die haben mich für verrückt erklärt.« Frauen zu Kämpferinnen zu machen, war in ihren Augen eine Anstiftung zur Revolution. Und Revolutionen waren das Letzte, was die Stadt jetzt noch brauchte.

»Warum Frauen?«, fragte ich ihn eines Tages, als er zusammengesunken in einem Plastikstuhl das Training dirigierte. »Bist du Feminist?« Er sah mich indigniert an, wischte sich den Schweiß von der Stirn, der dieses Mal nicht vom Joggen, sondern von einem Malariaanfall stammte, und spülte drei Chinin-Tabletten hinunter. »Warte!«, sagte er und verschwand im Dunkeln der Gänge.

Ich hatte erst bei meinem dritten oder vierten Besuch begriffen, dass auch Judex in dieser geschichtsträchtigen, stinkenden Ruine wohnte. Wie und wann er hier gestrandet war, fand ich nie genau heraus. Judex besaß nicht mehr viel: außer dem verdreckten Sandsack, den Boxhandschuhen und selbst gemachten Springseilen noch eine Matratze, ein Moskitonetz, einen Kleiderkoffer, einen Plastikstuhl und einen Bildband über die Geschichte des internationalen Amateurboxens, mit dem er nun aus dem Dunkeln zurückkehrte.

Zwei Seiten hatten Eselsohren. Die eine zeigte ein Foto von Judex Anfang der achtziger Jahre bei einem Trainer-Lehrgang im Stadion Tata Raphaël. Damals waren die Wände der Halle noch türkisgrün, die Turnleiter hatte noch alle Sprossen, Judex mehr Haare auf dem Kopf und genügend Geld, um sich eine Wohnung im Stadtteil Ngiri-Ngiri zu leisten.

Die zweite Seite zeigte zwei weiße Damen mit hochgestecktem Haar, gestärkten Blusen und langen Röcken, die sich mit ernstem Blick ihre gepolsterten Fäuste entgegenreckten. »Frauenboxkampf, St. Louis, 1904« stand darunter. »Als ich das gesehen habe«, sagte Judex, »dachte ich: Warum trainierst du nicht mal die Damen?« Was die Amerikaner der Welt vormachten, konnte so verkehrt nicht sein.

Natalie war inzwischen abgesprungen, auch andere Boxerinnen hatten nach kurzer Zeit wieder aufgegeben. Andere waren geblieben. Angel, die, wie sie sagte, »einfach Lust zum Kämpfen« hatte. Affi Ambatie, Halbmittelgewichtlerin mit guter Schlaghand und schwankendem Trainingseifer. Rosette Ndongala, Landesmeisterin im Federgewicht und beste Technikerin im Team, die sich durch nichts vom Boxen abbringen ließ. Schon gar nicht durch eine Schwangerschaft, weil sie, wie Judex beiläufig erklärte, »an Männern grundsätzlich nicht interessiert« sei. Dann waren da noch Helen Mukadi, Landesmeisterin im Leichtgewicht, und Wuivine Tshidibi, Halbschwergewichtlerin mit begrenztem Talent und reichlich Wut im Bauch, Ex-Gattin eines Boxers, der offenbar auch zuhause zugeschlagen hatte.

Sie alle waren *femmes libres*, was in Kinshasa sowohl Prostituierte meinte wie auch unverheiratete und geschiedene, allein erziehende und kinderlose Frauen. Frauen, wie man sie überall in der Stadt fand, seit nicht nur Staat und formelle Wirtschaft, sondern auch traditionelle Familienstrukturen zerbrochen waren. Eine *femme libre* wurde verachtet. Sie bildete nicht mehr den Faden, der zwei Familien miteinander verband. Und sie wurde beneidet, sie war frei von Sitten und Zwängen, frei auch von dem ungeschriebenen Gesetz, dass eine Frau keine Faust ballen darf.

Das erklärte noch nicht, warum Angel und die anderen einen Sport ausgewählt hatten, der all das bereithielt, was sie in ihrem täglichen Leben auch so schon zur Genüge erfuhren: körperliche Schinderei, demütigende Niederlagen und die Gefahr, verletzt zu werden.

Aber Angel und die anderen Frauen hatten keine Angst. In den Augen der Männer war vor jedem Kampf, vor jeder Sparringrunde mehr Furcht zu sehen als in den Augen der Frauen. Anders als die Männer hatten sie längst lernen müssen, Schläge einzustecken. Was der Hieb eines Mannes anrichten konnte, wussten sie. Gegen eine Frau in den Ring zu steigen, erschien vergleichsweise harmlos. Und die Verheißung eines jeden Kampfes erschien vergleichsweise groß: wenigstens ein paar Mal im Leben zur Siegerin ausgerufen werden und Preisgeld kassieren. Mochte es auch noch so mager sein.

Also übten sie bei Judex Cross und Haken, Angriff, Deckung. Schulmäßig. So sehr Judex Ali verehrte – dessen unorthodoxen Kampfstil mit provozierend tief hängenden Fäusten, lässigem Tänzeln und losem Mundwerk duldete der Coach bei keinem seiner Schützlinge. »Fäuste bleiben oben«, lautete das unerbittliche Kommando, und mochten die Arme nach zwei Stunden Training noch so schwer sein. Geredet wurde ohnehin nicht. Selbst beim Schattenboxen verfielen die Kämpferinnen in ein hochkonzentriertes Schweigen, als hätte die Welt um sie herum aufgehört zu existieren.

Am nächsten Morgen holte diese Welt sie mit aller Härte wieder ein. Um fünf, sechs Uhr begann für die meisten Frauen der alltägliche Nahkampf in der Stadt, um ein paar Francs zusammenzukratzen. Affi verkaufte Maniok auf dem Markt. Angel führte einen mobilen Schönheitssalon und flocht ihren Kundinnen die Haare, wo immer der Schatten gerade Platz für zwei Hocker bot. Rosette gewann manchmal ein paar Dollar, einen Sack Reis oder einen Karton Trockenmilch bei einem der Schaukämpfe, die Judex für seine Boxerinnen in den teuren Hotels zum Amüsement der Reichen organisierte. Und wenn wieder eine mit leerem Magen zum Training kam, zückte er ein paar Scheine für eine Portion Fastfood à la Kinshasa: Maniokpaste mit Pili-Pili oder ein *baguette coca*, Weißbrot, dessen Teig in Cola getunkt wurde. Wie man mit einer solchen Mahlzeit am Tag zwei Stunden Training durchhielt, blieb mir ein Rätsel. *Boxing par miracle*, nannten sie es. Boxen durch ein Wunder. Es war eine Metapher für das Überleben in dieser Stadt. *Nous vivons mystérieusement*, sagten die *Kinois*. »Wir leben auf mysteriöse Weise.«

Judex hatte als Einziger im Box-Club einen regulären Job. Er arbeitete bei der Stadtverwaltung. Sein Gehalt bekam er nur selten ausgezahlt, was nicht ganz so dramatisch war, weil seine Arbeit darin bestand, bei den Marktfrauen Steuern einzutreiben. Da ließ sich der eine oder andere Schein abzweigen. »Spenden für den Club«, sagte Judex.

Se débrouiller nennt man das bis heute in Kinshasa. Sich irgendwie durchmogeln, sich selbst helfen. *Se débrouiller* steht für den Minister, der einen Teil des Budgets auf sein ausländisches Konto umlenkt; den Beamten, der ohne *enveloppe*, ohne Umschlag mit Dollarnoten keine Genehmigung ausstellt; die Polizistin, die bei Autofahrern ein paar Scheine – im Volksmund »Zucker« genannt – für imaginäre Verkehrsverstöße kassiert; die Poliokrüppel, die am Fährhafen ein florierendes, mafiotisches Import-Export-Business führen. *Se débrouiller* meint den Lehrer, der Zeugnisse gegen Naturalien verkauft, es meint die Eltern, die mangels Schulgeld ihre Töchter auffordern, sich einen zahlenden Männerfreund zuzulegen. Es meint die Nachbarinnen, die einander Mikrokredite gewähren oder Müllhalden in Gemüsebeete umwandeln; die Studenten, die vor jeder Behörde mit altersschwachem Kopierer und Autobatterien »Copy Shops« eröffneten.

Se débrouiller ist eine Überlebenstechnik aus Korruption, Kleinkriminalität, Improvisationstalent, Solidarität, Empathie und moralischem Verfall. Jede neue Krise, jedes neue Stadium des Niedergangs bringt neue Kreativität hervor und verschlingt gleichzeitig die Kraft, sich ein Leben jenseits des täglichen Ausnahmezustandes vorzustellen. Ein ständiges Pendeln zwischen Hyperaktivität und totaler Erschöpfung. Ich, die ich dieses Leben ja nur beobachtete, war an manchen Abenden vom Zuschauen so erschöpft, dass ich in meiner Unterkunft (die katholische Herberge St. Anne – sauber, billig, offen auch für Nicht-Gläubige und ausgestattet mit einer Bierbar) nicht wusste, ob ich heulen oder mich besaufen sollte.

Judex wohnte nicht allein in seiner feuchten Ecke in den Katakomben des Stadions. Boxer, die gerade keine Bleibe hatten, schliefen manchmal monatelang auf dem Trampolin, und vor einiger Zeit hatte sich Angel bei ihm einquartiert, als sie ohne Dach über dem Kopf und mit dem ersten Kind auf dem

Rücken auf der Straße stand. Dreißig Dollar im Monat verlangte der Stadionverwalter für zehn Quadratmeter in Alis ehemaliger Umkleidekabine, abgetrennt durch einen Vorhang von den Nachbarsfamilien. Jedenfalls behauptete Judex, dass es sich bei seiner Behausung um Alis Kabine handelte. Kein Strom, keine Fenster, kein Wasser. Dafür eine bröckelnde Decke sowie ein exklusiver Blick auf das zertrümmerte Pissoir, in dem sich »der Größte« in jener Oktobernacht 1974 vermutlich erleichtert hatte, bevor er in Erwartung der fürchterlichsten Prügel seines Lebens in die Arena hinausging.

Ich wusste bei meinen Besuchen im Box-Club nie, welche Szene ich mir vorstellen sollte: Ali, wie er sich vor dem Kampf die Fäuste bandagieren lässt und seine bedrückten Betreuer aufmuntert, die ihren Mann schon in der ersten Runde bewusstlos am Boden sehen. Oder zusammengepferchte Häftlinge, denen die Erschießung bevorsteht.

Mich ließ Mailers Geschichte über die angebliche Massenhinrichtung im Stadion nicht los. Sie passte durchaus zu Mobutus Strategie der sporadischen, aber unberechenbaren Brutalität. Seine Todesschwadronen, »Eulen« genannt, schwärmten in der Regel nachts aus, und nicht alle ihre Opfer hatten das Glück, sofort erschossen zu werden.

Andererseits passte die Geschichte zu gut in Mailers Klischee vom Kongo als »Herz der Finsternis«.

Die politische Vergangenheit des Stadions Tata Raphaël zu recherchieren, gestaltete sich sehr viel schwieriger als die Suche nach Alis Spuren. Kinshasa war und ist ein Ort voller Gerüchte, Mythen, Komödien, persönlicher Dramen und Verschwörungstheorien. Was ich suchte, war ein Ort des kollektiven Gedächtnisses, ein Ort der Dokumentation, der Aufarbeitung des Vergangenen. Der Stadtplan gab einen Hinweis: das Nationalarchiv in der *Avenue de la Justice* unweit des Kongo-Flusses im Stadtteil Gombe. Sein Leiter rühmte sich, eine Koryphäe in Sachen Stadtgeschichte zu sein. Und er war mit seinen 66 Jahren alt genug, um den Boxkampf, den großen Moment Kinshasas samt Vorgeschichte, genau erinnern zu können.

»Ali gegen Joe Frazier«, rief Professor Antoine Lumenganeso. »Das war vielleicht ein Theater!«

»Foreman«, sagte ich. »Herr Professor, es war George Foreman.«

»Egal. Jedenfalls der mit diesem Schäferhund. Das mochten die Leute nicht.«

Professor Antoine Lumenganeso hatte in seinen 27 Dienstjahren in den *Archives Nationales* die Konturen eines seiner verbeulten Aktenschränke angenommen – klein und sehr kompakt. Meine Fragen nach Mobutus Exekutionskommandos ignorierte der Professor zunächst und führte mich zu den Prunkstücken seines Hauses: eine Kollektion von Nationalflaggen und vergilbten Porträts aller kongolesischen Staats- und Regierungschefs sowie der belgischen Kolonialherren. Geschichtsforschung bestand für Professor Lumenganeso in der chronologischen Aufzählung der Mächtigen, weswegen Mörder und Ermordete in seinem Archiv friedlich und kommentarlos nebeneinander an der Wand hingen. Die blässlichen belgischen Könige, allen voran Leopold II., der sich den Kongo einst als seinen privaten Besitz und Gulag gesichert hatte. Dann die kongolesischen Staats- und Regierungschefs: Patrice Lumumba mit Kinnbärtchen und notorisch bitterer Miene, als ahnte er die Katastrophen, die seinem Volk noch bevorstanden. Mobutu, Lumumbas Totengräber, mit Leopardenmütze und schmollendem Karpfenmund. Der feiste Laurent-Désiré Kabila, der 1997 Mobutu gestürzt und ins Exil getrieben hatte. Der ewig schläfrig wirkende Joseph Kabila, Nachfolger seines 2001 unter mysteriösen Umständen erschossenen Vaters.

In einem staubigen Büro hinter der Ahnengalerie saßen Lumenganesos Archivare. Sie verneigten sich devot, aber unendlich vorsichtig vor ihrem Chef, als könnte eine schnelle

Bewegung die verblichenen, dünnen Aktenordner auf ihren Schreibtischen aufschrecken. Fand sich hier etwas über die politische Geschichte des Stadions Tata Raphaël, über Häftlinge in den Stadiongängen?

Im Gegensatz zu Judex interessierte sich Antoine Lumenganeso wenig für die Geschichte des Sports in seiner Stadt. Einzige Ausnahme war ein Fußballmatch. Am 4. Januar 1959 spielte im Stadion Tata Raphaël, das damals noch nicht Tata Raphaël und auch nicht »Stadion des 20. Mai«, sondern »Stade Roi Baudouin« (nach dem belgischen König) hieß, die Heimmannschaft vom AS Victoria Club gegen den Lokalrivalen Mikado. AS, so meinte der Professor zu erinnern, verlor – »2 : 3, vielleicht war's auch 1 : 3.« Zehntausende frustrierte Anhänger strömten auf die Straßen. Dort stießen sie auf Teilnehmer einer Kundgebung für die Unabhängigkeit, die von der Kolonialverwaltung kurzfristig verboten worden war.

So begann der erste gewalttätige Aufruhr in der Hauptstadt. Kongolesen demonstrierten, randalierten und plünderten schließlich die Geschäfte in den Vierteln der Weißen. Vier Tage und Nächte lang entlud sich die Wut über Kolonialherren, die Streiks in den Kupferminen im Hinterland brutal niederschlugen, Schwarzen das Recht auf Grundbesitz und staatliche Schulbildung verweigerten und laut darüber nachdachten, das Land nicht etwa in die Unabhängigkeit zu entlassen, sondern in eine »belgisch-kongolesische Konföderation« zu führen. Und zwar frühestens 1985.

Mindestens 200 Kongolesen wurden während des Aufruhrs erschossen. Léopoldville stand unter Schock, und in Brüssel verstand man die Welt nicht mehr. Belgien, das bis in die vierziger Jahre eines der grausamsten Kolonialregimes führte, hatte sich stets eingeredet, »gütiger Herr« über »zufriedene Untertanen« zu sein, die im Gegensatz zu den Subjekten britischer und französischer Kolonien keinerlei Grund zu Klagen hätten. Wenige Tage nach dem Blutbad versprach

Im kongolesischen Nationalarchiv

König Baudouin das baldige Ende der Kolonialherrschaft. Anderthalb Jahre später, am 30. Juni 1960, wurde der Kongo unabhängig.

Und wenn Victoria Club an diesem Januartag 1959 nicht gespielt hätte? Professor Lumenganeso runzelte die Stirn. Hypothetische Fragen behagten ihm nicht. Er war Historiker, er hielt sich an Daten, nicht an Spekulationen. Auch die Behauptung, Mobutu habe vor dem Boxkampf im Stadion Häftlinge hinrichten lassen, sei eben nur das: eine Spekulation. Im Stadion Tata Raphaël sei niemand erschossen worden, das könne er beschwören. Man müsse, sagte der Professor, nicht alles Schlechte glauben, was über Mobutu gesagt würde.

Am Morgen des 30. Oktober 1974 redet auch keiner mehr schlecht über den Diktator. Ali hat die Sensation geschafft, einen weitaus stärkeren, jüngeren Gegner nicht nur zu besiegen, sondern auch k.o. zu schlagen. Ein taktischer Geniestreich, ein Kampf, der in die Sportgeschichte eingehen wird. Mobutus Investition von zehn Millionen Dollar in das Preisgeld hat sich gelohnt – zumindest kurzfristig. Die Welt weiß jetzt, wo Zaire liegt. Die amerikanische Presse feiert Mobutu als starken Mann Afrikas und Bündnispartner im Kalten Krieg gegen die Sowjetunion. Afrikanische Staatschefs feiern ihn als Kämpfer gegen den Neo-Kolonialismus. Die *Kinois* bejubeln ihn, weil sie Zaire auf dem Weg zum Modellstaat und ihre Stadt auf dem Weg zur Metropole wähnen.

Tatsächlich aber ist dies der Anfang vom Ende. Mobutu hat seinem Land nicht nur neue Kleider und Namen verordnet. Er hat zum ersten Mal auch Fabriken und Plantagen belgischer Unternehmer enteignet und an seine wirtschaftlich unfähigen Funktionäre übergeben. Firmenvermögen fließt nun auf private Konten, der Import von Mercedes-Limousinen erreicht 1974, dem Jahr des Boxkampfes, einen afrikanischen Rekord, die Produktion auf den Plantagen bricht ein. Was aussieht wie ein Akt später Kompensation für erlittenes Unrecht, entpuppt sich als Präzedenzfall für Mobutus Machtsystem der kommenden Jahrzehnte: Wer loyal bleibt, erhält Zugang zu den staatlichen Schatztruhen, zu einem riesigen Büffet, um dessen Nachschub sich niemand mehr kümmert. Es ist ein System mit eingebauter Selbstzerstörung. Der Kreis derer, die um der politischen Ruhe willen gekauft werden müssen, wird über die Jahre immer größer – bis der Staat ausgeschlachtet ist wie ein gestrandetes Schiffswrack.

Aber an jenem Oktobermorgen 1974 will oder kann das niemand sehen. Sogar Norman Mailer fährt nach dem Kampf wie in Trance durch die Straßen, saugt ein, was er »als seltsame Aura der Befreiung« beschreibt. Ali ist Meister aller Klassen. Er, der Vietnamkriegsgegner, hat der mächtigen amerikanischen Regierung getrotzt. Er, der »Black Power«-Prophet, hat den scheinbar tumben George Foreman, den »Onkel Tom«, niedergeschlagen, er ist jetzt der Held aller Schwarzen. Ali wirkt in diesen Morgenstunden sogar größer als Mobutu. Und der Diktator ist klug genug, dem Champion in diesem Moment die Bühne zu überlassen.

Aus dem Auto heraus erblickt Mailer die Jünger einer neuen Religion. Scharenweise Jugendliche, die Schatten boxend durch die Straßen joggen. »*Ali, boma ye! Ali boma ye!*«, singen sie im strömenden Regen. Die Regenzeit beginnt Anfang Oktober, aber wie durch ein Wunder hat der Himmel bis zur Nacht des Kampfes keinen Tropfen hergegeben. Jetzt ergießt sich eine Wand aus Wasser über Kinshasa, überschwemmt alles, auch das Stadion. Wie ein böses Omen dessen, was noch kommen würde.

Als ich das nächste Mal bei Judex trainieren wollte, hatte er Neuigkeiten: der amerikanische Botschafter war da gewesen, zusammen mit Khaliah Ali, einer von Alis Töchtern. Sie hatte sich im Stadion fotografieren lassen, sichtbar schockiert einen Fuß in die ehemalige Umkleidekabine gesetzt, sich »tief berührt« erklärt und war dann wieder davongefahren. Geld für den Club, das Judex dringend brauchte, hatte sie nicht dagelassen. Rosette war an der Ruhr erkrankt und brauchte Medikamente. Wuivine und Helene hatten für die kommenden kongolesischen Meisterschaften einen Streik angedroht, wenn man ihnen nicht wenigstens eine kleine Siegprämie in Aussicht stellte. Und Angel brauchte Dollars für das Krankenhaus, weil sie schwanger war. Von Judex. Die beiden waren seit längerem ein Paar. Liebe am Rande des Rings, wie mir Angel einmal erklärt hatte.

Ich fand Judex in der Trainingshalle, wo das Wasser knöcheltief stand. Khaliah Ali war anlässlich des 35. Jahrestages des Kampfes ins Stadion gekomen. Und wie vor 35 Jahren hatte es auch dieses Mal zu schütten begonnen. An Training war in dieser Moskito-Brutstätte vorerst nicht zu denken.

»Vielleicht kommt Ali nächstes Jahr persönlich«, sagte

Judex, der unerschütterlich daran glaubte, dass der Größte eines Tages zurückkehren würde, um die Stätte seines Triumphes zu sanieren. Ich starrte auf die riesigen Pfützen, auf den Schimmel an den Wänden und den herabbröckelnden Putz. Im vornehmeren Stadtteil Gombe hatte irgendein Mitglied der Präsidentenfamilie gerade einen brandneuen Box-Club eröffnet. Dort stiegen nun die Boxer (und Judex hatte fast jeden von ihnen irgendwann mal trainiert) in den Ring, während betuchte Kongolesen und Ausländer auf den teuren Plätzen Champagner schlürften und ihre Edelhuren unendlich blasiert in die Gegend kuckten. Für Frauenboxen interessierte man sich dort ebenso wenig wie für den Zustand des Stadions Tata Raphaël.

Ich wollte Judex an den Schultern packen, ihn aus seinen Träumen schütteln, wollte rufen: Judex, du Irrer, wie wollt ihr in diesem Dreckloch ein Kind großziehen?

»Ali«, sagte ich stattdessen nur, »ist alt und ziemlich krank.«

»Ali«, antwortete er, »ist Ali.«

Judex hatte den Club aus Anlass des Jahrestages umbenannt. Er heißt jetzt nicht mehr »Judex Boxing«, sondern *Club de la tête haute du Muhammad Ali.*

Club des erhobenen Hauptes von Muhammad Ali.

Rue Monkoto

Der Enkel des Heiligen Geistes lächelte mich freundlich an. »Möchten Sie etwas trinken, Madame?«, fragte er. Ich wusste nicht, wie man einem Enkel des Heiligen Geistes angemessen gegenübertrat. »Ich hätte gern eine Cola«, sagte ich.

Was das Reich des Spirituellen betraf, so meinte ich, in Kinshasa alles gesehen zu haben. Verhexte Straßenjungen, die mit schüchternen Kinderstimmen erzählten, wie sie sich nachts in mörderische Riesenvögel verwandelten. Christliche

Pastoren, die den Eltern dieser Kinder anboten, die bösen Geister auszutreiben. Katholische Laien, die gegen AIDS und das Dogma ihrer Kirche ankämpften und Kondome verteilten. Erweckungsprediger, die in Massengottesdiensten schnellen Reichtum verhießen und den Gläubigen das letzte Geld aus der Tasche zogen. Eine Sektenführerin, die ihrer hungrigen Gemeinde »reinigendes« Fasten verordnete.

Aber mit einem Enkel aus dem Kreis der Dreifaltigkeit hatte ich nicht gerechnet. Der Mann hieß Armand Diangienda, war 45 Jahre alt, hatte eine Vorliebe für teure Uhren und Piloten-Sonnenbrillen und lebte in der Rue Monkoto im Stadtteil Ngiri-Ngiri.

Die Rue Monkoto war eine gewöhnliche Straße in Kinshasa. Ihre Schlaglöcher hatten das Ausmaß von Badewannen, an den Häusermauern kroch schwarzer Schimmel über die Bierreklamen, die »*Kiesse na Nzoto*« versprachen, »die Freude des Herzens«. Der Rauch von Petroleumlampen vermischte sich mit dem Gestank von verbranntem Plastik und vergorenem Müll. Geldwechsler riefen »*Changez, changez*« und klopften auf ihre Bündel aus Banknoten, die sie wie Ziegelsteine vor sich aufgeschichtet hatten. Wasserverkäufer flöteten »Oooopüüü, Oooopüüü« und meinten »*eau pure*, sauberes Wasser«, eingeschweißt in kleine Plastiktüten, jede ein Aquarium für Bakterien.

Aber nach 17 Uhr geschah in dieser Straße jeden Tag etwas Seltsames. In die Kakophonie aus Lingala, Motorradhupen, Französisch, *Soukous*-Musik, Kindergeschrei und dem Hämmern von Handwerkern mischten sich klassische Melodien. Ein paar Takte aus Mozarts *Requiem*, Beethovens Neunter Sinfonie oder Orffs *Carmina Burana*. Gespielt auf einer Posaune, einer Querflöte oder einem Cello. Manchmal schmerzhaft falsch, manchmal klar und sauber.

Wie einem Faden folgte man der Melodie bis zur Hausnummer 88. Dort, in einem Hof zwischen aufgescheuchten

Hühnern und trocknender Wäsche probte das *Orchestre Symphonique Kimbanguiste*. Der Enkel des Heiligen Geistes war der Dirigent – und an diesem Abend eigentlich zu beschäftigt, um Gäste zu empfangen. In drei Wochen sollte das Orchester zum Jahrestag der kongolesischen Unabhängigkeit sein erstes großes Konzert unter freiem Himmel geben. Auf dem Programm standen der vierte Satz aus Beethovens Neunter Sinfonie, Ravels *Boléro* und Orffs *Carmina Burana*. Außerdem Werke von Verdi und Dvořák. Mitten im pulsierenden und lauten Nachtleben der Stadt sollte die *Ode an die Freude* erklingen.

Der *Boléro* ließ sich gut an in der Probe. Querflöte und Klarinette begannen leise tänzelnd und sauber, das Fagott folgte etwas zu verhalten, aber es war ja auch das Einzige im ganzen Kongo. Dann allerdings verdarb die Pikkoloflöte alles. Zu hoch, zu laut. »He, Pikkoloflöte, du warst bei den letzten Proben nicht da«, monierte Diangienda, der mangels Dirigentenpult auf einem Barhocker saß. Das Licht in der Halle war schummrig, man konnte das zerknirschte Gesicht des Flötisten nur erahnen. Nach der Probe, nach zwei schweißtreibenden Stunden mit Passagen aus Beethovens Neunter, einer fulminanten Choreinlage aus der *Carmina Burana* und immer wieder neuen Anläufen zu Ravels *Boléro* fiel er vor dem Maestro auf die Knie und bat um genauere musikalische Anweisungen. Den Nachkommen des Heiligen Geistes sprach man nicht im Stehen an. Auch dann nicht, wenn es nur um die Interpretation eines *crescendo* ging.

Wie aber war die Musik toter weißer Männer in die Rue Monkoto gekommen? Der Maestro entblößte lächelnd eine charmante Zahnlücke und sagte: »Ondell.«

Ondell?

Händel. Georg Friedrich. Mit Händels *Messias* hatte es begonnen. Das Oratorium, auf Englisch gesungen, hatten seine Eltern immer wieder aufgelegt. »Brecht entzwei die Ketten.« Oder: »Ich weiß, dass mein Erlöser lebet.« Und natürlich das

»Hallelujah«. Das waren die Kinderlieder im Haus Diangienda, und niemand dort wäre auf den Gedanken gekommen, diese Musik sei allein für Weiße komponiert worden. Genauso wie niemand auf den Gedanken gekommen wäre, dass Gott nur in Gestalt weißer Männer auftritt. Der Beweis, wenn man es denn so nennen wollte, hing im Wohnzimmer des Maestros an der Wand: Ein unscharfes Schwarz-Weiß-Photo, aufgenommen in den vierziger Jahren in einem Gefängnis. Es zeigte einen Häftling in Hemd und Wickelrock: Simon Kimbangu, Großvater des Dirigenten, nach Überzeugung von Millionen Kongolesen die Reinkarnation des Heiligen Geistes. Nach Überzeugung der damaligen Kolonialmacht Belgien ein »Staatsfeind«.

Léopoldville ist noch eine Kleinstadt mit kaum 20 000 Einwohnern, als sich Anfang April 1921 in Windeseile die Nachricht von einem Wunderheiler, einem Gottgesandten, verbreitet. Das Ende des ersten Weltkriegs liegt drei Jahre zurück, die kongolesischen Soldaten der Kolonialarmee, der *Force Publique*, sonst vor allem für ihren Terror gegen die eigene Bevölkerung berüchtigt, haben deutsche Truppen im Osten geschlagen. In Léopoldville hat sich ein schwarzes Kleinbürgertum, darunter auch Kriegsveteranen, etabliert, dort zirkulieren Ideen des jamaikanisch-amerikanischen Schwarzenführers Marcus Garvey, der eine Rückkehr aller Schwarzen nach Afrika und deren absolute Autarkie von den Weißen predigt. Anders als in Harlem treffen Garveys Thesen in Léopoldville nicht auf militante Zustimmung, sondern auf tiefe, unruhige Verzweiflung. Seit die Kolonialmächte auf der Kongokonferenz 1885 dem belgischen König Leopold II. das Kongobecken zur »Erschließung und Zivilisierung« überlassen haben, sind Millionen Menschen, mindestens ein Viertel der Bevölkerung, elend zugrunde gegangen: durch Zwangsarbeit, Hunger, Epidemien, Massaker, auch durch Misshandlungen in belgischen Missionsstationen. Sämtliche Revolten gegen die Kolonialmacht sind gescheitert.

Die Kongolesen sind zu diesem Zeitpunkt längst ein schwer traumatisiertes Volk. Sie hoffen nicht mehr auf eine Rebellion. Sie hoffen auf einen Messias.

Simon Kimbangu ist 33 Jahre alt, als im April 1921 das Gerücht die Runde macht, er habe in seinem Heimatdorf Nkamba, 300 Kilometer von Léopoldville entfernt, eine Frau von einer scheinbar unheilbaren Krankheit befreit. Innerhalb weniger Wochen versammeln sich erst hunderte dann tausende von Kongolesen in Nkamba. Sie fliehen von den Kautschukplantagen, verlassen ihre Dienstbotenkammern, verschwinden aus den Missionsstationen. Eine Prophezeiung scheint in Erfüllung gegangen. »Dann werde ich den Vater bitten, dass er an meiner Stelle jemanden zu Euch senden soll«, sagt Jesus im Buch des Johannes zu seinen Jüngern, »der Euch helfen wird und Euch nie verlässt.« Der Gott, in dessen Namen die Weißen ein mörderisches Regime errichtet haben, hat seinem schwarzen Volk endlich einen Erlöser geschickt. Das glauben die Menschen in Nkamba.

Ein körperlich plumper aber charismatischer Mann predigt da stundenlang vor ihnen, redet in Ekstase auf Kranke ein, spricht in Zungen und verkündet zu den Zehn Geboten noch ein paar eigene: Wer dem Propheten Simon folgen will, darf keinen Alkohol anrühren, darf weder tanzen noch die Trommel schlagen, muss der Vielehe und dem Glauben an Geister und Hexer abschwören.

Dafür müssten die weißen Missionare Kimbangu eigentlich die Füße küssen. Was dieser predigt, sind die Pfeiler ihres so genannten Zivilisationsprogramms, das sie seit Jahrzehnten bei den »Wilden« mit Prügeln und Hieben durchzusetzen versuchen. Nun kommt plötzlich dieser kongolesische Laienprediger daher und überzeugt seine Landsleute scheinbar im Handumdrehen von den Vorzügen der Monogamie, des Monotheismus und der möglichst rhythmusarmen Kirchenmusik.

Mit dem Bann gegen Hexerei fordert Kimbangu eine lokale Macht heraus: die der *féticheurs*. Nicht, dass er den Glauben an Fetisch und Fluch nicht nachvollziehen könnte. Wenn einem ständig Katastrophen aller Art vor die Füße fallen, muss man einfach an böse und gute Geister glauben, sonst wird man verrückt.

Aber die Hexerei ist eben auch eine ausgemacht hässliche Art, soziale Probleme aller Art zu lösen, Neid auszuleben und wehrlose Sündenböcke zu suchen. Hat der eine mehr als die anderen und will nicht teilen, soll ihn das Unglück treffen. Gibt es zu viele hungrige Mäuler im Haus, zu viele Krankheiten im Dorf, findet sich immer ein von bösen Geistern besessener Schuldiger, und meistens zählt er zu den Schwächsten der Gemeinschaft. Kimbangu geht es natürlich nicht nur um den Schutz der Schwächeren, sondern auch um die Ausschaltung unliebsamer Konkurrenz: Wer sich selbst als Abgesandter Gottes wähnt, kann schlecht Geister und Hexer neben sich dulden.

Warum also klopfen die weißen Missionare ihrem neuen Kollegen nicht anerkennend auf die Schulter?

Nun, weil er eben ein Schwarzer ist und sich zu dem Glauben verstiegen hat, Gott könnte auch einen wie ihn mit Aufträgen versehen. Und weil er, schlimmer noch, behauptet, der Schöpfer interessiere sich letztlich nicht für die Hautfarbe des Menschen.

Die Kolonialherren sind also zunächst verblüfft, dann alarmiert. Christianisierung als Emanzipation von weißer Vorherrschaft – das können sie nicht zulassen. »Der Schwarze wird weiß«, predigt Kimbangu, »und der Weiße wird schwarz.« Das hört sich in den Ohren der Belgier an wie Anstiftung zum Aufruhr.

Der erste Versuch, den Propheten festzunehmen, scheitert im Frühjahr 1921. Kimbangu verschwindet im Busch und schwört seine Anhänger von dort aus auf absolute Gewaltfreiheit ein. Die leisten denn auch keinen Widerstand, als Einheiten der *Force Publique* Männer wie Frauen verschleppen, misshandeln, ihre Dörfer plündern. Schon der Besitz einer Bibel, bislang Indiz einer erfolgreichen »Zivilisierung«, reicht nun aus, um des Kimbanguismus verdächtigt zu werden. Der Prophet stellt sich wenige Monate später seinen Häschern – zusammen mit zwölf ausgewählten Getreuen, wie weiland Jesus mit seinen zwölf Aposteln. Nur gibt es dieses Mal keinen Judas.

Im Oktober 1921 verurteilt ein Gericht Simon Kimbangu wegen »Verletzung der Staatssicherheit« zum Tode. Der belgische König wandelt die Strafe in lebenslange Haft und 120 Hiebe um. Tausende seiner Anhänger werden interniert oder in den Untergrund gedrängt. So entsteht genau das, was die belgischen Kolonialherren hatten verhindern wollen: Ein Märtyrer und eine religiöse Massenbewegung – zunächst angeführt von Kimbangus Frau und später von seinen drei Söhnen. Kimbangu stirbt 1951 im Gefängnis.

Nach sechs Monaten als Prophet und 30 Jahren als Häftling hat er seinem Land die drittgrößte Denomination nach den Katholiken und Protestanten und eine neue Glaubensrichtung hinterlassen: den Kimbanguismus, eine ganz eigene Mischung aus *black power* und dem eisernen Willen, die Kultur der Weißen ebenso gut zu beherrschen wie diese selbst. Die Kimbaguisten haben Gott, Jesus und den Heiligen Geist für sich reklamiert. Warum nicht auch Bach, Beethoven und Händel?

»Maestro, hat Ihr Großvater je Händels *Messias* gehört?« Der Enkel des Heiligen Geistes lächelte wieder: »Ich glaube nicht. Aber er hätte es geliebt.« Wahrscheinlich hatte der Prophet auch nie gedacht, dass in seinem Namen einmal ein Sinfonie-Orchester geschaffen würde. Der Glaube mochte Berge versetzen, aber ein Sinfonieorchester in Kinshasa musste selbst dem Gottesfürchtigsten wie eine optische und akustische Täuschung vorkommen.

Ein Sinfonieorchester brauchte einen Saal mit guter Akustik und klimatisierte Räume für die Aufbewahrung von Violinen, Bratschen, Celli, Harfen, Pauken. Es brauchte lesbare Notenblätter. Es brauchte ein Budget und gute Instrumente. Vor allem brauchte es ein Publikum.

Die Musiker des *Orchestre Symphonique Kimbanguiste*, genannt OSK, bekamen kein Honorar, sie spielten auf gebrauchten Violinen oder Posaunen *made in China*, das Stück für weniger als hundert Dollar. Wenn die Holzkäfer oder die Luftfeuchtigkeit mal wieder ein Cello zerfressen hatten, zimmerte Monsieur Albert, das Allround-Genie der Truppe, mit Werkzeugen aus der Kolonialzeit ein neues. Partituren? Wurden unzählige Male kopiert oder von Hand abgeschrieben. Ein Orchestersaal? Ganz Kinshasa überlebte nach den Regeln der Improvisation, eine Ruine wurde tagsüber zum Gemüsemarkt, abends zur Erweckungskirche, eine beleuchtete Tankstelle diente gleichzeitig als Abendschule, eine Verkehrsinsel als Werkstatt für Grabsteine, das Orchester übte in einer Baracke, in der sonst Hochzeiten gefeiert wurden.

Das Publikum? Nicht dass es dieser Stadt an Musikbegeisterten fehlte. Kinshasas Musikszene ist legendär, kongolesische Stars wie Papa Wemba, Koffi Olomide oder Werrason sind internationale Superstars, nach ihrer Musik tanzt man in Nairobi, Lusaka, Johannesburg, Brüssel und Paris. Die *Kinois* sehen sich als »musikalische Kolonisatoren Afrikas«. Aber der mitreißende Beat des *Soukous* oder der *Congotronics* hat andere Hörgewohnheiten hervorgebracht, als man sie für eine Kantate braucht. Oder für Beethovens Neunte Sinfonie.

Das erste Konzert des OSK lag fünfzehn Jahre zurück. Nach der Version von Maestro Diangienda war das Orchester zum ersten Mal elf Monate vor der Premiere zusammengekommen. Und zwar in sehr dürftiger Besetzung: Ein Musiklehrer und neun kirchenmusikalisch geschulte Autodidakten, vier Violinen und ein Kontrabass. Wenn bei einem Instrument eine Saite riss, behalf man sich mit Bremskabeln von Fahrrädern. Als Nächstes kamen einige Celli dazu, deren korrekte Handhabung sich die Musiker von Fotos abschauten.

Ein Konzert mit Musikern, die ihr Instrument nicht länger als ein Jahr beherrschten? »Wenn Sie es nicht glauben«, sagte der Maestro, »fragen Sie die Leute.«

Also fragte ich. Zuerst bei Albert Sheriff, 53, Cellist, der seine sechsköpfige Familie als Elektriker an der Universität von Kinshasa durchbrachte, obwohl es dort seit Jahren ebenso selten Strom wie ein regelmäßiges Gehalt gab. »Wir haben geübt, Madame«, sagte der hagere Mann, eingeklemmt zwischen Kimbangu-Porträt, Plastikblumen und Häkeldecken in einem winzigen Wohnzimmer sitzend, vor dessen Schwelle man bei Regen knöcheltief im Schlamm versank. »Noten lesen konnte ich ja schon aus meiner Zeit bei der Flötengruppe.« Seinen ältesten Sohn hatten er und seine Frau auf den Namen Verdi getauft. Weil sie die Opern des italienischen Komponisten liebten.

Ich fragte nach bei Josephine Nsimba Mpongo, 37, tagsüber von sechs Uhr früh bis vier Uhr nachmittags Eier-Verkäuferin auf Kinshasas größtem Markt, abends von fünf bis neun Uhr Musikerin im OSK. Damals, 1994, nahm sie angeblich nach nur wenigen Wochen Cello-Unterricht an der Premiere teil. »Kennen Sie nicht die drei Prinzipien des Propheten Simon? Liebe, Gottes Zehn Gebote und Arbeit«, sagte sie und zupft an einem Kontrabass, das sie neben Cello und Tuba spielte.

Ich fragte ihren Mann, Monsieur Albert, den Musiklehrer und *spiritus rector* des Orchesters, der damals als Erster herausfand, wie man ein Cello halten muss. »Es sah ja aus wie eine Gitarre«, sagte er und griff sich eine solche aus seinem Reparaturschuppen, ein völlig verstimmtes Ding, auf dem er

Das Sinfonie-Orchester der Kimbanguisten

gedankenverloren einen Bossa Nova spielte, als müsse er das schrottreife Instrument trösten. »Na ja, wir haben eben viel geprobt«, sagte er und öffnete unvorsichtigerweise den Deckel eines wurmstichigen Klaviers, was eine Heerschar zwischen den Tasten hausender Kakerlaken aufschreckte.

Irgendwann spielte es keine Rolle mehr, ob die Entstehungsgeschichte des OSK Wahrheit oder Legende war. Fest stand, dass das *Orchestre Symphonique Kimbanguiste* am 3. Dezember 1994 zum ersten Mal aufgetreten war. Und zwar im *Palais du Peuple*, dem sozialistisch anmutenden Protzbau, den Mobutu Sese Seko dem Volk gewidmet hatte, dessen Kassen er gleichzeitig nach Kräften plünderte. Der Eintritt war frei, der große Saal bis auf den letzten Platz gefüllt. Geboten wurden Werke des spanischen Komponisten Joaquim Serra, einige Kirchenlieder und natürlich Händels *Halleluja*. Auf den besten Plätzen klatschte Mobutus Nomenklatura, im Volksmund *grosses legumes*, das fette Gemüse, genannt – nicht ahnend, dass die meisten von ihnen nur drei Jahre später vor heranziehenden Rebellen über den Fluss in das benachbarte Brazzaville würden fliehen müssen.

Zum Zeitpunkt der Orchesterpremiere haftete den Kimbanguisten längst nicht mehr der Ruf religiöser Rebellion an. Mobutu Sese Seko, der begnadete Machiavellist, hatte den Propheten Simon posthum begnadigt, mit Orden geehrt und dessen Gemeinde in seine Machtallianz eingebettet. Eine religiös-politische Verkehrung hatte sich vollzogen: Die katholische Kirche, einst Stütze des belgischen Kolonialsystems, war unter Mobutu zumindest in ihren unteren Rängen zu einem Hort der Opposition mutiert, die *Église de Jésus-Christ sur Terre par son Envoyé Spécial Simon Kimbangu*, die »Kirche Jesu Christi auf Erden durch ihren Propheten Simon Kimbangu«, hatte sich von einer Untergrundbewegung in eine Stütze des Systems verwandelt. Als Anfang der 90er Jahre in Kinshasa die ersten Straßenproteste gegen Mobutu begannen, verboten die Nachfolger des Propheten, seine drei Söhne, ihren Gläubigen, daran teilzunehmen. 1994 – das war auch ein Jahr, in dem man bei politisch renitenten Katholiken und oppositionellen Studenten viel Böses über die Kimbanguisten hören konnte. Da mochte der Händel noch so erhaben klingen.

»Am siebten Tage sollst Du ruhen«, heißt es im Buch Genesis. Sonntags nahm sich Kinshasa, die acht bis zehn Millionen Stadt, tatsächlich eine Atempause. Ich beobachtete, wie die Bewohner in Karawanen, herausgeputzt wie zur eigenen Hochzeit, in ihre Kirchen zogen. In die katholischen Kathedralen Notre Dame und St. Anna, in die *Église Méthodiste Ebenga*, wo einst Patrice Lumumba gebetet hatte, zu den Zeugen Jehovas, den Adventisten, den Erweckungspredigern von der Kirche der »Armee der Ewigkeit«, der »Armee Gottes«, der »Armee des Sieges«.

Der Gottesdienst der Kimbanguisten fand im Hof des Maestros statt. Dessen Haus in der Rue Monkoto war gleichzeitig fürstliches Refugium der durchaus begüterten Familie des Propheten, Großküche für die Gemeinde, kircheneigene Autowerkstatt, Nähstube, Versammlungsort und Gotteshaus. Der Auftakt – *piano, lentissimo*. Die ersten Gläubigen kamen gegen zehn Uhr morgens, begrüßten sich lässig, als ob sie nichts, aber auch gar nichts vorhätten. Dann ertönten hoch und staksig, wie von Kinderhand gespielt, Tonleitern. Die *anciens flûtistes* packten ihre Instrumente aus, aus PVC-Rohren geschnittene Flöten, um an die Tradition zu Lebzeiten des Propheten Simon zu erinnern, als sie ihre Instrumente aus Holz schnitzten.

Die Sonne zog höher und stach auf den Kirchenchor von Mama Hortense, der sich in einer staubigen Ecke warm sang. Ein Trommelwirbel platzte dazwischen wie ein ungebetener Gast, dann Posaunenstöße, der Paukist und die ersten Blechbläser waren eingetroffen. Es ging auf zwölf Uhr zu, der Prediger hatte sich durch Matthäus 20:1 gearbeitet. Der Rhythmus wurde schneller, inzwischen drängten, murmelten und beteten mehrere hundert Leute dicht gedrängt auf dem Hof, der kaum größer war als ein Tennisplatz, während die Blechbläser, allesamt Musiker aus dem OSK, swingende Gospel-ähnliche Fanfaren spielen. »*Gauche! Gauche!* Links! Links!« Kinderfüße klatschten auf Kommando auf den rissigen Betonboden. Unter einem Vordach hatten Armand und seine üppig beleibten Anverwandten Platz genommen, um die sonntägliche Parade ihrer Gläubigen abzunehmen. Als Erste marschierten die »Linksfüßler«, die Jugendgarde der Kirche, in weißen Uniformen und grünen Baretts, die auch über Tugend und Kleiderordnung zu wachen hatten; dann die Pfadfinder – beides durch und durch nicht-kongolesische Institutionen. Dann der kimbanguistische Frauenverband, die Theatergruppen, die Katechisten, alle in einem wiegenden Gleichschritt, alle zielstrebig in Richtung einiger bereitgestellter Plastikschüsseln, in denen die Kollekte zu entrichten war – eine Prozession, die sich mehrmals wiederholte. Es ging ja nicht nur um die übliche Kollekte für Pastorengehälter oder neue Kirchenbänke. Die Kimbanguisten unterhielten eigene Krankenhäuser, Schulen, eine Universität, sie hatten eine Sozialversicherung für ihre Gemeinde eingerichtet und das Geburtsdorf des Propheten, Nkamba, zu einem Wallfahrtsort, zu einem, wie sie es nannten, »neuen Jerusalem« ausgebaut. Dies hier war nicht nur eine Religionsgemeinde. Dies hier war ein kleiner autarker, religiöser Staat – genau, wie ihn sich Muhammad Alis »Nation of Islam« immer erträumt hatte. Überhaupt wiesen die Kimbanguisten verblüffend viele Ähnlichkeiten mit Alis amerikanischen Muslimen auf. Frauen waren gehalten, ihre Haare zu bedecken und kein Make-up zu tragen, Schweinefleisch und Alkohol waren tabu, Tugendwächter achteten bei Gottesdiensten auf Kleiderordnung und auf sittsamen Abstand zwischen den Geschlechtern. Was sie unterschied, war die Rhetorik. Wiedergutmachung für Sklaverei und Zwangsarbeit, Entschädigung für erlittene Diskriminierung – all das wird bis heute nicht nur bei der inzwischen stockreaktionären »Nation of Islam«, sondern auch bei anderen afro-amerikanischen Organisationen diskutiert.

Nicht bei den Kimbanguisten. Man konnte mit Armand Diangienda stundenlang über das Schicksal seines Großvaters reden, über die Folter, die er erlitten hatte, über die unendlich vielen Toten unter belgischer Herrschaft. Aber man konnte ihm nicht ein Wort der Anklage und der Bitterkeit gegenüber der ehemaligen Kolonialmacht oder gegenüber Weißen entlocken. Unbeirrt predigte er die Grundsätze seines Glaubens: Versöhnung und Gewaltfreiheit – im Namen des Vaters, des Sohnes und des Propheten Simon. Es klang visionär, naiv und unheimlich. Irgendwo, dachte ich, musste man doch auf Empörung stoßen, eine kollektive Wut in Erinnerung an monumentale Verbrechen, für die es bis heute keine Gedenkstätten, keine Entschädigung, keine Mahnmale gibt. Aber ich fand keine Wut, weder bei den Kimbanguisten noch irgendwo sonst in der Stadt.

Es ging auf 15 Uhr zu, der Gottesdienst hatte sich längst zum *mezzoforte* gesteigert. Maestro Diangienda, der Ehrfurchtsbezeugungen und Kniefälle seiner Untertanen offenbar überdrüssig, hatte selbst zur Posaune gegriffen und führte die Blechbläser an. Sie spielten jetzt fast zwei Stunden, eigentlich mussten ihre Lippen taub sein und die Rippen schmerzen, aber hier waren musikalisch-religiöse Extremsportler am Werk. Gegen 17 Uhr, die Sonne tauchte den Hof in orangefarbenes Licht, klang die Rue Monkoto, als läge sie mitten in New Orleans. Diangienda und seine *brass band* reihten ein *jazz funeral* an das nächste, die trunken-melancholische Lebensfreude der *marching bands* vermischte sich mit den alten Hymnen der Kimbanguisten, der Rhythmus wurde schneller und swingender, jetzt waren an die 500 Leute auf den Beinen – genauer gesagt: auf den Socken, denn wie die Muslime trugen die Kimbanguisten zum Gottesdienst keine Schuhe. 500 schuhlose Gläubige also, die hintereinander in immer schnellerem Tempo mit wiegendem Oberkörper über den Hof hinaus auf die Straße, wieder hinein auf den Hof, einmal, zweimal, dreimal um den Block marschierten. Männer und Frauen, Jungen und Mädchen strikt getrennt, vier Menschenschlangen hatten sich gebildet, mussten unweigerlich kollidieren, sich verheddern, aber sie taten es nicht, sie surrten wie Gummibänder zusammen, dehnten sich wieder aus, umkurvten jedes Hindernis, während halbwüchsige Gardisten darüber wachten, dass niemand zu ausgiebig die Hüften schwang. »Tanzen ist verboten«, brüllte uns einer der »Linksfüßler« über die Schallwellen der Tuba zu.

»Aber Ihr tanzt doch die ganze Zeit?«, rief ich mit den Hüften wippend zurück. »Das ist kein Tanz. Das ist der *djuke.«* *Djuke* – das heißt »Marsch« auf Kikongo, der Sprache des Propheten Simon. Vor einigen Jahrzehnten hat der swingende *djuke* bei den Gottesdiensten den *lusende*, den »schmerzenden Gang«, abgelöst, ein hinkender Schritt, der die Ketten der Zwangsarbeit symbolisierte.

Hin und wieder gönnten sich die Bläser ein paar Minuten Pause, dann wischte sich der Maestro den Schweiß von der Stirn, die Trompeter und Posaunisten schüttelten den Speichel aus ihren Instrumenten, der Tuba-Spieler schien kurz einzunicken. Die Menge, aufgekratzt wie Fußball-Fans nach deutlichem Heimsieg, skandierte »*Kimbanguiste oye! L'éspoir du monde, l'église universelle!*« Lang lebe der Kimbanguismus, die Hoffnung der Welt, die Kirche der Welt. Das neue Jerusalem, davon waren sie überzeugt, war längst gebaut. Nicht in Israel, sondern in Nkamba, und irgendwann würden das auch alle anderen Gottgläubigen begreifen. Auch die Weißen.

Die *anciens flûtistes* packten die Gelegenheit beim Schopfe und eroberten in der Unterbrechung mit ihren simplen Kirchenliedern kurz die Lufthoheit. Der »Linksfüßler« in seiner weiß-grünen Uniform nutzte die kurze Pause, um mir auf den Zahn zu fühlen: »Bei euch in Deutschland glauben sie wohl nicht, dass wir so etwas spielen können? Mozarts *Requiem* zum Beispiel ...« Er selbst sang im Chor. Das *Requiem* war sein liebstes Stück aus dem Repertoire des OSK, ein »fantastisches musikalisches Gebet über Leben und Tod«. Nicht, dass hier alles nach Geniestreichen klang. Das Niveau der Musiker im OSK schwankte beträchtlich, gerade bei Mozarts *Requiem* gingen die Proben oft an die akustische Schmerzgrenze. Aber diese Barfuß-Symphoniker hatten auf ihren schlechten Instrumenten *made in China* bewiesen, dass Musik alle Landes- und Kulturgrenzen transzendieren konnte, wenn sie vom Leid, vom Schmerz und der Hoffnung auf Veränderung und Erlösung handelte. Bachs Oratorien, Händels *Messias*, Mozarts *Requiem*. Und natürlich der Blues. »Sie werden es glauben«, sagte ich zu ihnen. »Sie werden es glauben müssen.«

Schon hatte der Maestro wieder das Mundstück seiner Posaune an den Lippen, und die alten Flötisten wurden in einem furiosen Finale ebenso vom Hof geblasen wie unsere Unterhaltung. Noch einmal beschleunigten die Menschenschlangen fast bis zum Laufschritt. Seit den Morgenstunden hatte hier niemand etwas gegessen oder getrunken, aber das minderte das Tempo nicht. Gegen 22 Uhr endete der Gottesdienst mit diesem furiosen Finale, wie es sich gehört für das Ende einer Sinfonie. Die klatschenden Füße der Gardisten begaben sich auf den Weg nach Hause, der Chor von Mama Hortense verstummte, der Paukist packte sein Instrument ein, die Blechbläser waren in ein letztes Gebet vertieft.

Viele hatten einen Heimweg von ein oder zwei Stunden vor sich, mussten um fünf Uhr morgens wieder aufstehen, weil dann die Brotfabrik Baguettes an die Straßenverkäuferinnen auslieferte, weil um sechs die ersten Marktstände geöffnet wurden, die Studenten ihren Fußmarsch Richtung Universität begannen, Albert zum Holzmarkt aufbrach, um Material für einen neuen Kontrabass zu kaufen. Und weil man das Tagwerk eben früh anfing in einer Mega-City, in der keine Busse fuhren, jeder Liter Trinkwasser abgekocht werden und morgens die Abwasserrinne frei geschaufelt werden musste und in der um 17 Uhr schon wieder die nächste Orchester-Probe begann. Die Musiker schafften das mit nicht mehr als ein paar Stunden Schlaf in den Knochen und einer Mahlzeit im Bauch. Selig sind die Erschöpften. Ein Flötenspieler weckte einen Kollegen, der an der Hausmauer unter einem Poster eingeschlafen war. Das Plakat zeigte Barack Obama und Simon Kimbangu, darüber standen die Worte des Propheten: »Der Schwarze wird weiß, der Weiße wird schwarz.« Der Maestro, Meister der Musik und der PR, hatte es drucken lassen. Obamas Wahlsieg in Amerika, behauptete er, sei Teil der Prophezeiung seines Großvaters gewesen.

»Maestro, glauben Sie wirklich, Ihr Großvater war die Reinkarnation des Heiligen Geistes?« Wieder lächelte der Enkel, als habe er rechtzeitig eine Falle erkannt, die ihm gestellt wurde. »Er war ein Prophet, ein Gesandter Gottes.« Was der Maestro Armand Diangienda selbst glaubte, blieb sein Geheimnis. Die Ergebenheit seiner Kimbanguisten und auch deren Glaubensdogmen schienen ihm manchmal peinlich zu sein. Zumal seine Kirche international unter Druck geraten war. 1969 hatte sie der Weltkirchenrat aufgenommen – und damals offenbar über die eigenwillige Theologie von der Reinkarnation des Heiligen Geistes hinweggesehen. Aber dann erklärte sich Kimbangus zweiter Sohn Papa Dialungana, der Onkel des Maestro, im Jahr 2000 zum Messias, zum fleischgewordenen Jesus Christus, weswegen die Kimbanguisten Weihnachten nicht mehr am 24. Dezember, sondern am 25. Mai, dem Geburtstag von Dialungana, feiern. Das war der weltweiten Ökumene dann doch zu viel – sie ging auf Distanz zur Kirche des schwarzen Propheten.

Noch zehn Tage blieben bis zum Konzert. Der Maestro hatte Ravels *Boléro* aus dem Programm genommen. Die Pikkolo-Flöte blieb ein Risikofaktor, und bei dem langsamen *crescendo* drohte die Aufmerksamkeit des rhythmisch verwöhnten Publikums zu erschlaffen. Dafür hatte Armand Diangienda eine andere Kraftanstrengung verordnet: Der Chor sollte den vierten Satz aus Beethovens Neunter Sinfonie nicht wie üblich auf Englisch, sondern auf Deutsch singen. Im Original.

An die 60 Chormitglieder drängten sich in den letzten Tagen vor dem Konzert Abend für Abend auf Plastikstühlen im Hof des Diangienda-Hauses, wo sonst auch die Gottesdienste stattfanden. Nicht alle hatten eine Kopie der Partitur, und wer eine hatte, musste sich anstrengen, im Halbdunkel irgendetwas zu erkennen. Der Strom fiel immer wieder aus. Dafür waren die Mücken da. Und ich, die Deutsche. Wo ich ihnen schon ständig über die Schulter schaute, könnte ich, sagte der Chorleiter, doch die deutsche Aussprache mit ihnen üben.

Freude, schöner Götterfunken,
Tochter aus Elysium,
Wir betreten feuertrunken
Himmlische, Dein Heiligthum.

Dieses deutsche Pathos war mir peinlich, aber die Sänger wollten gar nicht wissen, worum es in Friedrich Schillers Gedicht ging. Sie wollten wissen, warum man bei »Tochter« diesen seltsam röchelnden Laut hervorbringen musste, den es weder in Lingala, der Hauptsprache im Westkongo, noch in Kikongo, der Sprache des Propheten, noch im Französischen, der Sprache der Kolonialherren, gibt.

Seid umschlungen, Millionen,
von diesem Kuss der ganzen Welt ...

»Kuuuuuus« sangen die 22 Tenöre, immer wieder »Kuuuuus«. Ihre Zungen verweigerten das scharfe S. Was war das auch für eine Sprache, in der das Wort für eine Liebkosung wie ein Geschoss klang.

Zwei Stunden ackerten wir Schillers Gedicht durch, Wort für Wort, Zeile für Zeile. Was würde passieren, wenn ein deutscher Chor den *Messias* auf Kikongo singen müsste? Das Experiment war jederzeit möglich, eine Übersetzung lag beim Maestro im Schrank. Die ersten Sänger nickten vor Erschöpfung ein, der Chorleiter blieb unerbittlich. »Noch mal ab Seite 24, und jetzt alle aufwachen! Halloooo!«

Dann wagten sie es, sangen zum ersten Mal *Freude, schöner Götterfunken* und hielten durch bis *Alle Menschen werden Brüder ...* Es klappte drei Mal hintereinander verblüffend gut. Ich erkannte meine Sprache wieder, und vielleicht entfaltete genau diese Strophe deshalb so viel bittere Kraft. *Alle Menschen werden Brüder* – welch ein absurder Satz in diesem Land mit dieser Geschichte. Nach dem dritten Mal ließen Kraft und

Konzentration nach, jedes »ü« kippte wieder in ein »u«, die »Götterfunken« verloren die Hälfte ihrer Konsonanten.

Um die ganz große Brüderschaft war es auch bei den Kimbanguisten nicht mehr gut bestellt. Die über 20 Enkel des Propheten hatten sich vor einigen Jahren über die Nachfolgeregelung zerstritten, der kleine Religionsstaat war in zwei Fraktionen gespalten. »Eine bedauerliche Sache.« Mehr wollte der Maestro dazu nicht sagen. Man bekriegte sich vor Gericht, manchmal auch mit Androhung von Gewalt, denn jetzt ging es um die Ressourcen, um das große Kimbanguisten-Krankenhaus, um die kircheneigene Universität, um Schulen und Kliniken und Ländereien. Und um den Zugang zum heiligen Wallfahrtsort nach Nkamba. Die Fraktion in der Rue Monkoto war offenbar die kleinere, schwächere, der Zutritt nach Nkamba war ihr seit längerem schon verwehrt. Aber sie hatte das Orchester.

Die *Ode an die Freude* sangen sie beim Konzert dann doch auf Englisch. Fast 3000 Zuhörer waren an einem schwülen Abend ins Stadion Kasa Vubu gekommen, Jung und Alt, Reich und Arm. So recht mochten sie sich für den langen vierten Satz aus Beethovens Neunter Sinfonie nicht erwärmen. Aber Dvoraks Sinfonie *Aus der Neuen Welt* begeisterte, ebenso der Chor mit Verdis *Nabucco* und Orffs *Carmina Burana*. Am Ende klatschten die Leute begeistert. Manche wollten am liebsten sofort ihren Nachwuchs zum Musikunterricht bei den Kimbanguisten anmelden, als hätten sie im Chaos der Stadt eine rettende Insel für ihre Kinder gefunden: Ein Orchester samt Chor, rund 200 Individuen, jeder kannte seinen Part und seinen Einsatz, alles, fast alles, griff ineinander, damit etwas Größeres entstand.

»Irgendwann kriegen wir sie schon«, hatte Monsieur Albert, der Instrumentenheiler und Improvisationsmeister, gesagt. Irgendwann würden seine Landsleute Mozarts tänzerische Brillanz oder Beethovens genialen Furor genauso zu schätzen wissen wie einen Auftritt von *Papa Wemba* oder den *Kasai All Stars*. Nicht nur das gut besuchte Konzert, auch die Entwicklung auf dem Handy-Markt, hatte Monsieur Albert gesagt, gebe Anlass zu Optimismus. Jeder *Kinois*, der nicht kurz vor dem Verhungern steht, besitzt ein Mobiltelefon. Zu den populärsten Klingeltönen gehört die Erkennungsmelodie der *UEFA-Champions League*. Die besteht aus einem Arrangement der *Krönungshymnen*. Von Georg Friedrich Händel. Ob ich das nicht gewusst hätte, hatte Monsieur Albert erstaunt gefragt. Nein, das hatte ich nicht gewusst.

Mobutus Schwimmbad

Die Idee schien absurd: am Wochenende einen Picknickkorb packen, raus aus der Stadt an den Strand fahren. »Wir machen, was Mobutu gemacht hat«, sagte Vicky, »wir machen einen Ausflug auf's Land nach N'sele zum Ausspannen.« Er bog ab auf den Boulevard Lumumba, umkurvte die *pousse-pousseurs* (so heißen die menschlichen Lastesel, die tonnenweise Zementsäcke, Brennholz oder Ziegelsteine auf Handwagen durch die Stadt wuchten) und die *khadafis* (Straßenhändler, die gepanschtes Benzin in Plastikflaschen verkaufen). Er überholte haushoch beladene Lastwagen, gab Gas, wann immer ein Polizist die Hand nach »Zucker« ausstreckte. Und tatsächlich, hinter dem Flughafen N'djili geschah das Wunder: Der Moloch verwandelte sich urplötzlich in eine ländliche Idylle. Die Menschenmassen waren verschwunden, die Blechlawine war verebbt. Links und rechts wuchsen Palmen, Mangobäume, wucherte mannshohes Gras. »Da hatten sie sich immer versteckt, die Kerle von Mobutus Präsidentengarde«, flüsterte Vicky, nun offenbar in einem Zustand erhöhter Erregung, als könnte jederzeit einer aus dem Dickicht springen.

Monsieur Vicky – mit vollem Namen: Vicky Miondo Kamalandwa – war mein Fahrer in Kinshasa. Genauer gesagt war er Kundschafter, Übersetzer für Lingala, wandelndes Frühwarnsystem für städtische Unruhen, Fachmann für lokalen Tratsch, Hexereien, Kirchenkonflikte und Politiker-Skandale. Ich hatte mich bei meinem ersten Aufenthalt in Kinshasa zufällig in sein Sammeltaxi gequetscht und mir seine Telefonnummer aufgeschrieben. Seither heuerte er bei jedem meiner Besuche mit seinem verbeulten Toyota, Baujahr 1988, als »Privat-Fahrer« an. Monsieur Vicky war der Grund, warum ich mich in Kinshasa in jedes Viertel wagte. Monsieur Vicky war ein eher ängstlicher Mensch, von kleiner Statur, aber mit festen Ansichten. Er hielt Straßenkinder und Politiker grundsätzlich für Diebe und seine Stadt für einen hoffnungslosen Moloch, in dem jeder sein Glück machen konnte, wenn er nur hart genug arbeitete. Boxerinnen und Kimbanguisten waren ihm suspekt. Erstere waren nicht verheiratet, Letztere zogen beim Beten die Schuhe aus.

Ich fand seine Überzeugungen manchmal ein wenig spießig. Aber Monsieur Vicky besaß eine unschätzbare Schlagfertigkeit, wenn es darum ging, aufdringliche Polizisten und Soldaten abzuwimmeln. Außerdem schien er in Kinshasa an jeder Straßenecke jemanden zu kennen. Und in der Stadt fast jeden Winkel.

Vicky nannte Mobutu »den, der ewig lebt«. Obwohl wir dessen kläglichen Tod, hervorgerufen durch Prostata-Krebs, öfter erörtert hatten, wollte Vicky des Diktators Geister nicht unterschätzen. Tote, die nicht in ihrer Heimaterde beigesetzt werden, stiften weiterhin Unruhe. Mobutu war im marokkanischen Exil gestorben und dort auch beerdigt worden, und Monsieur Vicky schien umso nervöser zu werden, je näher wir uns Mobutus kleinem Wochenend-Palast näherten.

Der Palast lag unweit eines Sandstrandes am Kongo-Fluss und war von weitem sichtbar. Amerikanische Millionäre lassen sich Versailles-Imitationen bauen, Mobutu hatte sich von chinesischen Architekten eine Pagode errichten lassen. In der Auffahrt wucherte nun das Gras, den dekorativen Drachen an den Mauerwänden fehlten Kopf oder Schwanz oder beides, die Fenster waren mit Sperrholzplatten vernagelt, auf denen wie auf einer Schultoilette Liebeserklärungen, Drohungen, Herzchen und Telefonnummern gekritzelt waren. Aus dem Palasteingang drang der Geruch von gebratenem Fisch.

Sofort umringten uns rotznasige Kinder, redselige Frauen und einige demonstrativ feindselige Männer in zerlöcherten Hemden, schmutzigen Shorts und Gummilatschen. Ihr Anführer war ein sehniger Mann mit einer beeindruckenden Narbe, die von der Mitte seines rasierten Schädels bis hinter das linke Ohr reichte. Er stellte sich als Paulin vor, »Hauptmann der kongolesischen Armee«. Dies sei eine militärische Installation, Betreten verboten. In Wahrheit waren sie obdachlose Soldaten mit ihren Familien, die sich dort einquartiert hatten, wo sich Mobutu einst von den Strapazen des städtischen Palastlebens erholte.

Gegen eine »Spende« von zehn Dollar für die »nationale Verteidigung« verwandelte sich Paulin vom Hauptmann der Streitkräfte in einen redseligen Fremdenführer und entschuldigte sich für den Fischgeruch, der aus dem ehemaligen Audienzsaal kam. Mit Tüchern und Vorhängen hatten sich die Soldatenfamilien Schlafstätten abgetrennt. Aus den einst pompösen Badezimmern waren schon vor Jahren Waschbecken, Klos und Wasserhähne verschwunden, in der Ecke standen Eimer mit Süßkartoffeln und Kassava-Blättern, geerntet vom ehemals präsidialen Parkplatz, den die Frauen in ein volkseigenes Gemüsefeld umgewandelt hatten.

»Und hier der Swimmingpool.« Paulin zeigte auf ein von Schimmel und Pflanzen überwuchertes, großes gekacheltes Loch. »Mobutu hat es nach den Umrissen des Kongo bauen lassen.« Ich versuchte, die Konturen des Beckens auszumachen.

Sich in seinem eigenen Land zu baden – das hätte zu Mobutu gepasst. Aber der Unsterbliche, behauptete Paulin, sei hier nicht geschwommen, sondern habe Krokodile gehalten und diese bei Gelegenheit mit Dissidenten gefüttert.

Womöglich stimmte das, womöglich war es eine der sorgsam gepflegten Legenden, mit denen Mobutu jahrelang jegliche Zweifel an seiner Skrupellosigkeit und Allmacht im Keim erstickte. Bis eben diese Allmacht nach 32 Jahren Herrschaft zusammenbrach. Im Mai 1997 marschierte eine von Ruanda und Uganda ausgerüstete Armee von *kadogos*, halbwüchsigen Soldaten mit Kalaschnikows in den Händen und Gummistiefeln an den Füßen, durch N'Sele weiter Richtung Stadtzentrum. Mobutus Lakaien in der Pagode hatten sich längst mit allem, was sie tragen konnten, aus dem Staub gemacht.

Und die Krokodile?

»Die Ruander haben sie geschlachtet und aufgegessen«, sagte Paulin, in der Stimme hörbares Mitgefühl für die Reptilien. Es gebe, sagte er, gute und böse Krokodile. Letztere seien in Wahrheit Geister, von *féticheurs* geschickt, um Menschen anzugreifen. Erstere täten lediglich, was die Natur ihnen gebiete: Fleisch fressen.

Waren die Krokodile in Mobutus Becken gut oder böse?

»Gute Krokodile«, antwortete Paulin mit der Gewissheit eines Zoologen. »Die hatten einfach nur Hunger.«

Was sollte er anderes sagen? Wer wollte schon in einer Ruine wohnen, in der einst böse Geister herumschwammen? Ich lief auf die andere Seite des Beckens, zielte mit der Fußspitze auf einen Schimmelfleck, der ungefähr Kinshasa markierte. Etwa zehn Meter weiter sah ich auf den zerbrochenen Kacheln eine verrostete Konservendose. Wenn das Schwimmbad tatsächlich die Umrisse des Landes abbildete, dann lag die Dose mitten in der Provinz West-Kasai. Da wollte ich hin.

Kapitel 2
Kautschuk und Diamanten

Der schwarze Weiße

Was den Umgang mit Toten betraf, so glaubten sich die Bewohner von Nsheng gegen alle Überraschungen gefeit. Das Jenseits lag so weit nicht entfernt: Flussabwärts, dort, wo die Welt aufhörte und es nur noch Wasser gab. Nah genug für die Toten, um sich jederzeit in die Angelegenheiten der Lebenden einzumischen, Botschaften zu senden, jemanden mit einem Fluch zu strafen. Oder nach einer angemessenen Wartezeit in neuer Gestalt ins Königreich der Kuba zurückzukehren.

Aber der Mann, der an diesem Junitag 1892 in die Hauptstadt Nsheng stolzierte, verblüffte selbst erfahrene Heiler, Hexer und Experten in Sachen Wiedergeburt. Schon am Abend zuvor hatten die Ausrufer des Hofes die Ankunft eines geheimnisvollen Heimkehrers namens Bope Mekabe verkündet. Die Adeligen hatten sich in Schale geworfen. Die Sklaven durften ihre Arbeit liegen lassen, um den seltsamen Triumphzug zu begrüßen: Vorneweg marschierten Krieger des Königs mit Speeren und Schilden, kaum einer kleiner als 1,90 Meter. Ihnen folgten mehrere unbewaffnete Männer in schmutziger und schlecht riechender Kleidung, was sie eindeutig als Fremde auswies. Das Königreich der Kuba, gelegen zwischen mehreren Flüssen im Kasai-Gebiet, war für Ausländer verbotenes Territorium. Auf unbefugten Zutritt stand die Todesstrafe. Doch diese Fremden wirkten nicht wie Delinquenten, sondern benahmen sich wie Staatsgäste, allen voran jener ominöse Bope Mekabe. Ein groß gewachsener, breitschultriger, herrschaftlich wirkender Mann, die Haut fast so dunkel wie die der Kuba, aber mit Haaren im Gesicht. Er trug nicht, wie es sich für einen anständigen Kuba gehörte, einen festlichen, über die Knie reichenden Rock und große Vogelfedern auf dem Kopf, sondern hatte verdreckten Stoff um Arme, Beine, den ganzen Körper gewickelt. Selbst seine Füße waren fest umschnürt. Auf dem Kopf saß eine unvorteilhaft aussehende Schüssel. Seine Königliche Hoheit Kwet aMbweky, herbeigetragen von sechzehn Sklaven in einer kunstvoll verzierten Hängematte, begrüßte den Sonderling als heimgekehrten Ahnen aus dem Reich der Toten. Der antwortete zur allgemeinen Überraschung auf Bushing, der Sprache der Kuba. Wenn auch mit fehlerhafter Grammatik und seltsamem Akzent. Dann ließ er sich ganz selbstverständlich neben dem Herrscher nieder.

In seinem Inneren fühlte sich der Ankömmling keineswegs so gelassen, wie es nach außen schien: Bope Mekabe hieß mit bürgerlichem Namen William Henry Sheppard. Er stammte nicht aus dem Jenseits, sondern aus dem US-Bundesstaat Virginia, wo er kurz vor Ende des amerikanischen Bürgerkriegs geboren worden war. Sheppard war der erste Schwarze, den eine christliche Kirche – die *Southern Presbyterians* in den USA – als Missionar ins »barbarische« Afrika geschickt hatte. Was seine Vorgesetzten nicht ahnten: Die Rettung von Seelen interessierte Sheppard nur mäßig. Er verstand sich vielmehr als Entdecker, als »schwarzer Livingstone«. Seine Ankunft im Königreich der Kuba, der letzten Hochzivilisation in Zentralafrika, die Europäer oder Araber noch nicht zerstört hatten, markierte eine wissenschaftliche Sensation. Von der sollte der Rest der Welt allerdings erst ein Jahr später erfahren.

An jenem Junitag 1892 bluffte Sheppard, schwitzend unter Tropenhelm und schmutzigem Leinenanzug, um sein Leben. Er hatte nicht die leiseste Ahnung, warum ihn Kwet aMbweky, König der Kuba, als wiedergeborenes Mitglied der Familie begrüßte statt ihm als feindseligen Eindringling den Kopf abschlagen zu lassen. Und er ahnte schon gar nicht, dass die Begegnung mit diesem Volk ihn wenige Jahre später auf die Bühne der Weltpolitik katapultieren würde.

Nsheng – so hieß mein Ziel nach dem Aufbruch aus Kinshasa. Ich wollte herausfinden, was vom Reich der Kuba übrig geblieben war, was dessen Bewohner von Bope Mekabe alias William Sheppard noch wussten. Die Weißen hatten die Stadt in Mushenge umgetauft, aber beide Namen meinten dasselbe: »Dort, wo der König wohnt.« Die Kuba hatten sich ihre Monarchie erhalten. Der amtierende Monarch im Jahr 2010 hieß Kwete Mbweti und bekleidete das Amt eines Senators in Kinshasa. Das brachte ein üppiges Salär mit sich, einen Geländewagen als Dienstfahrzeug sowie die Annehmlichkeiten der Hauptstadt, deren reiche Wohnviertel inzwischen wieder eine leidlich zuverlässige Stromversorgung, klimatisierte Supermärkte und einen renovierten Golfclub boten. Leider war Kwete Mbweti seit längerem schwer krank und lag in einem Brüsseler Krankenhaus im Koma. »Ein Interview ist also nicht möglich«, erklärte bedauernd sein Hofstaat in Kinshasa.

»Kann ich trotzdem nach Mushenge fahren?«, fragte ich.
»Selbstverständlich. Jeder kann nach Mushenge fahren. Aber es ist nicht ganz einfach, hinzukommen.«

Was sich als Untertreibung herausstellen sollte.

William Sheppard war zusammen mit einem weißen Kollegen im Kongo eingetroffen. Einen »negro« allein nach Afrika zu schicken, hielten die Kirchenoberen in den USA für zu riskant. Auf der Suche nach einem geeigneten Ort für ihre Mission hatten sich die beiden am 17. März 1891 unweit von Kinshasa, dem damaligen Léopoldville, an Bord der *Florida* eingeschifft, um über den Kongo und seinen größten Zufluss, den Kasai, ins Landesinnere zu reisen. Bei der *Florida* handelte es sich um ein von Rost zerfressenes Dampfradschiff, dessen

Kapitän die schwarzen Besatzungsmitglieder auspeitschte und dessen Passagiere der Reihe nach von Gelbfieber, Malaria und Angst vor dem Ertrinken befallen wurden. Vier Wochen später gingen die beiden Missionare sichtlich gebeutelt in Luebo, einem isolierten Handelsposten unweit des Territoriums der Kuba, von Bord. Die *Florida* verschwand wieder in Richtung Léopoldville – mit der vagen Ankündigung, in neun Monaten mit neuen Vorräten und Post wiederzukommen.

Ich wollte Sheppards Route möglichst genau folgen, also mit dem Boot reisen. In einem Fischerhafen unweit der chinesischen Palastruine von Mobutu Sese Seko verhandelte ich mit dem Kapitän eines Lastkahns über eine Fahrt in den Kasai. »Kostet 200 Dollar«, sagte er, während ihm ein Halbwüchsiger auf dem Deck seines Kahns mit einer Rasierklinge die Haare stutzte. Verpflegung sei selbst zu besorgen, Trinkwasser gäbe es keines, die Fahrt würde drei bis vier Wochen dauern, »wenn alles gut läuft«.

Ich inspizierte den Motor, Marke Eigenbau, sowie die Flickstellen an den Schiffswänden. Die *Florida* des 21. Jahrhunderts, dachte ich. Vor dem Steuerrad befand sich ein quadratisches Loch mit einem Schacht, durch den man auf das braune Wasser des Kongo-Flusses blickte. Daneben lag eine lange Holzstange. »So schieben wir uns frei«, sagte der Kapitän, »wenn wir auf einer Sandbank aufgelaufen sind.«

Der Passagier- und Frachtraum bestand aus zwölf hüftbreiten Kojen und rund 80 Quadratmetern ölverschmiertem Holzboden. Die Kojen, sagte der Kapitän, seien für die erste Klasse. Er nehme, sagte der Kapitän, in der Regel 120 Passagiere mit. Plus Ziegen, Hühner, Vorräte, Handelsware und Gepäck.

»20 Passagiere«, wiederholte ich gedehnt.

»120«, sagte er, etwas deutlicher.

»Wie sollen hier 120 Leute reinpassen?«

»Ein paar können auf dem Dach sitzen.«

Kongolesischer Fernverkehr

Ich beschloss, doch nicht mit dem Schiff zu fahren. Stattdessen bestieg ich an einem Maitag im Jahr 2010 in Kinshasa Willys Jeep und brach über Land auf nach Mushenge. Rund 1000 Kilometer Strecke lagen vor mir.

Willy Mubobo Nzamba, 46 Jahre alt, wirkte mit seinem Kugelbauch und seinem Kugelkopf wie die kongolesische Ausgabe von Homer Simpson. Willy Mubobo war zu Mobutus Zeiten Bankangestellter und Dissident gewesen und 1991 als politischer Flüchtling in München gelandet. Dort lernte er bayerisch, arbeitete bei *Plus* und *Tengelmann* und zog mit seiner Frau vier Kinder groß. Zehn Jahre später kehrte er in seine Heimat zurück, schloss sich der PALU, der *Parti Lumumbiste Unifié* des alten Lumumba-Gefährten Antoine Gizenga, an. 2006 bei den ersten halbwegs freien und fairen Wahlen nach über vier Jahrzehnten schnitt die PALU so gut ab, dass Gizenga Premierminister und Mubobo stellvertretender Minister für ländliche Entwicklung wurde. Im Rückblick fand er, dass dieser Wechsel vom bayerischen Exil ins kongolesische Kabinett etwas abrupt verlaufen war.

Inzwischen war Mubobo nach einem Regierungsumbau wieder einfacher Abgeordneter des Parlaments. Als solcher bereitete er im Frühsommer 2010 seine Kampagne für die nächsten Wahlen vor. In seinem Wahlkreis in der Provinz Bandundu lag Kikwit, rund 500 Kilometer östlich von Kinshasa, das Ziel meiner ersten Etappe. Mubobos Geländewagen besaß Allrad-Antrieb und Sicherheitsgurte. Der pure Luxus.

Ich hatte William Sheppard nicht nur ein angenehmeres Transportmittel voraus, sondern auch die historische Literatur eines ganzen Jahrhunderts. Der Kongo war für mich kein »weißer Fleck«, sondern ein Land mit Vergangenheit, über das es zahlreiche Statistiken, Studien und Bücher gab – allerdings überwiegend von Weißen verfasst.

Aber was wusste ein Mann wie Sheppard Ende des 19. Jahrhunderts über dieses gerade erst per Federstrich geschaffene Land? Was konnte er wissen? Vermutlich nicht viel mehr, als damals in den sensationellen Berichten von Henry Morton Stanley zu lesen war. Stanley, ein amerikanischer Journalist, hatte 1871 den als verschollen geltenden Missionar David Livingstone im heutigen Tansania aufgespürt. Einige Jahre später bereiste er als erster Nicht-Afrikaner den Kongo-Fluss bis zu seiner Atlantik-Mündung. Im Auftrag des belgischen Königs Leopold II. errichtete Stanley wenig später im riesigen Kongobecken Handelsposten und luchste Stammeschefs durch dubiose Verträge Land ab. Damit schuf er die Grundlage für jenen »Freistaat Kongo«, den sich Belgiens König nach geschickten diplomatischen Manövern auf der Berliner Kongo-Konferenz 1885 von den großen europäischen Mächten absegnen ließ – und zwar nicht als Kolonie des belgischen Staates, sondern de facto als Privatbesitz. Der Monarch war seither Alleinherrscher über die vermeintlich letzte *terra inco-*

gnita, die es noch zu kartographieren, zu »zähmen« und zu missionieren galt.

Das Klischee des Kongo als unberührter, weil »nur« von Wilden bewohnter Dschungel galt Ende des 19. Jahrhunderts als unverrückbare Wahrheit. Dabei hatten die einheimischen Völker nicht nur eine jahrtausendealte Geschichte, sondern auch mehrere Jahrhunderte der Konfrontationen mit Fremden hinter sich. Wie all die anderen Missionare, Abenteurer, Händler und Kolonialverwalter wusste Sheppard vermutlich nichts vom alten Königreich Kongo, an dessen Atlantikküste die Portugiesen 1482 gelandet waren. Er wusste vermutlich auch nichts von Nzinga Mbemba Afonso, dem zum Christentum konvertierten König, dessen Reich als erstes in Afrika ein Geldmonopol einführte, und dessen Protestbriefe an portugiesische Monarchen die Entvölkerung seines Landes durch den Sklavenhandel dokumentierten. Wahrscheinlich hatte Sheppard auch nie von einer jungen Kongolesin namens Kimpa Vita gehört, die eine christliche Bewegung gegen die Ausbeutung ihres Landes angeführt hatte und 1706 auf Betreiben europäischer Kapuzinermönche auf dem Scheiterhaufen verbrannt worden war.

In einem entscheidenden Punkt allerdings unterschied sich Sheppards Afrika-Bild von dem der weißen Neuankömmlinge: Für ihn war der Kongo keine »grüne Hölle« voller Kannibalen, Moskitos und Schlangen, sondern ein gelobtes Land, in dem er sich Freiheiten herausnehmen konnte, von denen er daheim nicht zu träumen wagte. Hier würde er nicht »negro« oder »nigger« sein, sondern Amerikaner und Missionar. Und damit ein Mitglied der herrschenden Klasse. In den Augen der Kongolesen würde er ein *Mundele Ndom* sein. Ein »schwarzer Weißer«.

Willy Mubobo konnte meine Begeisterung für Seelenretter aus uralten Zeiten nicht nachvollziehen. Er war vollends mit seinem Wahlkampf und dem kongolesischen Straßenverkehr beschäftigt. Mubobo war in Bayern gern auf der Autobahn gefahren, und sobald die Straße auch nur ein paar hundert Meter Teer erahnen ließ, gab er Gas.

Hinter Kinshasa begann eine Hügel- und Savannenlandschaft, die zu »Aah, Afrika!!«-Seufzern verführt hätte, wären nicht immer wieder Relikte einer gescheiterten Modernisierung und Anzeichen des Wiederaufbaus aufgetaucht. Wie ein Raumschiff mit Motorschaden schimmerte eine riesige, verdreckte Parabolschüssel in der Sonne, eines von Mobutus Hightech-Projekten, die zusammen mit seinem Staat verrottet waren. Hinter der nächsten Kurve standen plötzlich Walzen, Bagger, Laster. Schon wieder die Chinesen – dieses Mal reparierten sie einen Abschnitt der Nationalstraße.

Mubobo mochte keine Chinesen. Er hielt wenig von ihrer Art des Straßenbaus (»Nix G'scheits«) und ihren Lastwagen (»Plastikautos«). Er mochte Mercedes, MAN und die Europäische Union, die ebenfalls einen neu geteerten Teilabschnitt finanziert hatte. Glatt und schwarz wie Lakritz mit mindestens drei Zebrastreifen in jedem Dorf. Verkehrsberuhigung in einem Land, in dem man außer an Malaria und Tuberkulose auch leicht am Fern- und Nahverkehr stirbt. Dazu blauweiße Verkehrsschilder, Lehmhütten, Marktfrauen, Ziegenherden. »Jetzt schau Dir das an! Ist doch auch mal ein Bild«, sagte Willy. Nicht immer nur Kindersoldaten. Wir duzten uns nach den ersten zweihundert Kilometern.

Die Sonne kippte bereits in den Horizont, als Willy dreißig Kilometer vor Kikwit etwas von einem »kurzen Wahlkampfstopp« murmelte und links in eine Savannenlandschaft abbog. Als wir eine Stunde später endlich aus dem mannshohen Gras auf eine Lichtung rollten, hatte sich ein spektakulärer Sternenhimmel über den Silhouetten von Palmen, Gräsern und Hütten aufgefaltet. Fledermäuse sausten durch die Luft. Ich malte mir gerade aus, wie Sheppard in solchen Nächten sein Quartier aufschlug, da ertönte ein gellender Kampfschrei:

»*Le peuple vaincra!* Das Volk wird siegen!« Plötzlich kam Bewegung in das Dunkel, Willy schaltete die Autoscheinwerfer an wie eine Bühnenbeleuchtung, und gut hundert Fäuste reckten sich gen Himmel. »*Tout le pouvoir au peuple!*« schallte es im Chor. »Alle Macht dem Volke!« Willy strahlte mich an. »Die Partei!«, sagte er.

Die Bewohner von Mokuwe hatten seit den Mittagsstunden auf den ehrenwerten Abgeordneten gewartet und reichlich Energie angestaut. Eine gute Viertelstunde wurden Siegesparolen skandiert und Fäuste gereckt, dann griff Willy zum Megafon und hielt eine lange Rede. Dank der französischen Wortfetzen konnte ich entnehmen, dass es um »*démocratie*«, »*moulins de manioc*« und »*ballons de football*« ging. Willy hatte das Prinzip der Redefreiheit in der Demokratie und dann die Wunschliste der Dörfler erörtert: Maniokmühlen für die Frauen, die sich ihre alltägliche Knochenarbeit erleichtern wollten, und Fußbälle für die Jugend. Außerdem einen Brunnen, eine Schule, eine Ambulanz.

Es war ein Heimspiel – und das nicht nur, weil Willy in bewährter kongolesischer Tradition eine Flasche Pastis für den örtlichen Verwaltungschef, zwei Säcke Hirse für die Dorfgemeinschaft, Bonbons für die Kinder und zusammengerollte Geldscheine für andere Amts- und Würdenträger verteilte.

Die Provinz Bandundu war eine traditionelle Hochburg der Lumumbisten. Antoine Gizenga, der letzte noch politisch aktive Mitstreiter von Patrice Lumumba, war hier geboren. Lumumba hatte in dieser Gegend seine letzten umjubelten Reden vor seiner Ermordung 1961 gehalten. Von hier ging Mitte der 60er Jahre ein Rebellenaufstand gegen Mobutus Armee aus. Fast fünfzig Jahre später war der greise und altersstarrsinnige Gizenga in Bandundu immer noch ein Held und der sozialistische Gruß immer noch in Mode. »Klingt wie in der DDR«, raunte ich in Willys Ohr, als er seine Ansprache mit einem letzten dramatischen »Alle Macht dem Volk« beendet hatte.

»Also hör mal, in der DDR war das Volk nie an der Macht«, sagte er beleidigt.

Im Kongo eigentlich auch nicht.

Es war Mitternacht, als wir, beflügelt vom Palmwein des Dorfchefs von Mokuwe, im Hotel Kwilu, der besten Adresse von Kikwit, eintrafen. Im Hotel Kwilu gab es seit Jahren kein fließend Wasser mehr, der Strom war abgestellt, auf der Kreuzung vor dem Eingang loderte ein Feuer, an dem Straßenkinder und Straßenhunde herumlungerten. Eine leichte Brise trieb Müll und Sand über den Boulevard Mobutu. Endzeitstimmung bei angenehmer Nachttemperatur. Willy trieb aus der Hotelbar, in der sich einst Mobutus Günstlinge betrunken hatten, ein paar Flaschen warmes Bier auf und rekapitulierte in einem Zustand überdrehter Erschöpfung die Sorgen seines Wahlkreises: Im Jahre 50 nach der Unabhängigkeit keine Straßen, kein Zugang zu Trinkwasser, keine Maniokmühlen. Keine Arbeit. Außerdem ständige Reibereien mit der Polizei, die an Straßensperren überfallartig Geld oder Nahrungsmittel konfiszierten. In Mokuwe fehlten zudem Fußbälle. Und in einem der Nachbardörfer hielt eine Familienfehde an. Einige Männer, so hatte man Willy erzählt, hätten sich in Krokodile verwandelt, um den Unfalltod eines verwandten Kindes durch die Jagd auf Kinder aus einem anderen Klan zu rächen.

Willy rekonstruierte ein kompliziertes Geflecht von Onkeln, Brüdern und Cousins, die jeweils zu einem bestimmten Zeitpunkt in die Haut des Reptils geschlüpft seien. Ich verlor ziemlich schnell den Überblick und speicherte die Geschichte in meinem müden Hirn unter Blutrache. Mal nicht auf Albanisch, sondern auf Kongolesisch. Und weniger tödlich, weil imaginär. Das Bier tat seine Wirkung: Ich war dankbar, dass ich leicht betrunken die Einrichtung meines Zimmers sowie den Zustand der Matratze im Schein der Taschenlampe nur erahnen konnte.

Am nächsten Morgen war der Boulevard Mobutu nicht wiederzuerkennen. Aus jedem der verfallenen, nachts verbarrikadierten Steinhäuser quollen Waren: Kartons mit Wasserflaschen, Zitronen, Maniok, Zigaretten, Plastiksandalen *made in China*, Altkleider aus Europa, Energiekekse, die wahrscheinlich aus irgendeiner Hilfslieferung stammten. Davor hatten sich die Straßenhändler mit ihren Bauchläden aufgebaut, für die wenigen Autos gab es kaum ein Durchkommen. Willy saß unausgeschlafen in der Hotellobby und plante seine Wahlkampftour für diesen Tag. Ihm stand ein ähnliches Programm wie gestern bevor: mindestens vierzehn Stunden auf den Beinen, stundenlange Fahrten auf kaum passierbaren Straßen, Auftritte in drei oder vier Dörfern, wo seine potenziellen Wähler bei aller Sympathie für die Partei vor allem eines wollten: ein paar Franc, ein bisschen Saatgut, eine Flasche Schnaps – irgendeine Hilfe, um über den Tag zu kommen.

Mich beschäftigten nun andere Sorgen. Kikwit, mein erstes Etappenziel, hatte ich erstaunlich leicht erreicht. Aber wie kam ich jetzt weiter nach Ilebo am Kasai-Fluss, den Sheppard einst mit der *Florida* befahren hatte? Ilebo lag über 400 Kilometer nordöstlich von Kikwit – 400 Kilometer über Sandpisten, Schlammpfade und diverse Flüsse.

Mit einem wasserdichten Seesack und zwei Telefonnummern war ich in Kinshasa aufgebrochen. Ein befreundeter katholischer Priester, der aus Ilebo stammte, hatte sie mir mit den Worten gegeben: »Das sind Freunde von mir. Die kümmern sich um Sie.« Meine erste Kontaktstelle war Alphonsine Mafuto, Krankenschwester im Hospital von Kikwit, Mutter von sechs leiblichen Kindern und Ziehmutter einer schwer überschaubaren Zahl von Straßenkindern, die sie in ihrem Haus aufgenommen hatte und bar jeder Sentimentalität recht harsch herumkommandierte. Vor dem Haus stand ein alter Frachtcontainer, den Alphonsine in eine Schule umfunktionieren wollte. Tische und Stühle waren bereits gezimmert. Jetzt suchte sie jemanden, der mit einem Schweißgerät ein paar Fenster oder wenigstens Luftlöcher in das stählerne Monster schneiden konnte. Wie genau sie das alles finanzieren wollte, war mir ein Rätsel. In der Stadt gab es so gut wie keine internationalen Hilfsorganisationen. »Die sind alle im Ostkongo, wo es Rebellen gibt«, sagte Alphonsine, und ich meinte, aus ihrer Stimme ein leises Bedauern darüber herauszuhören, dass in Kikwit keine bewaffnete Miliz ihr Unwesen trieb.

Kikwit, nach Kinshasa die größte Stadt im westlichen Teil des Landes, war von den beiden Kongo-Kriegen zwischen 1996 und 2003 weitgehend verschont geblieben. Nicht aber von Plünderungen. Auch nicht vom Kollaps von Industrie und Verwaltung, und einer Ebola-Epidemie im Jahr 1995, über die sogar die *New York Times* berichtet hatte. Dann verschwand die Stadt wieder vom Radarschirm der internationalen Medien. Keine Rebellen, keine Schlagzeilen, keine Spenden. Kikwit lag im toten Winkel der internationalen Hilfsmaschinerie.

Per Handy hatte ich Alphonsine von meiner Ankunft informiert. Eine halbe Stunde später war sie in der Lobby des Hotel Kwilu aufgetaucht und hatte mir wie einer verlorenen Schwester zwei Küsse auf die Wangen gedrückt. »Jetzt aber schnell, meine Liebe. Mein Cousin nimmt Sie in einer Stunde mit bis Dibaya am Kasai-Fluss. Da steigen Sie ins Motorboot und fahren stromaufwärts bis Ilebo. Brauchen Sie noch Verpflegung? Haben Sie genug Wasser? Einen Sonnenhut?«

Das klang wie ein All-inclusive-Angebot und schon fast zu gut, um wahr zu sein. In der Annahme, dass die Geldwechsler landeinwärts rar würden, tauschte ich auf der Straße 300 Dollar in kongolesische Franc und stieg mit einer Plastiktüte voller vermoderter Geldscheinbündel in den solide aussehenden *Land Rover* von Alphonsines Cousin. Allerdings erst fünf Stunden später. Zeit war in diesem Land eine schwer zu berechnende Größe. Im Kongo teilt nicht der Mensch die

Zeit ein, sondern die Zeit den Menschen. Aber das wusste ich bereits.

Alphonsines Cousin hörte auf den Namen Henri Van Caenegem, hatte eine kongolesische Mutter und einen belgischen Vater und verwaltete eine »Fabrik oben am Kasai«, wie er es formulierte. Henri Van, wie er der Einfachheit halber genannt wurde, besaß außerdem eine ausgeprägte soziale Ader. Er nahm, ohne auch nur einen Cent Benzingeld zu verlangen, so viele Fahrgäste mit, wie irgendwie ins Auto passten. Nach europäischem Maßstab wären das bei voll beladenem Laderaum maximal sechs Personen gewesen. Nach kongolesischem Maßstab waren es mindestens elf – darunter mehrere Nonnen, ein glatzköpfiger Priester mit verspiegelter Sonnenbrille und Hawaii-Hemd und ein älterer, melancholischer Anwalt, der mal Bürgermeister von Kikwit gewesen war. »Wundern Sie sich nicht«, sagte der Anwalt über unseren Chauffeur. »Er fährt wie ein Wahnsinniger.«

Ich war vor dieser Reise alle denkbaren brenzligen Situationen durchgegangen: Straßensperren von Soldaten, die seit Monaten keinen Sold mehr bekommen hatten; Malaria-Anfälle; Polizisten, die einen der Spionage oder des Schmuggels beschuldigten, um die »Anklage« gegen einen dreistelligen Dollarbetrag wieder fallen zu lassen. Nichts dergleichen war bislang passiert. Stattdessen saß ich nun zusammengequetscht mit einem Dutzend Schicksalsgenossen im Auto eines eigentlich sehr sympathischen Menschen, der über eine kurvenreiche Sandpiste bretterte, und dessen Fahrzeug sich nach der nächsten Bodenwelle garantiert überschlagen würde. Die Tachonadel zitterte bei 100 km/h, das mannshohe Gras peitschte links und rechts gegen die Fenster, und ich überlegte fieberhaft, warum Männer in Kriegs- und Krisengebieten beim Autofahren so gern dem Tod hinterherrasten, dem sie bislang glücklich entkommen waren. Meine Mitfahrer nahmen die drohende Verkürzung ihrer Lebensdauer gelassen zur Kenntnis, bis auf die junge Nonne neben mir, die mit verschränkten Händen vermutlich ein Gebet vor sich hinmurmelte und beim nächsten Schlagloch mit dem Kopf gegen das Autodach knallte, weil sie sich nicht festhielt. Van Caenegem unterhielt seine Fahrgäste unterdessen mit Witzen, Rumba-Musik aus einem scheppernden Kassettenrekorder und Rezepten für Pythonfleisch: »Zart anbraten, dazu *foufou* und scharfe Soße.«

Der Mann war, das musste man ihm lassen, ein exzellenter Rallye-Fahrer. Er wich selbst im Dunkeln den haushoch beladenen Lkws aus, die mit Achsenbruch, Motorpanne oder geplatztem Reifen liegen geblieben waren. Meist mitten in einer Kurve. Henri Vans Genie bestand nicht nur darin, die Lastwagen, sondern auch die Beine der Mechaniker zu umfahren, die unter den schrottreifen Ungetümen herausragten. Unterwegs lud er zwei weitere gestrandete Fahrgäste in den Laderaum, gab wieder Gas, schlitterte in die nächste Kurve und brachte schließlich um Mitternacht, elf Stunden nach unserer Abfahrt in Kikwit, jeden seiner Mitfahrer bis zur Haus- oder Hüttentür. Allerdings nicht in Dibaya, wo ich per Boot weiterfahren sollte, sondern weiter westlich in Mangai, rund 80 Kilometer ab von meiner Route. Endstation war ein Bungalow seiner Firma, wo er mir eine Matratze auf den Boden legte, und sich in sein Schlafzimmer verabschiedete, total erschöpft, aber hochzufrieden mit seinem Tagwerk. »Ich mache das gern, Leute herumzufahren. Gott will das wahrscheinlich so.« Ob Gott auch wollte, dass er mit 80 km/h durch die Dörfer raste? Ich sparte mir die Frage, für süffisante Bemerkungen auf Französisch war ich ohnehin zu müde.

Am nächsten Morgen trat ich im Dämmerzustand vor die Tür. Rechts lag der Kasai-Fluss in einer Breite, die den Rhein wie ein Rinnsal hätte aussehen lassen. Vor mir standen Palmen, so weit das Auge reichte. Bäume in Reih und Glied. Eine Palmöl-Plantage.

Sheppard war seinerzeit auf der *Florida* wahrscheinlich zu sehr mit den eigenen Fieberanfällen oder den ständigen Reparaturarbeiten an Bord beschäftigt, um die Uferlandschaft zu genießen. Wo heute Mangai liegt, gab es vor 120 Jahren Fischerdörfer und Urwald. Aber Sheppard wusste bereits um den natürlichen Reichtum an Ölpalmen und an Kautschuk-Bäumen. Er wusste auch um die Methoden der belgischen Kolonialverwalter, von Einheimischen Lebensmittel, Rohstoffe oder Arbeitskräfte abzupressen. Die niedergebrannten Dörfer, den Einsatz der Peitsche, die vom Tode gezeichneten Arbeiter entlang der Eisenbahnlinie von der Küste nach Léopoldville hatte er bereits gesehen. Genau wie Joseph Conrad, der wenige Wochen nach ihm im Kongo eingetroffen war, und eben diese Szenen für seinen Roman *Herz der Finsternis* niederschrieb, der 1899 erscheinen sollte: »Nichts als schwarze Schatten, von Krankheit und Unterernährung ausgezehrt, lagen sie da durcheinander im grünen Dämmerschein. Aus dem Küstengebiet hierher verschleppt, völlig gesetzlich, auf Grund befristeter Verträge wurden sie in der ungewohnten Umgebung und bei der ungewohnten Kost bald krank und untauglich, so dass man sie zu guter Letzt in Ruhe ließ. Diese Todgeweihten waren frei wie die Luft – und fast so dünn.«

Aus Sheppards Aufzeichnungen geht nicht hervor, wann er wirklich begriff, dass er sich inmitten eines gigantischen Plünderzuges und einer Verheerung befand, wie sie seine Vorfahren in Amerika auf den Baumwollplantagen erfahren hatten.

Ihre ersten Monate im Kasai verbrachten die beiden Presbyterianer offenbar in Aufbruch- und Aufbaustimmung, und paradoxerweise errichteten sie zunächst eine Missionsstation, die einer Plantage in Alabama ähnelte. Mit Sklaven. Genauer gesagt: Für ein paar Rollen Stoff, eine Handvoll Perlen oder einige Kupferringe handelten die Amerikaner den *Zappo Zap* deren Beute ab und siedelten sie auf der Missionsstation als *libres* an. Die *Zappo Zap*, eine Stammesgruppe aus dem Ostkasai, gingen seit Jahrzehnten für arabische und europäische Kunden auf Menschenjagd. Die *libres* waren Sklaven auf Zeit, die sieben Jahre im Besitz ihres Käufers blieben, bis sie tatsächlich »frei« waren. Im »Freistaat Kongo«, dessen Besitzer Leopold II. seine »zivilisatorische Mission« in Afrika als hehren Kampf gegen die arabische Sklaverei und für die Christianisierung der Schwarzen präsentiert hatte, war diese Form des Menschenhandels ausdrücklich erlaubt.

Sheppard und sein weißer Kompagnon, ein kränklicher Südstaatler namens Sam Lapsley, entsprachen in ihrem Handeln zunächst durchaus den Erwartungen des belgischen Monarchen: Sie verabscheuten die arabischen Sklavenhändler, missionierten die Einheimischen und profitierten gleichzeitig von der Arbeitskraft der Einheimischen, die sie von den *Zappo Zap* losgekauft hatten. Den Betroffenen, meist Angehörige vom Volk der Baluba, war das egal. Für sie war das Missionsgelände der Presbyterianer ein Zufluchtsort.

Während Sheppard und Lapsley an ihren Häusern zimmerten (oder zimmern ließen), veränderte eine königliche Order aus Brüssel radikal die Grundlage des »Freistaats« und das Leben der Menschen. Um die internationale Anerkennung für seine Privatkolonie zu erhalten, hatte Leopold II. die Forderung der europäischen Großmächte akzeptiert, den Kongo zu einer uneingeschränkten Freihandelszone zu machen. Doch ohne Zolleinnahmen steuerte der Monarch schnell auf den Bankrott zu. Den Ausgaben für die Verwaltung seines neuen Reiches standen kaum nennenswerte Einnahmen gegenüber. Leopold II. fand einen Ausweg: eine Frühform des Turbokapitalismus. Er verwandelte den gesamten Kongo in ein Wirtschaftsunternehmen, erklärte alles »unbebaute« Territorium samt Rohstoffen und Tierwelt zum Eigentum des »Freistaats«. Seinen Kolonialverwaltern befahl er, nunmehr auf Kommissionsbasis möglichst viel Elfenbein, Palmöl, Kautschuk und sonstige

Güter einzutreiben. Missionare, egal welcher Herkunft und Glaubensgemeinschaft, waren durchaus erwünscht – als Vorhut und Kundschafter zur Erschließung noch unbekannter Territorien.

Dieses Geschäftsmodell erwies sich als Lizenz zum Gelddrucken. Amerika und Europa, durch Sklaverei und Kolonialismus reich geworden, steckten mitten im Prozess der Industrialisierung. Der Weltmarkt brauchte Elfenbein als Luxusgut und Palmöl für die Herstellung von Seife und Maschinenöl. Und er brauchte Kautschuk, den Grundstoff für Gummi, zur Isolierung von Stromleitungen, Telegrafen- und Telefonkabeln sowie zur Produktion von Reifen für Fahrräder und Autos. Der »Freistaat Kongo« hatte all das – und dazu noch ein Heer potenzieller Zwangsarbeiter.

Henri Van, mein rasender, gottesfürchtiger Gastgeber, hatte für historische Rückblicke ebenso wenig Zeit wie zuvor Willy Mubobo. Um sieben Uhr morgens stand er neben seinem Gemüsegarten und schwenkte leise fluchend sein Transistorradio in der Luft, um ein besseres, um überhaupt irgendein Signal zu empfangen. Durch das Rauschen drangen Nachrichtenfetzen von *Radio France International* über eine Ölkatastrophe vor der amerikanischen Küste und eine Finanzkrise in Griechenland. Meldungen von einem anderen Stern.

Henri Van war Spediteur, Mechaniker, Prokurist, Land- und Betriebswirt, Maschinenbauer, Dolmetscher und Diplomat in einer Person. Außerdem Fachmann für scheinbar hoffnungslose Unternehmen, und das wollte im Kongo etwas heißen. Im Auftrag einer kongolesischen Firma sollte er Mangais verfallene Palmen-Plantage samt Palmöl-Fabrik wieder aufbauen. Ohne Strom, ohne Straßennetz, ohne Telefonverbindung, denn Mangai befand sich in einem Mobilfunkloch. Dafür mit ächzenden und röchelnden Maschinen und Fahrzeugen aus der Kolonialzeit. Mehrere tausend Dorfbewohner samt ihrer traditionellen Chefs, auch Könige genannt, erhofften sich durch ihn eine bessere Zukunft. Oder die Rückkehr in eine bessere Vergangenheit, die manche ältere Kongolesen »*les temps des oncles*« nannten, die »Ära der Onkel«. Gemeint waren die späte Kolonialzeit der Belgier mit ihrer Bergbau- und Plantagenwirtschaft, als niedrige Löhne regelmäßig gezahlt wurden, Wohnviertel segregiert waren, Weißen gute, Schwarzen schlechtere Hospitäler offen standen, und Kongolesen nach einer Eignungsprüfung zum *evolué*, zum »entwickelten Neger«, aufsteigen konnten. Dieses Apartheidsystem mit sozialen Mindeststandards mochte so manchem nach Jahrzehnten des Staatskollaps als »gute alte Zeit« erscheinen.

Von Landwirtschaft im Allgemeinen und Palmölproduktion im Besonderen verstand ich so gut wie nichts. Henri Van sah galant darüber hinweg, dass ich eine Kokospalme nicht von einer Ölpalme unterscheiden konnte, schnitt eine kleine gelblich-rote Frucht auf und quetschte mit den Fingern einen Tropfen aus dem glänzenden Fruchtfleisch. Auf seiner Hand schimmerte der kongolesische Ölboom.

Inzwischen arbeiteten wieder rund 200 Leute auf der Plantage und in der Fabrik. Wer krank wurde, konnte sich mit einem Kostenschein der Firma bei der lokalen Ambulanz behandeln lassen. Löhne, wenn auch niedrig, wurden bezahlt. Es war ein Wettrennen gegen die Zeit. Entweder würde die Fabrik an mangelnder Produktivität und den horrenden legalen und illegalen Steuerforderungen des Staates zugrunde gehen, der, wenn überhaupt, als Raubritter in Erscheinung trat. Oder sie würde rechtzeitig vom Palmöl-Boom in bessere Zeiten getragen.

Aus Palmöl kann man Speiseöl, Seife, Kerzen, Kochfett, Kosmetika, Bio-Treibstoff herstellen. China wird seinen Bedarf in den nächsten Jahrzehnten vervielfachen, westliche Länder brauchen Bio-Treibstoff. Seit einigen Jahren steigt die globale Nachfrage. Palmenhaine als Goldgrube – das klingt verheißungsvoll und unverfänglich. Aber in diesem Land war und ist der Reichtum der Natur nie unverfänglich. Für neue Palmenplantagen muss man Urwald kahl schlagen. Im Kongo erstreckt sich der zweitgrößte Regenwald der Welt. Noch.

Ich hätte mit Henri Van eine Debatte über Palmöl und Klimaschutz anzetteln können, ließ es aber bleiben. Der Tag begann herrlich milde, die Blätter der Palmenreihen bildeten runde Bögen wie bei einem Aquädukt. Zur Krönung des Morgens knatterte auf einem Motorrad der örtliche König auf den Hof, ein eleganter alter Mann in rosafarbenem knöchellangen Rock, auf dem Kopf eine muschelverzierte Haube, in der Hand einen Feudel aus Federn, auf der Nase eine Sonnenbrille mit pinkfarbenem Gestell. Seine Hoheit Michel Eshim Menkie, traditioneller Chef vom Volk der Ngoli, stellte sich als erklärter Freund der Palmölfabrik vor. »Ohne Arbeit keine Zukunft«, sagt er. Weil die staatliche Justiz in Mangai wie im ganzen Land nur sporadisch funktionierte, intervenierte der Chef auch bei Konflikten zwischen der Fabrikleitung und Dorfbewohnern, die seit Jahren auf der Plantage Früchte abernteten und auf eigene Rechnung Öl panschten.

Henri Van hatte mehrere Palmöldiebe bei Gericht verklagt – eine Eskalation, die ihm leicht den Fluch eines Hexers oder einen nächtlichen Überfall einbringen konnte. Heute sollte der erste Verhandlungstag stattfinden, vor Gericht würde ihn der melancholische Anwalt aus Kikwit vertreten, vor dem möglichen Volkszorn sollte ihn König Michel schützen. Da standen seine Sekundanten nun nebeneinander und beäugten sich wie zwei misstrauische alte Kater: der Advokat im schwarzen Talar mit Kragen aus Leopardenfellimitat und der traditionelle Chef mit Muschelhaube und rosa Robe. Ersterer ein Vertreter eines westlichen Gerichtswesens, das ähnlich heruntergekommen war wie die zerfledderten Gesetzbücher des Anwalts. Der andere ein Vertreter einer uralten Ordnung, von der niemand wusste, wie lange sie noch bestehen würde. Henri Van lud sein Team in den Wagen und rollte erstaunlich gesittet vom Hof zum Gerichtstermin. Der rosa König durfte vorne sitzen.

Wie der erste Prozesstag ausging, erfuhr ich nicht mehr. Als die drei vom Gericht auf die Plantage zurückkehrten, stand ich fünfzig Kilometer weiter am Ufer eines nicht allzu großen, aber auch nicht ganz kleinen Flusses. Hinter mir eine 125er Yamaha mit meinem Seesack, vor mir leider keine Brücke, sondern zwei dreißig Zentimeter auseinanderliegende Eisentrassen von der Breite eines Motorradreifens. »Da kommen wir nie rüber«, sagte ich. »Natürlich kommen wir da rüber«, sagte Serafin und ließ das Motorrad aufheulen.

Man stelle sich Folgendes vor: ein kongolesischer Journalist, auf großer Recherche über Deutschland und seine Geschichte, strandet auf einem Landwirtschaftsbetrieb im tiefsten Bayern. Der Chef nimmt ihn freundlich auf und stellt ihm für die Weiterreise seinen wichtigsten Mitarbeiter und das firmeneigene Motorrad zur Verfügung. Genau das tat Henri Van. Serafin Kambay, ein dünner, kleiner Mann von Mitte dreißig, war der oberste Landwirt der Plantage – und Henri hatte ihn angewiesen, mich ans nächste Etappenziel zu bringen: 120 Kilometer Richtung Osten nach Ilebo. Die Kilometerzahl entsprach der Luftlinie auf der Karte, nahm sich aus wie ein Katzensprung und schien auch keine größere Herausforderung an den Orientierungssinn zu stellen. Hauptsache, der Kasai-Fluss lag immer links.

Serafin wirkte anfangs nicht begeistert von der Idee, eine Weiße durch unwegsames Gelände zu karren. Aber mit jedem resignierten »Da-kommen-wir-nicht-weiter« aus meinem Mund fand er zunehmend Gefallen an den sportlichen Herausforderungen dieser Tour. Wie ein Seiltänzer manövrierte er nun die Maschine ans andere Ufer, während ich, mein Mantra murmelnd, mit zaghaften Schritten hinterherlief.

Nach der dritten Flussüberquerung hatte ich mich an den

Mit Serafin, dem Motorradkünstler

Balanceakt gewöhnt, ebenso an den knöcheltiefen Sand auf der Strecke und an die Urwaldschneisen, die Serafin dort erspähte, wo ich nur Bäume und Schlingpflanzen sah. Größere Flüsse überquerten wir mitsamt Motorrad, zehn bis zwanzig weiteren Passagieren sowie deren Ziegen und Hühnern in Pirogen. Meine Anwesenheit löste amüsierte Neugier aus. Freiwillig durch ein kaputtes Land zu reisen – auf eine solche Idee konnte nur eine Weiße kommen. Der Kongo stand kurz vor dem 50. Jahrestag seiner Unabhängigkeit. »Zum Zehnten hätten Sie kommen sollen, da gab's noch was zu sehen«, sagte einer.

Im Dorf am anderen Ufer hielt Serafin, um in einem der typischen Lehmhütten-Ramschläden Schraubenschlüssel zu kaufen. Der Ladenbesitzer starrte mich an, ich starrte zurück. Ein Chinese. Der Mann sprach kein Wort Französisch oder Englisch, offenbar aber genügend Lingala, um Handel zu treiben. »Wechselgeld sofort nachzählen, spätere Reklamation nicht möglich«, stand auf einem Schild über seiner Ladentheke. Die Dorfjugend drängelte sich durch die Tür, um zu beobachten, was die beiden Hellhäutigen sich wohl zu sagen hätten. Der Chinese packte meinen Arm, piekte mit dem Zeigefinger erst auf meine dann auf seine Haut und hielt strahlend den Daumen nach oben. Dann deutete er auf die belustigte kongolesische Kundschaft, drehte den Daumen nach unten und schüttelte missbilligend den Kopf.

In Kinshasa gehören Chinesen inzwischen zum alltäglichen Straßenbild, in den Städten im Osten sieht man sie beim Straßenbau, in Katanga, im Süden in den Bergbaugebieten. Aber hier in der Mitte von Nirgendwo? Der Chinese, erzählten die Dörfler, sei vor einem Jahr gekommen. Allein. Wie miserabel musste ein Leben in China sein, um einen Gemischtwarenladen im Kongo irgendwo zwischen Bandundu und dem Kasai aufzumachen?

»Alles Kriminelle«, sagte Serafin, als wir wieder auf dem Motorrad saßen. »Die chinesische Regierung lässt sie vorzeitig aus dem Gefängnis, wenn sie in den Kongo auswandern.« Das habe er aus sicherer Quelle.

Wir schafften es an diesem Tag nicht bis Ilebo – trotz Serafins exzellenter Fahrkünste, trotz seiner stoischen Verhandlungskunst, mit der er die Forderungen wegelagernder Polizisten halbierte, trotz der Anfeuerungsrufe der Dörfler, die, sofern sie nicht im Funkloch steckten, offenbar per Handy die jeweils nächsten Nachbarn von der bevorstehenden Durchfahrt einer Weißen informiert hatten. In Mapangu, gut fünfzig Kilometer von Ilebo entfernt, landeten wir im Haus eines Bekannten eines Bekannten aus der Palmöl-Branche. Ein Ehepaar mit zwei kleinen Kindern in anderthalb baufälligen Zimmern mit kleinem Hof für Gemüsebeete und Außentoilette sowie einem Abstellplatz für das Motorrad des Hausherrn, ein chinesisches »Senke«-Modell, das Serafin mit leicht mitleidigem Blick streifte. Der Hausherr verschwand sofort mit *unserer* Yamaha (ich hatte inzwischen eine emotionale Bindung zu dieser Maschine entwickelt) auf eine ausgiebige Spritztour in der Dunkelheit. Serafin protestierte nicht.

»Kongolesen sind so«, sagte er, »wenn sie etwas Besseres sehen, nehmen sie es sich einfach.«

Mapangu war eine Kleinstadt, unsere Ankunft hatte sich blitzschnell herumgesprochen, auch bei den Behörden. Gegen 22 Uhr – ich stopfte gerade nach elf Stunden auf dem Motorrad eine Portion *foufou*, Maniokbrei, mit Sardinen in mich hinein – trat der kongolesische Staat mit aller Macht und Pracht in Erscheinung. Genauer gesagt: In Gestalt der äußerst schlecht gelaunten, aber sehr farbenfroh gekleideten Vertreterin der »Direction Générale de Migration«, kurz DGM genannt, sowie eines uniformierten Begleiters der »Hafenpolizei«, von deren Existenz ich im Kongo noch nie etwas gehört hatte.

Die DGM besteht wie fast alle kongolesischen Behörden aus einem Heer mittelfristig unbezahlter Beamter, die im besten Fall mit einem abgegriffenen Schulheft ausgestattet sind, in das sie Neuankömmlinge und Durchreisende eintragen. Im Kongo herrscht Meldepflicht. Jeder Reisende, Migrant oder Umzügler hat sich nach seiner Ankunft bei der örtlichen DGM zu melden – am besten mit Kopien aller Originaldokumente, einer *ordre de mission*, einem möglichst pompös formulierten Auftrag des Arbeitgebers und einigen Dollarscheinen.

Bei solchen Begegnungen geht es nie nur um Geld, sondern auch um Macht und Respekt. Also um die Frage, ob weiße Reisende schwarze Vertreter einer Behörde – und mochte sie noch so korrupt und desorganisiert sein – spüren lassen, dass sie sich aufgrund ihrer Hautfarbe den herrschenden Regeln nicht beugen müssen.

Die DGM-Leiterin von Mapangu hatte offenbar den Verdacht, dass ich mich am nächsten Morgen davonstehlen und sie um die vermutlich einzige Geldquelle in diesem Monat bringen würde. Ich wiederum beging in dieser Nacht einen Kardinalfehler: Ich war müde und genervt – und ich wurde wütend.

Eine halbe Stunde lang ließ sich Madame mit einem Ausdruck unendlicher Langeweile meine Reisepläne und die Geschichte von William Sheppard schildern. Dann inspizierte sie meine Dokumente, die ich in ungefähr siebzehnfacher Kopie bei mir trug, drehte und wendete meinen Reisepass.

»Den ziehe ich erstmal ein«, sagte sie schließlich.

»Wie bitte?«

»Der Pass ist eingezogen. Sie können morgen in mein Büro kommen, dann bereden wir alles Weitere.«

Ich wusste, dass eine 20-Dollar-Note das Problem noch in dieser Minute gelöst hätte. Aber lieber wäre ich an meinem *foufou* erstickt, als auch nur einen Cent herauszurücken. Serafin saß einige Meter abseits und hielt sich in dem Bewusstsein, heute schon genügend Krisen für mich gelöst zu haben, aus der Sache heraus.

Mein wichtigstes Dokument irgendwo da draußen in der Nacht im Gewahrsam einer DGM-Bürokratin, die mir nicht mal ihren Namen nennen wollte. Das kam überhaupt nicht in Frage.

»Der Pass bleibt hier«, sagte ich aggressiver als geplant. In diesem Moment schwappte sie in mir hoch, diese indignierte Wut über die sich anbahnende Erpressung, aber auch über die vermeintliche Anmaßung einer afrikanischen Beamtin, mir, einer weißen Europäerin, die Papiere abknöpfen zu wollen. »Scheißland«, dachte ich. »Du wolltest hierher«, sagte meine zweite innere Stimme. »Außerdem bleibt man in solchen Situationen locker und macht Witze. Jetzt sieh zu, wie du da wieder rauskommst.«

Die Madame von der DGM zuckte kurz ob meiner Angriffslust. Weiße konnten Ärger machen. Sah ich aus wie jemand mit guten Beziehungen, der Ärger machen konnte? Sie taxierte meine lehmverkrusteten Wanderschuhe, meine verfilzten Haare und meine verdreckten Cargohosen und kam, völlig zu Recht, zu dem Schluss, dass ich bluffte.

»Ihren Pass«, sagte sie mit maliziösem Lächeln, »nehme ich mit.«

In diesem Moment ratterte der Hausherr auf unserer Yamaha zurück auf den Hof. Sein seliges Teenager-Lächeln, offenbar verursacht durch die kurze Spritztour auf dem Meisterwerk japanischer Ingenieurskunst, verschwand beim Anblick der zwei fauchenden Katzen vor seinem Haus.

»Die Madame von der DGM«, rief er. »Wie geht's denn so?«

Die zwei Katzen verstummten. Er zog einen Stuhl heran und seine Frau hinzu, dann begannen sie, auf Tschiluba auf die Dame von der DGM einzureden. Nein, sie redeten nicht, sie gurrten, machten Witzchen, boten ihr eine Cola an. Eine halbe Stunde später bekam ich meinen Pass zurück mit dem unfreundlichen Befehl, morgens um sieben Uhr »pünktlich im Hauptquartier« der Migrationsbehörde von Mapangu zu erscheinen.

Am nächsten Tag erschien die Dame vom Amt um neun Uhr in ihrem Büro, einem Einsturz gefährdeten Lehmhäuschen, deren Einrichtung aus einem Plastikstuhl, einem wackeligen Tisch, einem Foto von Präsident Joseph Kabila und dem Wandkalender einer Pharmafirma bestand. Ihre dreijährige Tochter klammerte sich an ihre Hand, ein bildhübsches, offensichtlich fieberkrankes Kind. Vor mir saß nicht mehr der giftige Behördenschreck der vergangenen Nacht, sondern eine völlig übermüdete Mutter und seit Monaten unbezahlte Beamtin, die nicht mal mehr einen Stift zum Eintragen meiner Personalien hatte. Ich überließ ihr außer meinem Kugelschreiber ein Bündel kongolesischer Francsscheine, die sie mit einem dankbaren Lächeln quittierte, und kam mir dabei ebenso schäbig wie großzügig vor.

Drei Stunden später setzte Serafin mich samt Seesack in Ilebo ab. Ich bezahlte ihm das Benzin für die Hin- und Rückreise, die geschätzten Bestechungsgelder für diverse Polizeiposten, sowie 150 Dollar für seine Fahrkünste. Er schnalzte vergnügt mit der Zunge, ließ als Zugabe »meine« geliebte Yamaha zwei mal aufheulen, wünschte mir viel Glück für meine Weiterreise nach Mushenge und machte kehrt. Das Glück sollte er, wie sich bald herausstellen würde, dringender brauchen als ich.

Ilebo lag eingekeilt zwischen dem Kasai und dem Sankuru-Fluss. Die Stadt hatte vagen Angaben Einheimischer zufolge 200 000 Einwohner, außerdem ein Hospital, einen Bahnhof, einen Flusshafen und eine Landepiste, welche die UN notdürftig instand gesetzt hatte. Gerüchteweise verkehrten hier tatsächlich wieder private kongolesische Fluggesellschaften, doch deren Maschinen waren nur Hartgesottenen zu empfehlen. Einigermaßen zuverlässig war nur das kleine Transportflugzeug des Konzerns *British American Tobacco*, der inzwischen auch die hintersten Provinznester mit Zigaretten belieferte. Für die Tabakindustrie war der Kongo im Jahr 2010 kein Krisengebiet mehr, sondern Absatzmarkt. Das musste man wohl als Fortschritt sehen.

Von Ilebo aus führte eine Eisenbahnlinie bis nach Lubumbashi im Südosten des Kongo. Ein südafrikanisches Konsortium versuchte angeblich, die zahlreichen Entgleisungen und Bremsprobleme auf der Bahnlinie zu beheben. Im Flusshafen ragten verrostete Kräne in den Himmel, die Kähne für die Weiterfahrt nach Kinshasa beluden, wenn denn das von Pflanzen überwucherte Hydrokraftwerk Strom ausspuckte. Vielleicht war ich zu lange in der Hitze gestanden, aber plötzlich erinnerten mich all die Szenen dieser Reise an ein anderes Riesenreich. Sibirien. Genauso groß und

Sekretär der Bezirksverwaltung von Ilebo

reich an Bodenschätzen. Mit Dörfern, in denen die Zeit stehen geblieben schien. Mit Ruinen einst funktionierender Industriestädte, aufgebaut durch Zwangsarbeit; voller Erinnerungen der Bewohner an Großbetriebe, die »in guten alten Zeiten« Arbeit und soziale Sicherheit garantiert hatten. Hier wie dort versuchten die Bewohner Gewalt und Repression zu vergessen. Hier wir dort herrscht eine korrupte politische Elite, die das Wort Gemeinwohl nicht mal buchstabieren kann.

Allerdings wird im Kongo deutlich weniger gesoffen als in Russland. Verzweiflung mündet hier nicht in Apathie, sondern fördert eine manische und oft chaotische Energie zutage, wie ich sie auch in Kinshasa erlebt hatte. Das Leben als endlose Improvisation. Keine Pause, keine Ruhe. Alle Kraft auf die Gegenwart, den Moment setzen. Bloß nicht in die Vergangenheit oder in die Zukunft schauen – und wenn, dann nur ins Jenseits, in die Erlösung.

Es waren ausgerechnet die großen Kirchen, vor allem die katholische, die sich diesem Diktat des unmittelbaren Überlebens auf Ruinen zu entziehen vermochten und eine Grundversorgung boten, die über den Tag hinausging. Unter Leopold II. gehörte die katholische Kirche zu den Stützen des Systems der Ausbeutung. Unter Mobutu hatte sie sich aus Gründen, die keineswegs nur mit einer ethischen Läuterung zusammenhingen, in einen Hort der Opposition verwandelt. Jetzt waren die katholischen Pfarreien kleine, gut verwaltete Oasen mitten im Chaos mit leidlich funktionierenden Schulen, gut bestellten Ländereien und halbwegs sauberen Herbergen, die auch bekennenden Ungläubigen wie mir für fünf oder zehn Dollar ein Zimmer anboten. In Ilebo beinhaltete der Preis außer einer Matratze auch einen Eimer Waschwasser, ein Wandporträt von Papst Johannes Paul II., der im Kongo offenbar populärer war als sein Nachfolger Benedikt XVI., sowie ein Fenster mit Ausblick auf die Straße nach Mushenge.

Ich wäre am liebsten am nächsten Morgen weitergefahren. Aber unmittelbar nach meiner Ankunft hatten sich diplomatische Verpflichtungen ergeben. Da waren zum einen die üblichen Formalitäten bei der DGM, zum anderen eine Einladung in eine katholische Schule samt Waisenhaus. Die *École de Référence* befand sich unweit der Herberge der Pfarrei gegenüber dem Gericht von Ilebo. Letzteres bestand aus einer erhöhten Bühne aus Zement und einem Wellblechdach zum Schutz gegen die Sonne. Richter, Staatsanwälte und Verteidiger traten gemessenen Schrittes in schwarzen Roben auf und ab; von weitem meinte man einem Theaterstück beizuwohnen, in dem große Fledermäuse die Hauptrolle spielten.

Ich hatte wider besseres Wissen gehofft, den Schulbesuch mit einer kurzen Unterhaltung beim Direktor und einer Stippvisite in ein oder zwei Klassenzimmern absolvieren zu können. Die Schulleitung hatte andere Pläne. Als ich auf den Schulhof trat, empfing mich ein gellendes »*Bonjour, Monsieur Andreano*«

aus vierhundert Kinderkehlen. Ich war als weiblicher Gast angekündigt worden. Bei meinem Anmarsch auf das Gelände hatten mich einige Schüler gesehen und die Ankunft eines Weißen in Hosen und mit sehr kurzen Haaren vermeldet, weswegen die Anrede kurzfristig geändert worden war.

Vierhundert aufgeweckte, blau-weiß gekleidete kongolesische Gören im Grundschulalter und zwanzig in besten Sonntagskleidern herausgeputzte Lehrer sahen mich erwartungsvoll an. Ein Junge trat hervor und überreichte mir als Gastgeschenk ein großes Bündel Federn, was ich als einen Hahn und zwei Tauben identifizierte. Nicht tot, sondern lebend und deswegen panisch mit den Flügeln schlagend. Ein Mädchen gab mir ein Megafon, ein Journalist vom lokalen Radio hielt mir sein Mikrofon unter die Nase. »Ihre Rede, Madame«, sagte er.

Ich starrte auf das zuckende Getier in meiner Hand. Der Kollege verstand offenbar meine Irritation. »Sie sind hier im Kongo«, flüsterte er. »Hier verschenkt man keine Blumen, hier verschenkt man Vögel. Und jetzt Ihre Rede, bitte!«

Ich plapperte drauf los, drosch Phrasen über den unermesslichen Wert einer guten Schulbildung und über die Kinder als Zukunft eines jeden Landes, bedankte mich für die Vögel und wiederholte vier Mal, dass ich »nur« Journalistin sei. Was heißen sollte: Ich habe nichts zu vergeben, keine Schuluniformen, keine Hefte, Bücher und Stifte, keine gebrauchten Computer, keinen Generator, kein Geld für anständige Schulbänke, keine Trikots für die Fußballteams der Schule. Kaum hatte ich unter höflichem Beifall das Megafon abgegeben, klingelte mein Handy, was den Hahn, den ich an seinen Füßen in meiner Linken hielt, noch panischer werden ließ. Serafin war dran und klang kläglich. »Es ist was schiefgelaufen, ich bin in Dibaya im Knast. Ich habe ein Kind angefahren.«

In der ersten Version war das Kind halbtot und Serafin knapp einem wütenden Mob entkommen. In der zweiten, drei

Stunden später, war der Unfall im Schritttempo erfolgt, und der Junge lag mit Prellungen im Hospital. Am Abend schließlich meldete Serafin, der in der Zelle sein Handy benutzen durfte, die Verwandten des Unfallopfers seien mit einem kleineren Schmerzensgeld für besagte Prellungen einverstanden. Aber der Polizeichef verlange hundert Dollar »Bearbeitungsgebühr«, um ihn samt Motorrad wieder freizugeben. Die nächsten Stunden verbrachte ich damit, per Telefon und mit Unterstützung zweier Verwandter von Alphonsine, der Krankenschwester aus Kikwit, den Polizeichef auf fünfzig Dollar herunterzuhandeln. Streng genommen war das Beihilfe zur Korruption. Streng genommen, war mir das in diesem Moment völlig egal. Ich hatte ein schlechtes Gewissen. Wäre ich nicht auf die Schnapsidee verfallen, einem längst verstorbenen Missionar hinterherzureisen, wäre das alles nicht passiert.

»Girlanden aus Moos und Kletterpflanzen ließen den Urwald aussehen wie eine wunderbar gemalte Theaterkulisse, wie einen enormen Schaukelgarten.« Als Sheppard diese Zeilen schrieb, stand er vermutlich noch unter dem euphorischen Schock, beim Vorstoß ins Reich der Kuba mit dem Leben davongekommen zu sein. Aber kein Wort war übertrieben. Über hundert Jahre später wirkte der Urwald rund um Mushenge immer noch magisch. Ein Spiel von Licht und Schatten zwischen Palmen, Bambus, haushohen Mahagonibäumen und Bananenstauden, zwischen Lianen und miteinander verschlungenen Ästen, dem man stundenlang hätte zusehen können. Zumal anders als zu Sheppards Zeiten nirgendwo mehr Giftpfeile versteckt waren, die ahnungslose Reisende durch einen falschen Schritt auslösen konnten. Sheppard war damals heimlich den königlichen Elfenbeinhändlern ins Innerste des Reiches gefolgt. Sein Überleben verdankte er zweierlei Umständen: Erstens unterschied er sich mit seiner schwarzen Hautfarbe in den Augen der Kuba offenbar wohltuend von portugiesischen Händlern, deutschen Forschern und belgischen Kolonialverwaltern, welche in den Jahrzehnten zuvor die Grenzen des Kuba-Territoriums gestreift hatten. Zweitens befand sich König Kwet aMbweky gerade in einem politischen Machtkampf mit Klans, die sein Anrecht auf den Thron in Zweifel zogen. In dieser Notlage kam ihm Sheppard gerade recht. Einen faszinierenden Ahnen aus dem Reich der Toten aus dem Hut zu zaubern, machte sehr viel mehr Eindruck als die öffentliche Hinrichtung des Fremden. Sheppard schlüpfte offenbar problemlos in seine neue Identität als Bope Mekabe. Vier Monate streifte er durch Mushenge und Umgebung, verfasste Genealogien, studierte Besitzverhältnisse, Hygienevorschriften, Steuersystem, Gerichtswesen, Architektur und Heiratsbräuche der Kuba. Sheppard erkannte, dass die über hundert Ehefrauen des Königs zwar nicht mit der christlichen Lehre zu vereinbaren waren, aber jedem Klan eine wichtige, weibliche Stimme am Hof garantierten. Er lernte, dass Erbschaft und Familienzugehörigkeit matrilinear organisiert und die unzähligen Adelstitel an Kupferschmuck oder Federornamenten abzulesen waren. Er sammelte Dutzende von exquisit gefertigten Masken, Skulpturen, Teppichen und Haushaltgegenständen. Für die Außenwelt bezeugte er die Existenz einer Hochkultur, die Anthropologen später mit den Systemen japanischer Shoguns verglichen: sozial hochkomplex, äußerst traditionsbewusst und extrem elitär. Als Sheppard ein Jahr später seinen ersten Heimaturlaub in den USA antrat, hatte er das Versprechen des Königs im Gepäck, mitten im Land der Kuba eine Missionsstation der Presbyterianer errichten zu dürfen. Der »schwarze Weiße« hatte das Tor zur Missionierung des Königreichs aufgestoßen. Aber Sheppard präsentierte daheim auch Geschichte und Kunst einer hoch entwickelten Gesellschaft mitten im »barbarischen Afrika«. Von Alabama bis Washington lauschten die Menschen in voll besetzten Kirchen und Hörsälen – die Weißen vorne auf den guten Plätzen, die Schwarzen hinten auf den schlechten – diesem Mann, der wie ein sehr unterhaltsamer Professor den Mythos von der Primitivität schwarzer Völker widerlegte. Eher beiläufig erwähnte er dabei den Umstand, dass auch die Kuba Sklaven hielten und Hexenprozesse veranstalteten. Ereignete sich in Nsheng ein Unglück, zum Beispiel der Tod eines Kindes, kursierte schnell das Gerücht der Hexerei. Meist fiel der Verdacht auf ältere Frauen aus sozial benachteiligten Familien, denen ein Gifttrank verabreicht wurde. Glaubt man Sheppards Aufzeichnungen, protestierte er bei einer Audienz mit dem König nachdrücklich gegen diese Praxis, was dieser ihm als schwere Majestätsbeleidigung hätte auslegen können. Doch Kwet aMbweky dachte offenbar, sein Lieblingsahne hätte sich einen Witz erlaubt, und lachte ihn aus.

Nach über tausend Kilometern und sechs Tagen in überfüllten Autos, wackeligen Pirogen und auf zu kleinen Motorrädern stand ich nun in Mushenge vor dem Ort dieser historischen Unterhaltung (wenn sie denn tatsächlich stattgefunden hatte) – und der verdammte Palast war verschlossen. Ich wusste, dass in Abwesenheit des Königs das Leben bei Hofe zum Erliegen kam. Ich wusste nicht, dass die Mutter des Königs, welche die Schlüsselgewalt über den Palast hatte, einige Tage zuvor verreist war. Die Königsmutter, hatte man mir in Kinshasa gesagt, verreise nicht.

Auf den letzten Kilometern von Ilebo nach Mushenge war ohnehin einiges schiefgegangen. Nach mehreren Tages- und Nachtetappen mit waghalsigen, aber versierten Chauffeuren war ich in Ilebo an Georges geraten, einen halbstarken, maulfaulen Straßenmechaniker, der mir sein chinesisches Motorrad Marke »Senke« vorführte, als wäre es eine Harley-Davidson. Georges schaffte das selbst für kongolesische Verhältnisse bemerkenswerte Kunststück, auf fünfzig Kilometern durch den besagten schönen Urwald viermal mit kaputten Zündkerzen, dreimal mit gerissener Kette liegen zu bleiben und einmal mit mir unsanft in einer Kurve im Gebüsch zu landen. Was mich auf halber Strecke zu dem Entschluss brachte, etwas zu tun, was man im Kongo eigentlich nicht tun sollte: Ich versuchte zu trampen. An mir vorbei zogen staunende Marktfrauen, kichernde Schulkinder und schweißüberströmte *toleka*-Händler, die mit der fatalistischen Unbeirrbarkeit eines Sisyphos Kanister voller Palmöl und Trinkwasser, Säcke voller Mais, Bündel mit Brennholz, Kisten mit Bierflaschen auf chinesischen Fahrrädern von Dorf zu Dorf wuchteten. So lief im Kongo ein Großteil des Warenverkehrs. Ihr Anblick verschlug mir jedes Mal die Sprache. Sie waren ein Sinnbild dieses Land, das durch Plünderung und Kriege in ein vorindustrielles Zeitalter zurückkatapultiert worden war. Dessen Menschen irrten nun in den Ruinen der Modernisierung herum und vollbrachten Leistungen, deren verzweifelte Energie einen schockierte. Es war mir ein Rätsel, wie ein Mensch ohne ausreichend Wasser und Nahrung tagelang in sengender Hitze ein Fahrrad, beladen mit über 100 Kilo, durch Sand und Schlamm, über Hügel und durch Flussbetten schieben konnte. Ohne irgendwann vor Erschöpfung zu sterben.

Wie eine Sträflingskolonne näherten sich sechs *toleka*-Fahrer, in ihren Gesichtern die Konzentration von Menschen, die sich keine falsche Bewegung, keinen Stolperschritt erlauben konnten. Sie hielten an. »Maman, haben Sie ein paar Zigaretten? Wasser? Ein paar Francs?« Ich kramte einige Scheine aus der Tasche. »Gott segne Sie«, sagte der Anführer lapidar, als bliebe dem Allmächtigen jetzt gar nichts anderes übrig. Sie fragten, warum ich hier herumstünde. Ich erklärte es ihnen. »Wenn ich zurückkomme, und Sie stehen immer noch hier, nehme ich Sie auf dem Rad mit.« Mit einem Mal wich die Erschöpfung aus ihren Gesichtern, und sie lachten sich bei dem Gedanken halb kaputt.

Der erste Motorradfahrer hielt prompt: Es war der

oberste Krankenpfleger des Gesundheitsbezirks Ilebo, der die umliegenden Hospitäler und Ambulanzen mit Impfstoffen versorgte. Sheppard war flankiert von einer Kriegergarde in Mushenge einmarschiert, ich rollte, eingekeilt zwischen gekühlten Ampullen gegen Masern, Polio und Windpocken, in die Stadt.

Mushenges alte Größe konnte man noch erahnen: Die breiten Straßen, die zu Sheppards Zeiten offenbar täglich gefegt wurden; die rechteckigen, robusten Lehmhäuser, die hohe Mauer des Palastes. Von adeligem Dünkel war allerdings nichts mehr zu sehen. Die Frauen – Wasser schleppend, Maniok stampfend, Kinder stillend – trugen die im Kongo üblichen bunten Wickelröcke. Die Männer hatten die globale Mode der bedruckten T-Shirts und Fußball-Trikots übernommen, die täglich in Form von Altkleider-Exporten aus Europa und den USA über dem Kongo abgekippt wurden. Auf ihren eher sehnigen Leibern prangten nun das Konterfei von Arnold Schwarzenegger als Terminator, Name und Rückennummer von Lionel Messi, die Bierreklame von Budweiser oder die triumphale Auskunft »*I survived the Boston Marathon*«. Nur der König war traditionell mit Haube, Rock und Kupferringen bekleidet. Sheppards König.

»Bitte nicht anfassen«, sagte Volontaire Bope, einer der ranghöchsten Künstler im Land der Kuba und als solcher Leiter des *Institut des Beaux Arts*. Mushenge besaß nicht nur einen Palast, sondern auch eine Kunsthochschule samt Museum. Belgische Missionare hatten sie Anfang der 50er Jahre gegründet – eine Art Wiedergutmachung für die Verbrechen früherer Kolonialjahre. Die Kunsthochschule befand sich auf einem paradiesisch anmutenden Grundstück. Zwischen Palmen und Mangobäumen standen wie verwurzelt steinerne Skulpturen. Das Gebäude mit kunstvoll geschnitzten Holzsäulen ähnelte einem indianischen Langhaus und wie so ziemlich alles im Kongo hatte es bessere Zeiten gesehen.

Im Stil der Kuba Masken zu schnitzen, einen Königsthron zu zimmern, Kupferschmuck zu schmieden oder samtweiche Teppiche zu knüpfen – das hatten inzwischen auch Handwerker der Nachbarvölker, der Lele, der Luba oder Pende gelernt. Die Konkurrenz wuchs, Preise und Nachfrage sanken. Schlimmer noch: Afrikanische Kunst wurde längst serienmäßig und spottbillig in China hergestellt. »Unter unseren jungen Leuten findet sich kaum noch einer, der zwei Monate an einem Teppich arbeiten will.« Nach dieser nüchternen Bestandsaufnahme seiner Zunft sah Volontaire Bope mich lange und erstaunt an, als habe er erst jetzt begriffen, dass sich nach Monaten, womöglich Jahren, wieder ein Besucher in sein Museum verirrt hatte.

Von den Wänden des Museums starrten opulent verzierte Masken mit kubistisch verschobenen Gesichtern auf die Staubschicht, die sämtliche Ausstellungsgegenstände bedeckte. Auch den berühmten König Kwet aMbweky. Genauer gesagt: die nach seinem Tod angefertigte Holzstatue, die mir bis über die Knie reichte. Professor Bope schritt in respektvollem Abstand um den kleinen Herrscher herum. Dann rekapitulierte er dessen trauriges Ende und unglückliches Erbe. 1896 war Kwet aMbweky gestorben, seine drei nächsten Nachfolger schieden nach nur kurzer Zeit aus dem Leben, was Kwet aMbweky in den Verdacht rückte, seinen Thronfolgern einen Fluch hinterlassen zu haben – ausgerechnet in der Zeit, da nicht nur die ersten Missionare in das Reich der Kuba vorgerückt waren, sondern auch die ersten Söldnertrupps des Leopoldschen Freistaates, die Zwangssteuern und Rohstoffe abpressen wollten.

Von einem William Sheppard aber wusste Volontaire Bope zu meinem Erstaunen nichts. Presbyterianer? Ja, die hätten in der Umgebung Missionsstationen aufgebaut, immer in harter Konkurrenz zu den Katholiken. Aber dass vor über hundert Jahren ein Schwarzer unter ihnen gewesen sein sollte, war Professor Bope neu. Ich kaufte für fünf Dollar einen Teppich, legte weitere zehn in die Museumskasse und trug mich in das »Goldene Buch« ein, das aus einem abgegriffenen Schulheft bestand. Dann setzte ich meine Umfrage draußen auf der Straße fort.

»Shäpaat?« Die Verkäuferin in der Lehmhütte mit dem Geschäftsschild »*Pharmacie La Grâce du Seigneur*« (Apotheke Gnade des Herrn) schüttelte den Kopf. Nie gehört. Ich versuchte es mit seinen Pseudonymen und Spitznamen: Bope Mekabe. Shepete. »Der schwarze Weiße«. Schulterzucken beim Fischhändler, den Mattenflechtern, dem Zigarettenverkäufer, den Ziegenhirten. Vielleicht wäre ich ähnlich ahnungslos dagestanden, hätte mich ein afrikanischer Journalist, strotzend vor angelesenem Wissen über mein Land, nach einem ominösen Männerfreund von Wilhelm II. gefragt.

Aber konnte es wirklich sein, dass Sheppard nach all dem, was er getan hatte, in Mushenge völlig in Vergessenheit geraten war? Er, der schließlich dem belgischen König, wenn auch widerwillig, einen entscheidenden Schlag versetzte?

1899 hatte sich Sheppard seinen Traum erfüllt und – inzwischen verheiratet – zusammen mit seiner offenbar ebenfalls unverwüstlichen Ehefrau Lucy in Ibaanc, etwa 50 Kilometer südlich von Mushenge, eine Missionsstation aufgebaut. Beschreibungen und Fotos zufolge war Ibaanc eine Kolonie mit viktorianischem Ambiente, bestickten Vorhängen, abendlichen Krocket-Spielen, absolutem Toleranzgebot und einer permanenten Gästeschar aus Kuba-Adeligen sowie deutschen, englischen oder französischen Forschern und Abenteurern. Die Zwangssteuern und Zwangsarbeit des Leopoldschen »Freistaats« waren ebenso außer Kraft gesetzt wie die Praxis der Leibeigenschaft und Hexenprozesse der Kuba. Ein wundersames Utopia mitten im Dschungel unter dem Vorsitz eines afroamerikanischen Ehepaars.

Der schwarze Missionar aus dem amerikanischen Süden vermied es fast ein Jahrzehnt lang, öffentlich gegen die Gräueltaten der belgischen Kolonialverwalter aufzutreten. »Statt den Freistaat frontal anzugreifen«, schreibt Sheppards Biografin Pagan Kennedy, »ignorierte er ihn einfach. Er versuchte, eine Stadt – eine eigene Realität – zu schaffen, in der Hass und Rassismus nicht existierten.«

Andere Autoren zeichnen ein zwiespältigeres Bild. Im April 1899 ziehen Soldaten unter belgischem Kommando zum ersten Mal plündernd durch die Hauptstadt der Kuba, die bis dahin jede Order, für den Freistaat Kautschuk zu sammeln, ignoriert haben. Inzwischen kennen die Belgier nicht nur die Routen nach Mushenge, sie wissen auch, dass die Kuba keine Schusswaffen besitzen. Den Rest des »Freistaats« haben sie bereits in einen gigantischen Gulag verwandelt. Um den Forderungen ihres Königs aus Brüssel nachzukommen, treiben sie mithilfe von Söldnertrupps wie den *Zappo Zap* und ihrer eigenen Armee, der aus Einheimischen rekrutierten *Force Publique*, Zwangssteuern ein: Diese sind vor allem in Form von Kautschuk oder Elfenbein zu entrichten. Weigert sich ein Dorf oder bleibt es hinter den hohen Quoten zurück, folgen Strafexpeditionen: Geiselnahmen, Verstümmelungen, Massaker, Brandstiftung, Plünderung, Zerstörung der Vorräte und Felder. Berichte über Gräueltaten sickern immer wieder nach außen durch. Doch bislang konnte Leopold II. mit geschickter Pressearbeit und dem Schmieren von Journalisten verhindern, dass nennenswerter Protest an den Zuständen in seiner Privatkolonie laut wird. Auch Sheppard weiß um diese Zustände. Er weiß auch von dem ersten Massaker unter belgischem Kommando in Mushenge. Aber es scheint ihn nicht sonderlich zu berühren – womöglich, weil der neue Kuba-König die Spuren der Regentschaft Kwet aMbwekys am liebsten tilgen würde, von der Missionsstation des vermeintlichen Ahnen William Sheppard in Ibaanc überhaupt nicht erbaut ist und den Presbyterianer in Mushenge zur unerwünschten Person erklärt hat.

Aber an einem Septembertag 1899 wird Sheppard buchstäblich gezwungen, Zeugnis über das Grauen abzulegen. Sein neuer weißer Vorgesetzter in Luebo, dem Hauptquartier der Presbyterianer im Kasai, befiehlt ihm, nach Pianga, einem Distrikt im Südosten des Kuba-Reiches aufzubrechen, um dort eine Strafaktion der *Zappo Zap* gegen mehrere Kuba-Dörfer zu stoppen. Es ist ein Selbstmord-Kommando, aber Sheppard macht sich gehorsam auf den Weg, läuft geradewegs einer *Zappo Zap*-Patrouille in die Arme – und rettet sich zum zweiten Mal in seinem Leben mit einem haarsträubenden Bluff. Er tut, als prüfe er im Auftrag der Belgier, ob die *Zappo Zap* effektive Arbeit leisten. Die Söldner des belgischen Königs laden ihn wie einen Gast in ihre Holzfestung, an deren Eingang die Fahne des »Freistaats Kongo« weht, ein gelber Stern auf blauem Grund. Am Boden liegen Leichenteile, auf Bambusspitzen sind Torsi aufgespießt. Sheppard erkennt unter den Toten mehrere Kuba, mit denen er lange befreundet war.

Zwei Tage hält er dort aus, dokumentiert das Grauen mit derselben Akribie, mit der er einst den Alltag in Mushenge dokumentiert hatte. Er fragt die *Zappo Zap*-Führer geflissentlich nach weiteren Beweisen ihrer Gründlichkeit, zählt 81 abgehackte Hände, ausgelegt zum Räuchern, mehrere Leichen, die von der Hüfte abwärts gehäutet sind, weil die *Zappo Zap* deren Fleisch verzehren. Die Täter sind redselig und stolz, wundern sich auch nicht über den kleinen schwarzen Kasten, den Sheppard immer wieder auf abgehackte Gliedmaßen oder die Käfige mit vergewaltigten und völlig verstörten Frauen richtet. Er hat nicht nur sein Notizbuch dabei, sondern auch eine der ersten Kodak-Box-Kameras.

Sein Report ist ein Vorläufer der Arbeitsmethoden, wie sie heute Organisationen wie *Amnesty International* und *Human Rights Watch* praktizieren. Und wie viele dieser Berichte entfaltet auch Sheppards Dokumentation zunächst kaum Wirkung. Einer der *Zappo Zap*-Führer wird in einem Prozess zum Alleinschuldigen erklärt – und kurze Zeit später wieder frei gelassen. Sheppard kehrt, wahrscheinlich schwer traumatisiert, in seine Idylle nach Ibaanc zurück, die nunmehr wie eine höhnische Illusion auf ihn wirken muss.

Ich erwog einen Abstecher nach Ibaanc, verwarf den Gedanken aber sofort, als mir Georges, mein Pannenrekordhalter, entgegenknatterte und mir stolz versicherte, er habe sein Motorrad komplett überholt und sei bereit für weitere Expeditionen. Es würde schon schwierig genug sein, mit ihm heil zurück nach Ilebo zu kommen. Fast hundert Kilometer lagen vor uns, ich war nach einer Nacht in einer sehr bescheidenen katholischen Herberge gerädert, mein Magen revoltierte beim Gedanken an eine weitere Portion Maniokbrei mit scharfer Soße, und nächtlicher Regen hatte aus den Sandpfaden Sümpfe gemacht. Georges gab Gas, und nach gerade zehn Kilometern spürte mein Hinterteil, dass dem Hinterreifen die Luft fehlte. Die erste Zwangspause erfolgte um halb sieben Uhr morgens mitten in Kuba-Land. Während Georges den Reifen mithilfe selbst geschnittener Gummiflicken, abgenagter Maiskolben (zum Aufrauen) und einer Zahnpasta-ähnlichen Masse (zum Kleben) reparierte, beobachtete ich das Erwachen eines kongolesischen Dorfes, was einen gewissen Charme hatte. Vorausgesetzt, man lebte hier nicht als Frau und war seit halb sechs mit Wasserholen, Feuermachen und Kinderscheuchen beschäftigt. Von links schwoll ein verschlafener Ehestreit zum morgendlichen Drama und verebbte offenbar in einer Umarmung. Rechts putzte ein Familienvater mit Zeigefinger und Wasser seine Zähne. Es wurde gegähnt, geseufzt, ausgehustet, gegurgelt. Jeder schüttelte eine mehr oder weniger schlechte Nacht aus den Knochen. Die leicht vernebelten Morgenstunden waren die einzige Entschädigung, die der Tag bieten würde. Die ersten Transistorradios krächzten. Die Sonne stieg über die Baumkronen, ein Junge näherte sich schüchtern und bot selbst gemachte Seife zum Verkauf. Niemand aß, die einzige Mahlzeit des Tages würde es erst später geben.

Georges' Reparatur hielt ganze sieben Kilometer, dann war der Reifen wieder platt. Dieses Spiel wiederholte sich weitere vier Mal, dann quoll der Schlauch in Fetzen unter dem Mantel hervor. Damit war der motorisierte Teil der Rückfahrt nach Ilebo für's Erste beendet. Ich wollte Georges gern sagen, dass ich ihn erwürgen könnte. Aber erstens war es eine leere Drohung, zweitens fiel mir das entsprechende französische Verb nicht ein. Wir standen mitten auf einer grasbewachsenen Ebene, weit und breit keine Schatten und kein Dorf in Sicht. Zusammen bockten wir die Maschine auf einem Stein auf, dann beugte er sich hochkonzentriert über die zerfetzten Schlauchreste und vergaß alles um sich herum. Georges, das wurde mir in diesem Moment klar, liebte es nicht, von A nach B zu fahren. Er liebte es, Pannen zu beheben. Je kaputter der Gegenstand, je ärmlicher das Werkzeug, umso besser, umso größer die Herausforderung an seine Improvisationsfähigkeit. Georges war ein Meister darin, aus immer weniger und immer schlechterem Material etwas zu zaubern, das wieder funktionierte. Wenigstens für zwei Stunden oder vier Kilometer. Vor der Abfahrt einen passenden Ersatzschlauch einzustecken, passte nicht in dieses Konzept. Ich versuchte, aus dieser Beobachtung eine Metapher für den Zustand des ganzen Landes zu bilden. Aber mir war einfach zu heiß. Mit dem Seesack über der Schulter machte ich mich durch Sand und Schlamm auf den Weg nach Pembeyangu. So hieß das nächste Dorf.

Man wird als weißer Solo-Reisender im Kongo oft angestarrt. Meistens amüsiert, neugierig, freundlich, jedenfalls von der Zivilbevölkerung. Anders als in muslimischen Ländern spielte der Umstand, dass ich eine Frau war, kaum eine Rolle, wobei hilfreich gewesen sein mag, dass mich viele Einheimische aufgrund meiner kurzen Haare und langen Hosen zuerst oft für einen Mann hielten. Aber die Bewohner von Pembeyangu reagierten auf meine Ankunft mit schierer Fassungslosigkeit. Eine Weiße! Mit Gepäck auf der Schulter! Zu Fuß! Köpfe spähten aus Hüttenfenstern, Hälse wurden gereckt, Kinder johlten, trauten sich aber nicht recht an dieses klatschnasse Wesen mit dem roten Kopf heran. Ich marschierte – wütend auf chinesische Motorräder, kongolesische Mechaniker, die Hitze und die Schnapsidee dieser Reise – bis ans andere Ende des Dorfes, schmiss mein Gepäck neben einer verlassenen Hütte ins Gras und begann in der Annahme, allein zu sein, laut eine englische Obszönität, die mit »f« anfängt, in die Weite zu brüllen.

Erst dann bemerkte ich die alte Frau, die mich, auf einer Matte im Schatten liegend, erschrocken und wortlos anstarrte.

Ich war – wie passend – im Kirchenasyl von Pembeyangu gelandet.

Zehn Minuten später tauchte der Pfarrer auf. »Abbé Adonis, angenehm, Sie kennen zu lernen. Möchten Sie sich etwas ausruhen?« Der Abbé besaß wie alle Kuba-Männer, die ich bislang gesehen hatte, nicht das Krieger-Gardemaß von 1,90 Meter, sondern war kleiner als ich. Davon abgesehen, trug er seinen Namen zu Recht. Ein hübscher Kerl. Die Pfarrei war erst wenige Jahre alt, bestand aus einem Lehmhaus, einem Gemüsefeld, einer Kirche ohne Dach, dem Rohbau für eine Schule und eben jener Hütte für Vertriebene und Obdachlose. Abbé Adonis führte mich zu der alten Frau, die mich inzwischen als ungefährlich eingestuft hatte. Ihr runzeliges Gesicht erinnerte an eine Walnuss, ihre großen Hände trugen die Spuren jahrzehntelanger Schufterei auf dem Feld. »Maman Christine, unsere kleine Hexe«, sagte der Abbé.

Maman Christine Mbobo war eine kinderlose Witwe.

Warum man sie der Hexerei beschuldigt hatte, wusste der Abbé nicht. Womöglich war eine Ernte verdorben, ein Kleinkind aus scheinbar unerfindlichen Gründen gestorben. Oder irgendein anderes Unglück hatte sich ereignet, für das ein Sündenbock gesucht wurde. Jedenfalls ging ihre Hütte in Flammen auf, die ersten Steine flogen und die alte Frau floh zum Abbé. Das war zwei Jahre her. Über die Sache sei nun Gras gewachsen, sagte der Abbé, »aber sie hat beschlossen, hier zu bleiben und hier zu sterben«. Die Alte lächelte und beobachtete ihre wippenden Füße, als handele es sich um putzige fremde Wesen. In ihre Welt war Frieden eingekehrt.

Hexenverfolgung im Reich der Kuba des 21. Jahrhunderts.
»Kennen Sie Sheppard?«, fragte ich den Abbé.
»Sie meinen den dunklen Amerikaner?«, fragte er zurück. »Aber natürlich.«

Abbé Adonis kannte nicht nur den Namen, er kannte die ganze Geschichte dieses Mannes. Sheppards Biografie war sein Hobby. Abbé Adonis wusste die Details des Massakers von Pianga, er konnte die Chronologie der internationalen Kongo-Reformbewegung herunterbeten, die Anfang des 20. Jahrhunderts die Weltöffentlichkeit gegen Leopolds Gulag mobilisierte – und damit die erste Menschenrechtskampagne mit den Mitteln der Massenmedien entfachte. Abbé Adonis kannte Sheppards leidenschaftliche Anklage, niedergeschrieben für eine Missionarszeitschrift, den *Kasai Herald*, im Jahr 1908, wobei allerdings nicht ganz klar ist, ob sie wirklich aus Sheppards Feder stammte oder von seinen sehr viel angriffslustigeren weißen Vorgesetzten zugespitzt worden war. »Dieses wunderbare Volk«, stand da über die Kuba zu lesen, »von vielleicht 400 000 Menschen hat eine neue Ära in der Geschichte ihres Stammes betreten. Ihre Ländereien werden vom Dschungel überwuchert, ihr König ist praktisch versklavt, ihre Häuser verkommen, ihre Straßen verdreckt. Die Kinder schreien nach Brot. Warum? Weil bewaffnete Truppen großer Handelsfirmen diese Männer und Frauen zwingen, Tag und Nacht in den Wäldern Kautschuk zu zapfen.«

Die Berichte über »Blutkautschuk« landeten im Weißen Haus auf dem Tisch des damaligen US-Präsidenten Teddy Roosevelt, im britischen Unterhaus, im belgischen Parlament. Der amerikanische Schriftsteller Mark Twain zitierte Sheppard ausführlich in seinem 1905 erschienenen Büchlein *König Leopolds Selbstgespräch*, eine Polemik gegen den belgischen Monarchen. Der war nunmehr zur Zielscheibe der Weltpresse und aller anderen europäischen Regierungen geworden – auch jener, die ihre eigenen Kolonien weiterhin nach Kräften ausbeuteten. Die *Compagnie du Kasai*, von Leopold mit einem Monopol für den Kautschukhandel ausgestattet, sah sich an den Pranger gestellt, nachdem eine britische Untersuchung auf Grundlage von Sheppards Artikel Schlagzeilen gemacht hatte: »Die Versklavung und Vernichtung der Bakuba«, lautete der Titel. Der Aktienkurs des Unternehmens rutschte in den Keller, woraufhin der Vorstand den amerikanischen Missionar wegen Verleumdung verklagte – vor einem belgischen Gericht in Léopoldville.

Sheppard, Shepete, Bope Mekabe – warum erinnerte sich bei den Kuba fast niemand mehr an diesen Mann?

»Weil alle seine Spuren ausgelöscht wurden«, sagte Abbé Adonis. »Die Kuba haben Sheppards Ibaanc zerstört.«

Sheppards Utopia ging 1904 in Flammen auf, ein Jahr bevor Mark Twain ihn als Kämpfer gegen Leopold II. endgültig weltberühmt machte. Junge Krieger aus Nsheng hatten Ibaanc zerstört. Vermutlich aus Wut über Sheppards Praxis, abtrünnigen Adeligen aus der Hauptstadt in Ibaanc Unterschlupf zu gewähren. Wahrscheinlich auch aus Rache für die Morde und Plünderungen durch die *Force Publique*, die schließlich den letzten Winkel des Kuba-Reiches erobert hatte.

Nicht, dass Sheppard völlig vergessen worden sei, sagte der Abbé. In Kananga, der nächsten Großstadt, rund 300 Kilometer weiter östlich, hatten die Presbyterianer eine kleine Universität nach ihrem berühmtesten Missionar benannt. »Aber über seine Geschichte werden Sie auch dort nicht viel finden. Wir Kongolesen tun uns schwer mit dem Erinnern.«

Ich kam mit Hilfe des Abbé und einem anderen Motorradfahrer nach Einbruch der Dunkelheit in Ilebo an. »Auch mühsame Tage sind irgendwann zu Ende«, hatte der Abbé zum Abschied grinsend gesagt und mir mein aufgeladenes Handy wiedergegeben. Mitten im Dorf hatte er neben einer Lehmhütte Sonnenkollektoren aufgestellt, aus Holzbalken und Kupferdrähten eine Sammelsteckdose gebaut und sich damit in Pembeyangu einen uneinholbaren Vorsprung vor der protestantischen Konkurrenz erworben: eine Handyladestation. Sheppards Geschichte war des Abbés erstes Hobby, alternative Energien sein zweites.

In Ilebo dagegen war der Strom ausgefallen. Ich tastete mich mit einer Taschenlampe zu meinem Zimmer, klaubte einige daumenlange Kakerlaken aus dem Badezuber, kippte mir zwei Eimer Wasser über den Kopf und wunderte mich darüber, dass mich gar nichts mehr wunderte. Auf meinem Handy hörte ich nach zwei Tagen im mehr oder weniger tiefen Funkloch eine Nachricht von Serafin ab, der mitsamt seiner Yamaha aus dem Gefängnis entlassen worden war. Ich setzte mich vor das Fenster, tunkte ein zwei Tage altes Weißbrot in meine letzte Dose Sardinen, blickte auf die dunkle Straße nach Mushenge und fühlte mich wie Gott in Frankreich.

Die nächsten zwei Tage verbrachte ich damit, auf das Flugzeug von BAT, *British American Tobacco*, zu warten, das auf seinen Flügen zurück nach Kinshasa Passagiere statt Zigaretten beförderte. Das BAT-Flugzeug tauchte nicht auf. Also begab ich mich über den Landweg zurück nach Kinshasa. Dieselbe Strecke, dieselben Verkehrsmittel. Aber inzwischen fühlte es sich völlig normal an.

Mein Hahn und meine beiden Tauben blieben zurück. Ich

hatte sie vor meinem Ausflug nach Mushenge im Garten der katholischen Herberge in Ilebo gelassen. Offenbar hatten sie ihre letzte Ruhe in den Mägen der Pfarrer gefunden.

William Henry Sheppard wurde übrigens nicht wegen Verleumdung verurteilt. An einem Septembertag 1909 betrat er mit einer Gruppe imposanter Kuba-Krieger als Zeugen den Gerichtssaal von Léopoldville. Für den Fall eines Schuldspruchs hätten ihm mehrere Jahre in einem kongolesischen Gefängnis gedroht, was angesichts der Haftbedingungen einem Todesurteil gleichgekommen wäre. Das Weiße Haus in Washington hatte zwei Beobachter zu dem Prozess entsandt – und damit deutlich gemacht, dass es die drohende Verurteilung eines amerikanischen Staatsbürgers im Ausland als Chefsache ansah.

Hilfe kam schließlich auch noch aus Belgien. Kurz vor Verhandlungsbeginn traf Emile Vandervelde, Anwalt, Atheist und Führer der belgischen Sozialisten, in Léopoldville ein. Vandervelde war seit Jahren ein leidenschaftlicher Gegner von Leopolds Kongo-Politik. Nun übernahm er unentgeltlich Sheppards Verteidigung, obwohl er dessen missionarische Tätigkeit ausdrücklich missbilligte. Binnen weniger Tage zerlegte Vandervelde, ein brillanter Rhetoriker, die Anklage, verspottete die Anwälte der *Compagnie du Kasai* und hielt ein so mitreißendes Schlussplädoyer für die Universalität der Menschenrechte, dass sogar die anwesenden Kuba trotz dürftiger Übersetzung dem Belgier dankbar die Hand schüttelten.

Der Freispruch am 4. Oktober 1909 änderte für die Menschen im Kasai wenig. Die *Compagnie du Kasai* verlor ihre Monopolstellung, wurde jedoch nie für ihre Mitverantwortung an den Verbrechen gegen die Kuba zur Rechenschaft gezogen.

Leopold II. hatte unter nationalem und internationalem Druck seine Privatkolonie im Jahr zuvor an den belgischen

Staat abgetreten, diesem sämtliche Schulden überlassen und für die Übergabe noch weitere 95 Millionen Francs eingestrichen. Die nunmehr staatlichen Kolonialverwalter machten weiter wie bisher. Historiker schätzen die Zahl der Opfer zwischen 1885 und 1920 auf fünf bis zehn Millionen. Demnach hatte das Land innerhalb von 35 Jahren ein Viertel bis die Hälfte seiner damaligen Bevölkerung verloren. Durch eingeschleppte Seuchen, Zwangsarbeit, Hunger, Massaker.

Der Kautschukboom endete noch vor Beginn des Ersten Weltkriegs. Aber da hatten europäische und amerikanische Prospektoren schon einen anderen Schatz im Boden des Kasai entdeckt: Diamanten.

Und William Sheppard? »*American Negro Hero of Congo!*«, titelte der *Boston Herald* unmittelbar nach dem Gerichtsurteil. Einige Monate lang feierte Amerika seinen Helden, einen Schwarzen, der gegen das Böse kämpfte, dabei auch noch Nilpferde, Krokodile und Elefanten jagte und Gottes Wort in den dunklen Kontinent trug.

Wenige Monate später berief die Führung der Presbyterianer Sheppard aus dem Kongo ab – angeblich aus gesundheitlichen Gründen. Berichte über außereheliche Affären und einen unehelich gezeugten Sohn im Kongo waren aufgetaucht. Die gleichen »Vergehen« konnte man tausenden anderer Missionare nachweisen. Aber die waren Weiße.

Die Sheppards ließen sich nach ihrer Rückkehr in die USA in einem Elendsviertel in Louisville, Kentucky, nieder, richteten eine Schule und Sozialstation ein, erduldeten die Rassentrennung. Sheppard ging weiterhin auf Vortragsreisen, betrat die Häuser weißer Gönner durch den Dienstboteneingang und las in den Zeitungen von den Lynchmorden des Ku-Klux-Klan. Mit Kinderbüchern über die Kuba verdiente er schließlich genug Geld, um ein kleines Haus zu kaufen.

1927 starb er an den Folgen eines Schlaganfalls. Seine Witwe verwandelte das Haus in eine Zufluchtsstätte für Obdachlose. Sie eröffnete Suppenküchen, sammelte Kranke von der Straße auf und schleppte sie ins Hospital.

Lucy Gantt Sheppard starb vermutlich 1940. Die Sheppards hatten zwei Kinder, eine Tochter und einen Sohn, die im Kasai geboren worden und in Amerika bei Verwandten aufgewachsen waren. Beide blieben kinderlos.

Von Sheppards unehelichem Sohn ist bekannt, dass er in den 30er Jahren in Luebo die Druckerei der Presbyterianer übernahm. Dass er Kinder hatte, ist nicht sicher, aber anzunehmen. Die einzigen Nachfahren des »schwarzen Weißen« leben heute also dort, wo William Sheppard am liebsten geblieben wäre. Im Kasai.

Helden der Arbeit

Um von Kinshasa nach Mbuji-Mayi, in die größte und berüchtigtste Stadt des Kasai zu kommen, musste man nicht auf einen freien Sitz in einem Zigarettenbomber hoffen. 300 Dollar kostete ein Ticket bei Hewa Bora Airways, Kongos größter Fluggesellschaft, benannt nach dem Geburtsort von Präsident Joseph Kabila, aus dessen Machtumfeld auch einige der Anteilseigner kamen. Obwohl sie für kongolesische Verhältnisse selten abstürzen, stehen Hewa Bora-Maschinen auf der schwarzen Liste der Flughäfen der EU. Am Tag meiner Ankunft in Mbuji-Mayi wurde mir auch klar, warum. Die Boeing 727 landete unsanft auf der holperigen Rollbahn. Beim Bremsen ertönte ein Geräusch, als hätte der Pilot eine Betonsäge angeworfen. »Nicht zu fassen! Das Ding klingt ja wie mein Auto«, rief mein kongolesischer Sitznachbar. »Ihr Auto kann aber nicht fliegen«, antwortete sein Vordermann, und bevor ich Zeit hatte, mich über dieses Landemanöver zu Tode zu erschrecken, hatten die Passagiere eine leidenschaftliche Diskussion über die Tücken kongolesischer Transportmittel begonnen. Mein Puls beruhigte sich wieder. Einheimischer Galgenhumor war das beste Mittel gegen Panik.

Mbuji-Mayi, Hauptstadt der Provinz Ost-Kasai, liegt rund 1000 Flugkilometer von Kinshasa entfernt. Der Name bedeutet »Wasserstelle der Ziegen« – ein hübscher Euphemismus für eine der reichsten Schatztruhen des Landes. Mbuji-Mayi ist weniger für seinen Viehbestand berühmt als für seine Rohstoffe. Anders als zu William Sheppards Zeiten geht es im Kasai heute nicht mehr um Kautschuk, sondern um Diamanten.

Mbuji-Mayi war über Jahrzehnte eine geschlossene Stadt gewesen – zugänglich nur für Militärs, Regierungsmitglieder und die globalisierte Diamantenbranche mit ihren südafrikanischen Geologen, libanesischen und israelischen Händlern, belgischen Ingenieuren. Ohne Erlaubnis aus Kinshasa, ohne *ordre de mission*, durfte niemand die »Wasserstelle der Ziegen« betreten. Diese Sperre war Anfang 2008 aufgehoben worden, was nicht bedeutete, dass man vom Flughafen aus einfach ins Zentrum spazieren konnte. Schon gar nicht als weiße Ausländerin, die einen Rohdiamanten nicht von einem Glassplitter unterscheiden konnte und außer neugierigen Fragen nichts zu bieten hatte. Man brauchte einen Schutzpatron. Meiner hieß Félicien Mbikayi. Er war mir in Kinshasa empfohlen worden. Nach dem, was ich über ihn gehört hatte, stellte ich ihn mir als eine moderne Version von William Sheppard vor. Missionarisch, eloquent, charismatisch. Was das Aussehen anging, passte der Vergleich überhaupt nicht. Félicien war ein kleiner Mann mit rasiertem Schädel und phlegmatischer Stimme, der mich im Flughafengebäude mit den Worten empfing: »Bezahlen müssen Sie dort hinten.«

Im Büro der DGM, der Migrationsbehörde, notierte ein Beamter meinen Namen und meine Passnummer in einer dicken, schmutzigen Kladde und nahm 60 Dollar »Einwanderungsgebühr« entgegen. Félicien setzte mich im *Moukasha* ab.

»Ein ordentliches Hotel« – 25 Dollar pro Nacht, inklusive zwei Eimer Waschwasser, regem Ameisenverkehr und ständiger Bewachung durch einen Polizisten mit einer klapprigen Kalaschnikow und einer Sonnenbrille, die von Karl Lagerfeld hätte stammen können. »Abfahrt morgen sieben Uhr«, sagte Félicien und verschwand mit einem verbeulten Geländewagen.

Félicien Mbikayi, 41 Jahre alt, verheiratet, hatte ein abgeschlossenes Soziologie-Studium und vier Kinder zu ernähren. Wie die meisten Kongolesen ging er mehreren Beschäftigungen nach, unter anderem als Mitbetreiber eines Internetcafés und als Vorsitzender eines Vereins mit dem umständlichen Namen *Groupe d'Appui aux Exploitants de Ressources Naturelles*. Zu Deutsch »Gruppe zur Unterstützung von Förderern natürlicher Rohstoffe«. Vor allem war er ein wandelndes Lexikon, was das Geschäft mit Diamanten und die Geschichte seiner Stadt betraf.

Um die Sache mit den Diamanten zu verstehen, sagte Félicien am nächsten Morgen, müsse man wissen, wie sie sich anfühlten. Ich verfluchte die frühe Uhrzeit. Mbuji-Mayis nächtlicher Geräuschpegel hatte wenig Schlaf erlaubt: brummende Generatoren, ekstatische Kirchengesänge bis vier Uhr morgens, Kneipenmusik und gegen 23 Uhr in sicherer Entfernung einige Schüsse. »Das Übliche: Ärger auf dem Polygon«, sagte Félicien und stopfte zerfledderte Geldscheine in einen Papierkorb, der an der *Petro-Mbu*-Tankstelle mit ihrer windschiefen Zapfsäule als Kasse diente. 1200 kongolesische Francs kostete der Liter Benzin, zu diesem Zeitpunkt umgerechnet drei Dollar, weit mehr als in Kinshasa.

Félicien parkte den Wagen, Leihgabe einer Kirchengemeinde, am Rande des Marktes, heuerte zwei Straßenjungen als Autowächter an und stürzte sich ins Gedränge. Sein glänzender, verschwitzter Schädel wippte wie eine Leuchtboje zwischen den Händlerinnen, die Seife, Eier, Maniokpaste und Zuckerrohr anboten. Der Verkauf von Nahrungsmitteln und kleineren Gebrauchsgegenständen war Frauensache. Edelsteine waren Domäne der Männer. Rechts hinter dem Delikatessenstand – geröstete Schlangen und Raupen – hantierten die Diamantenhändler mit Waage, Pinzette und Taschenrechner. Ihre Füße steckten im Dreck, ihre Köpfe beugten sich über glitzernde Krümel. »Los, zeig ihr was«, sagte Félicien zu einem mürrischen Kerl mit dem Bauch eines Sumo-Ringers. Der Riese kippte ein Häuflein auf den Tisch, pickte mit Pinzette und erstaunlich flinken Wurstfingern die braun gefärbten Steine heraus und schob die weißen herüber.

»32 Karat«, sagte er lässig. »Na, wie fühlt sich das an?« Seltsam billig fühlte es sich an. Wie seifige Glasperlen.

Diamant. Das Wort stammt vom griechischen *adámas*, »unbezwingbar«. Kein anderes Mineral hat eine so harte Kristallstruktur. Mit Diamanten schneidet man Glas und Beton, bohrt nach Öl, formt Werkzeuge, schleift andere Rohdiamanten zu Juwelen. Tief unter den Füßen des Dicken und der Marktfrauen lagen einige der größten Diamantenfelder der Welt. Darüber hatte sich Mbuji-Mayi ausgebreitet, zweifellos eine der ärmsten Städte der Welt mit zwei, vielleicht drei Millionen Einwohnern. Die meisten träumten davon, irgendwann den einen, den großen Stein zu finden, der sie in die Welt der Reichen katapultieren würde. Félicien träumte nicht mehr. Sein Hauptberuf bestand darin, das böse Erwachen seiner Mitbürger abzumildern.

Selbst für kongolesische Verhältnisse bot Mbuji-Mayi ein hässliches Bild. Der Rost fraß das örtliche Wasserkraftwerk. Illegal gelegte Kabel wickelten sich wie Schlingpflanzen um die Holzmasten, deren Leitungen nur noch sporadisch Strom transportierten. Aus den Mauern der Werksanlagen der MIBA, des halbstaatlichen Bergbaukonzerns, sprossen Gräser. Die Mauern des Zentralgefängnisses, in dem alle paar Monate ein Häftling an Hunger starb, hatten faustgroße Löcher. Lehmhütten verschachtelten sich mit Sperrholzverschlägen, die

Schlaglochpisten dienten als Straßen, Märkte, Abwasserrinnen und Bühnen für schreiende Erweckungsprediger. Und an fast jeder Ecke saß in einem frisch verputzten Steinhaus ein Diamantenhändler. Mbuji-Mayi war eine Kreuzung aus sowjetischer Industrieruine, brasilianischer Favela und riesigem Flohmarkt.

Ein Schlagbaum an der Flussbrücke markierte die Stadtgrenze. Polizisten kassierten eine »Ein- und Ausreisegebühr«, einen Dollar pro Fahrzeug. Dahinter erstreckte sich eine scheinbar unendliche, bizarre Landschaft: rotbraune Hügel, aufgeschüttet mit Sand und Geröll, daneben tiefe Krater, gefüllt mit grünem Wasser. Meine Augen suchten nach Baggern und Raupen, aber das schwerste Gerät weit und breit war unser Auto. Männer hoben mit Schaufeln Löcher aus, Halbwüchsige schleppten Säcke mit Kiesel und Geröll über Schlammpfade oder schüttelten, knietief im Wasser, Sand durch große Siebe. *Creuseurs* hießen sie, Buddler, Gräber, Schürfer. Sie wirkten umso kleiner und entbehrlicher, je höher die Sandhügel wuchsen, je weiter die verseuchten Kraterseen sich ausdehnten. Eine Mondlandschaft, von Menschenhand geschaffen.

»Wie tief graben die?«, fragte ich.

»Dreißig Meter, manchmal tiefer«, sagte Félicien.

»Völliger Wahnsinn«, sagte ich.

»Na ja, so was habe ich auch mal gemacht.« Er deutete auf einen menschenleeren Abschnitt am anderen Flussufer. »Das Polygon.«

Das Polygon bezeichnete das ertragreichste Diamantenfeld im Konzessionsgebiet der MIBA – und den Schauplatz eines alltäglichen kleinen Krieges. Wachleute des Konzerns machten jede Nacht Jagd auf Schürfer, die sich auf das Gelände schlichen. Die Fronten waren unübersichtlich. Wer Werkschutz und Polizisten schmierte, bekam von ihnen ein Losungswort zugeteilt und konnte passieren. Wer nicht zahlte, war entweder bewaffnet oder lebensmüde. Oder beides. Die

Ein Diamantensucher nahe Mbuji-Mayi klettert aus einem 30 Meter tiefen Schacht nach oben

Lage, sagte Félicien, sei mit dem Auftauchen der *suicidaires* eskaliert, bewaffneten Gangs, die sowohl andere Schürfer ausraubten als auch den MIBA-Werkschutz angriffen. Nach offizieller Lesart handelte es sich bei den »Selbstmördern« um kriminelle Elemente. Félicien hegte einen anderen Verdacht. Als geschulter Soziologe beobachtete er seine Mitmenschen und zog seine Schlussfolgerungen: In letzter Zeit, sagte er, trügen die *suicidaires* immer mehr und immer bessere Schnellfeuergewehre, während hochrangige Armeeoffiziere in Mbuji-Mayi immer mehr und immer protzigere Autos führen. Man müsse schon blind sein, um da keinen Zusammenhang zu sehen.

»Können wir auf das Polygon?«, fragte ich.

»Würde ich zur Zeit nicht empfehlen«, antwortete mein Schutzpatron und lenkte den Wagen hinein in das Labyrinth

Ein Junge siebt Schlamm und Erde auf der Suche nach Diamanten

aus Sandhügeln, Stollen und Kratern. Hier, außerhalb des Polygon, war das Schürfen, Buddeln, Sieben und Wühlen erlaubt. Hier wurde nicht geschossen, hier starb man leise.

Zwei Männer begrüßten uns, stellten sich als Théodore und Séraphin vor. Théodore hatte seinen nackten Fuß sachte auf einem bräunlichen Schlauch platziert, der hinter ihm in der Erde verschwand. Séraphin hielt ein fingerdickes Seil in der Hand.

Daran hing seit den Morgenstunden das Leben ihres Kollegen Apollinaire. Der schaufelte tief unten mit bloßen Händen Erde in Säcke und saugte zwischendurch aus dem Schlauch Sauerstoff, den ein stotternder Generator nach unten pumpte.

Die Schächte waren durch kniehohe Tunnel miteinander verbunden. In der Regenzeit gab die aufgeweichte Erde nach und brachte immer wieder Stollen zum Einsturz. Vor vier Monaten habe es Joseph erwischt, einen ihrer besten Schürfer, sagte Théodore. »Weil er so klein und wendig war.« Und wahrscheinlich nicht älter als 14, genau konnten sie sich an sein Alter nicht erinnern. Wir zählten ein Dutzend *majimbas*, Schächte, allein auf diesem Feld. Wie viele Tote tief unter der Erde zwischen Sand, Kies und Diamanten lagen, wusste niemand.

»Komm rauf, wir haben Besuch!«, brüllte Théodore in den Stollen, rammte seine Fersen in den Sand und zog mit unserer Hilfe am Seil. Zehn Sekunden verstrichen, zwanzig, das Loch blieb schwarz. Dann tauchte ein winziger Lichtpunkt auf, schließlich der Umriss eines Kopfes, an dem eine Taschenlampe festgebunden war. Appolinaire, lehmverkrustet, die Augen rot unterlaufen, starrte nach oben. Ich hockte am Rand des Schachts und starrte nach unten. »Das gibt's nicht«, krächzte er vergnügt, als würde ihm ein kaltes Bier gereicht. »Wo habt ihr denn die Weiße her?«

Da standen sie nun, Kongos Helden der Arbeit, und am liebsten hätte man sie ins nächstbeste Lazarett geschickt. Ihre vernarbten Beine steckten in verschlammten kurzen Hosen, der eine oder andere Arm sah aus, als wäre ein Bruch schlecht geschient worden. Théodores durchlöchertes T-Shirt entblößte seine hervorstehenden Rippen, die Augen von Appolinaire waren offenbar schon länger entzündet. Ihre Lebenserwartung lag vermutlich noch unter dem nationalen Durchschnitt von 46 Jahren.

Drei Säcke hatten sie seit dem Morgen vollgeschaufelt, jeder vierzig Kilo schwer. Drei Viertel dieser Ausbeute gehörte ihrem »Sponsor«, einem Diamantenhändler, der ihnen den Kredit für Schaufeln, Siebe, Seile und den altersschwachen Generator gewährt hatte. Ein Viertel der Säcke durften sie auf eigene Rechnung am Fluss aussieben. Diese Woche hatten sie noch keinen einzigen Stein gefunden – und wenn, dann hätten sie seinen Wert nicht schätzen können. Die Schürfer verstanden nichts von Reinheit und Form eines Rohdiamanten. Sie kannten die aktuellen Preise auf dem Weltmarkt nicht und vermochten oft nicht einmal zwischen potenziellen Schmuckdiamanten und Industriesteinen zu unterscheiden, die den Großteil der Vorkommen hier ausmachten. Die Händler diktierten ihnen die Ankaufpreise.

Was Théodore und seinen Männern nach einem Arbeitstag blieb, war meist nur ein trotziger Malocher-Stolz. Sie konnten stundenlang in einem kniehohen Tunnel kauern und zentnerweise Säcke vollschaufeln. Sie konnten ihre Todesangst unterdrücken, wenn oben plötzlich der Generator stockte und tief unten die Luft knapp wurde. Sie konnten von Sonnenaufgang bis Sonnenuntergang schuften. Wer in einem *majimba* arbeitete, stand in der Hierarchie der *creuseurs* ganz oben – über den Schürfern, die in den offenen Gruben schaufelten, Sandsäcke schleppten oder auf dem Flussboden nach Diamanten wühlten. Der *majimba* von Théodore und den anderen hatte einen Durchmesser von gut einem Meter. Zum Klettern hatten die Männer fußbreite Kerben eingeschlagen. Dann hatten sie die Innenwand mit Wasser, Lehm und Spaten so lange geglättet, bis sie glänzte. Ihr Schacht war, wie sie fanden, ein Prachtstück ihres Handwerks. Félicien war da anderer Meinung.

Seit Monaten versuchte er, Théodores Mannschaft davon zu überzeugen, dass auch ein *creuseur* sein Unfallrisiko mindern und seine Lebenserwartung erhöhen konnte. Féliciens »Gruppe zur Unterstützung von Förderern natürlicher Rohstoffe« bestand aus ihm und drei weiteren Mitgliedern. Mit dem Eifer von Wanderpredigern zogen sie seit Jahren von Diamantenfeld zu Diamantenfeld, erklärten den Schürfern, wie man stabilere Stollen baut und dass sie lieber Kooperativen bilden sollten, anstatt sich wie Leibeigene einem »Sponsor« auszuliefern. Sie lasen den *creuseurs* die internationalen und nationalen Gesetze gegen Kinderarbeit vor. Sie mahnten, verlassene *majimbas* zu markieren, damit niemand hineinstürzte, und im Bordell Kondome zu benutzen *contre le SIDA*. Gegen Aids.

»Bordell?«, fragte ich.

In der Mondlandschaft um Mbuji-Mayi waren außer Sandhügeln nur die Wellblechdächer zu erkennen. Wo sollten hier Bordelle sein? »Die werden Sie noch sehen«, sagte Félicien.

Fotos aus dem Mbuji-Mayi der fünfziger Jahre zeigen eine Idylle kolonialer Modernisierung: brandneue Förderbänder, Raupen, Kräne und Stechuhren. Schwarze Bergleute, die von weißen Betriebsleitern in die Wunder europäischer Technologie eingewiesen wurden. Frisch verputzte Bungalows und Villen im *quartier européen*, Wohnstätten aus Backstein in den schwarzen Vierteln. Kongolesische Arbeiter in weißen Trikots und Turnhosen bei der Morgengymnastik, im Unterhemd beim Werksarzt, im Anzug bei der Sonntagsandacht. Industrialisierung als Erziehung der schwarzen Mündel – das war das Motto der späten belgischen Kolonialzeit. Tatsächlich aber ähnelte Mbuji-Mayi zu dieser Zeit den Bergwerkszentren des südafrikanischen Apartheidsystems: Schwerindustrie unter den Vorgaben der Rassentrennung, im »Europäischen Viertel« hatten Einheimische ohne Genehmigung nichts zu suchen, der Zugang zur Universität blieb ihnen versperrt, und die herrschende Gesetzeslage machte deutlich, wem die Reichtümer unter der Erde gehörten: Kongolesen waren Besitz und Handel mit Edelsteinen und Metallen streng verboten.

Mobutu hob diese drakonischen Gesetze auf – und zerstörte gleichzeitig unaufhaltsam die industrielle Infrastruktur. Wie andere Staatsbetriebe diente die MIBA der Elite in Kinshasa als Geldmaschine. Verprasste Leopold II. seinerzeit die Gewinne aus dem Kautschuk-Boom zur Ausstattung seiner Schlösser, steckte Mobutu Erlöse aus Kupfer- und Diamant-

Exporten auf Schweizer Konten und in französische Villen. Gleichzeitig überzog er die Staatsbetriebe mit horrenden Steuerforderungen. Diamanten im Wert von bis zu zwei Millionen Dollar kassierte er pro Monat ab. Je maroder sein Staat wurde, desto mehr Loyalität musste er sich erkaufen. Die eigenen Söhne, die Minister, Vizeminister und Generäle waren zu entlohnen, dann die Direktoren und Vizedirektoren der MIBA. Und befreundete Staatsgäste, die sich bei Besichtigungen der betriebseigenen Sortieranlage Rohdiamanten in ein Säckchen schaufeln durften. Anfang der achtziger Jahre erlaubte Mobutu schließlich auch dem Volk, eigenhändig nach den Schätzen des Landes zu graben und sich mit Hacke und Schaufel »selbst zu helfen«.

Übrig geblieben waren ein Vierteljahrhundert später marode Bergewerke, kaputte Kräne und Bagger, einsturzgefährdete Gruben und eine MIBA, die vom jeweiligen Machthaber filetiert und an immer neue dubiose ausländische Konzerne verscherbelt wurde. Übrig geblieben waren auch die Théodores, Séraphins und Appolinaires. Arbeiter, die mit bloßen Händen oder primitiven Werkzeugen aus der Erde gruben, was man anderswo mit Bohrtürmen, Sprengsätzen, haushohen Baggern und komplizierten Messgeräten zu Tage fördert.

Was aussah wie ein afrikanisches Lumpenproletariat, bildete die Stütze der kongolesischen Wirtschaft. Auf rund eine Million schätzt man heute die Zahl der *creuseurs* im Kongo. Meistens sind es Männer und Jungen, die in die Schächte und Stollen steigen, sich unter die Erdoberfläche wühlen, wo die weltweit größten Reserven an Kobalt, zehn Prozent der weltweiten Reserven an Kupfer und gigantische Diamantenvorkommen liegen. Frauen und Mädchen schuften über der Erde, auf den wenigen Feldern, die inmitten der verseuchten Minen noch bewirtschaftet werden, oder am Eingang zu den alten Bergwerken, wo sie die Steinbrocken zerstoßen, die die Männer herauswuchten. Dieses Millionenheer erwirtschaftet fast ein Jahrzehnt nach dem offiziellen Kriegsende immer noch den Großteil des kongolesischen Rohstoffexports. Es ernährt mit den wenigen verdienten Dollars gut ein Sechstel der Bevölkerung, zahlt Schürfgebühren und Steuern, wird mit illegalen Abgaben erpresst. Aber es gräbt weiter. Gräbt und gräbt und gräbt. Und träumt vom großen Fund.

Unter Théodores Männern kursierte die legendäre Geschichte eines Schürfers aus Mbuji-Mayi, der angeblich einen daumengroßen Diamanten für 10 000 Dollar verkauft hatte. »Wenn das stimmt«, raunte Félicien, »dann hat er das Geld innerhalb kürzester Zeit auf den Kopf gehauen.« Séraphin hievte den nächsten Sack aus dem Schacht, verteilte den Inhalt auf zwei kleinere Säcke und packte den ersten einem kleinen, muskulösen Mann auf den Kopf. Erst als der Träger sich zu mir umdrehte, begriff ich, dass dies ein Kind war. Zehn, elf, höchstens zwölf Jahre alt. »Fünfzehn«, sagte der Kleine beleidigt. »Ich bin fünfzehn.« Sein Name war Tshisuaka, Halbwaise, seit zwei Jahren arbeitete er in den Diamantenfeldern. »Der gehört in die Schule«, sagte Félicien ärgerlich. Séraphin zuckte mit den Schultern, gab dem Jungen einen Klaps auf den Hinterkopf und schickte ihn auf den schmalen Pfad Richtung Fluss, wo er Sand und Geröll aus dem Sack aussieben sollte. Zum ersten Mal sah ich, wie Félicien wütend wurde, nicht nur auf die Männer, sondern auch auf den Jungen. »Willst du den Rest deines Lebens Säcke schleppen?«, fuhr er ihn an. »Ich werde Diamantenhändler«, sagte Tshisuaka trotzig und verschwand mit seiner Last auf dem Kopf.

Félicien setzte mich bei Einbruch der Dunkelheit vor dem Hotel *Moukasha* ab, zufrieden wie ein Fremdenführer, der seine Gäste bis zur restlosen Erschöpfung mit den Eigenheiten seiner Stadt beeindruckt hatte. Nikko, der Hotel-Besitzer, dessen Vater eines der größeren Diamantenkontore in Mbuji-Mayi gehörte, hatte den Generator angeworfen. Es gab Licht. Das hatte den Vorteil, dass ich nicht über Autowrackteile im

Hof oder Cardozo, den dösenden Polizisten mit der Karl-Lagerfeld-Sonnenbrille, stolperte. Es hatte den Nachteil, dass ich nun an meinen Zimmerwänden die Ameisenstraße und die Überreste kräftig gebauter Insekten sehen konnte, die den Badeschlappen anderer Gäste zum Opfer gefallen waren.

Trotz gewisser baulicher und hygienischer Mängel hatte das *Moukasha* eine Reihe von Stammgästen, die ein schillerndes Kontrastprogramm zur Welt der Schürfer rund um die Stadt boten. Da war in Zimmer neun Professor Mongo, Jurist aus Lubumbashi, der drei Monate als Gastdozent in der leer geplünderten Universität von Mbuji-Mayi verbrachte. Professor Mongo trat jeden Morgen gut gelaunt und im knitterfreien Schlafanzug vor die Tür, nahm mit einem fröhlichen »*Bonjour, mes enfants*« seine zwei Eimer Waschwasser entgegen und verließ eine halbe Stunde später in tadellos gebügeltem Anzug und Safari-Hut das Hotel Richtung Universität.

Da war in Zimmer elf Madame Justine Kalumba, angehende katholische Krankenschwester aus Kananga, der Hauptstadt der Nachbarprovinz West-Kasai, die hier ein Praktikum absolvierte. Madame Kalumba stieg jeden Abend aus ihren hochhackigen Sandaletten in bequeme Hausschuhe, warf im Hof ein Feuer an und kochte Fisch in scharfer Sauce.

Und da war in Zimmer sechs Blaise Bienvenue Mubake aus Kinshasa, Funktionär der UDPS, der *Union pour la Démocratie et le Progrès Social*, einer Oppositionspartei, deren Hochburg immer schon die Kasai-Provinzen waren. Monsieur Mubake hatte Augen wie Bette Davis und verrichtete seine Geschäfte, über deren genauen Inhalt er mich im Dunkeln ließ, in einem Nadelstreifenanzug mit Stecktuch, Budapester Schuhen und Borsalino. Mitten in Mbuji-Mayi sah der Mann aus wie eine optische Täuschung, und mit seinem imposanten Backenbart und den goldberingten Fingern hätte er besser ins Harlem der 50er Jahre als in den Kongo des 21. Jahrhunderts gepasst.

Ich war in Gedanken noch im Schacht von Théodore, als Monsieur Mubake sich beim Anblick meiner verdreckten Schuhe und Kleider bemüßigt fühlte, mich aufzumuntern. Er gab mir ein Bier aus und begann einen leidenschaftlichen Vortrag über den schlechten Charakter der herrschenden Politiker, der nahtlos in ein Loblied auf die kongolesische Familie mündete.

»Ich habe 49 Kinder«, sagte er und machte ein Pause, damit ich diese Information gebührend würdigen konnte.

»Natürlich von mehreren Frauen«, fügte er hinzu.

Das sei allerdings beeindruckend, sagte ich.

»Kinder sind der Reichtum Afrikas«, erklärte er.

Das konnte man so sehen. Die Frage war nur, wessen Reichtum. In den Diamantenfeldern rund um die Stadt gab es tausende von Tshisuakas, die für einen Hungerlohn schleppten, siebten und gruben.

Natürlich gebe es Probleme, räumte Monsieur Mubake ein.

»Wie viele Kinder haben Sie?«

»Keine«, sagte ich und ahnte, was jetzt kommen würde. Eine Frau über vierzig ohne Kinder ist in Afrika von Gott und allen Geistern verlassen.

»Aber Madame«, sagte er kopfschüttelnd, »dafür gibt es doch heute Ärzte.«

Monsieur Mubake musterte mich nun ernstlich besorgt. »Sie wissen, dass Frauen, die länger als zwei Monate ohne Mann sind, krank werden?«

Nein, sagte ich, dieses Phänomen sei mir neu.

»In unseren Krankenhäusern«, sagte Mubake, »liegen unzählige Frauen, die deswegen operiert werden müssen.« Er sah seine 49 Kinder – oder wie viele es auch immer sein mochten – offenbar als Resultat seines Einsatzes für die Gesundheit seiner Mitbürgerinnen.

Just in dem Moment, als sich in meinem Kopf ein Wutausbruch über kongolesischen Machismo zusammenbraute, war das Bier alle. Nikko stellte den Generator ab. Ich wünschte Monsieur Mubake eine gute Nacht, versprach dem schlecht gelaunten, ständig bettelnden Cardozo eine Schachtel Zigaretten und ging schlafen.

Am nächsten Morgen schallte Punkt halb sieben ein »*Bonjour, mes enfants*« über den Hof. Professor Mongo hatte seine Wascheimer erhalten. Wenig später verließen er und meine Zimmernachbarn, wie aus dem Ei gepellt, das *Moukasha*, um ihr Tagwerk zu verrichten. Ihre Welt mochte eine Ruine sein. Aber das entschuldigte nicht, in ungebügelten Kleidern zur Arbeit zu gehen.

»Krieg«, sagte ich am nächsten Morgen zu Félicien. »Zeigen Sie mir, wo der Krieg in Mbuji-Mayi stattgefunden hat.« »Gar nicht«, antwortete er. »Der Krieg ist nie hierhergekommen.« Er machte eine kreisende Handbewegung, als wollte er die ganze Stadt zusammenkehren. »Hier ist auch ohne Bomben alles zusammengebrochen.«

Genau gesagt waren es zwei Kriege, von denen Mbuji-Mayi verschont geblieben war. Im ersten, von 1996 bis 1997, marschierte eine Rebellenarmee von Halbwüchsigen unter Führung von Laurent-Désiré Kabila vom Osten des Landes Richtung Westen. Anfangs hatte niemand sie ernst genommen. Aber 1997 stand eben jener Kabila mit seinen Kindersoldaten plötzlich vor Kinshasa – und hatte auf dem Weg dorthin die fetteste Beute des Kongo, die Diamantenstadt, kampflos unter seine Kontrolle gebracht: Der Direktor der MIBA war rechtzeitig übergelaufen, hatte Kabilas Rebellenbewegung anstelle der Mobutu-Regierung in Kinshasa zum Geschäftspartner gemacht und damit Mbuji-Mayi eine blutige Schlacht erspart.

Beim zweiten Krieg, 1998 bis 2003, kam die Stadt nicht ganz so glimpflich davon. »Da«, erklärte Félicien kurz angebunden, »hat man uns verkauft.« Mehr wollte er dazu nicht sagen. Es war heikel genug, mit einer weißen Ausländerin durch Mbuji-Mayi zu fahren. Während meines Aufenthaltes zeigte er mir fast alles, was ich sehen wollte. Aber er hütete sich, gegenüber einer ausländischen Journalistin einen Präsidenten zu kritisieren. Selbst dann nicht, wenn das betreffende Staatsoberhaupt schon längst unter der Erde lag.

Laurent-Désiré Kabila, von dem an anderer Stelle noch ausführlicher zu reden sein wird, war 57 Jahre alt, als er sich nach dem Sturz Mobutus am 17. Mai 1997 unter großem Jubel zum neuen Präsidenten ausrief. Sein Amtsvorgänger siechte zu diesem Zeitpunkt, an Prostata-Krebs erkrankt, im marokkanischen Exil dem Tod entgegen. Die Aufbruchstimmung von Kinshasa bis Lubumbashi war schnell verflogen. Kabilas Wille zum Neuanfang erschöpfte sich darin, das Land von Zaire in Demokratische Republik Kongo umzubenennen, und bestätigte ansonsten seinen Ruf als unberechenbarer Maulheld.

Seinen Vormarsch auf Kinshasa hatte Kabila nur dank massiver militärischer Unterstützung der östlichen Nachbarn Uganda und Ruanda geschafft. Kaum im Amt, überwarf er sich mit seinen ugandischen und ruandischen Kampfgefährten, worauf diese den nächsten Krieg einläuteten, den Osten des Landes besetzten und auf die größte Schatztruhe vorrückten: Mbuji-Mayi. Kabila löste sein Problem auf typisch kongolesische Weise: Er verkaufte die Reichtümer seines Landes gegen ausländische Truppen und Kriegsgerät. Angola durfte für seine Militärhilfe Rohstoffe im Süden ausbeuten, und eine Zeitlang kursierte das allerdings nie bestätigte Gerücht, Nordkorea habe für die Entsendung von Militärausbildern Uran aus der Provinz Katanga bekommen. Die ertragreichsten Schürflizenzen der MIBA verscherbelte Kabila an eine Firma im Besitz der simbabwischen Armee, die als Gegenleistung mit ihrer Artillerie den Marsch des Feindes auf Mbuji-Mayi stoppte. Den Kongo überrollte die nächste blutige Welle der Globalisierung, die als »Afrikas erster Weltkrieg« in die Geschichte einging. Er endete offiziell 2002. Endgültig befriedet ist das Land bis heute nicht.

Laurent Kabila erlebte all das nicht mehr. Er wurde 2001 von einem Leibwächter ermordet, was die Kongolesen, leidenschaftliche Verschwörungstheoretiker, gern mit finsteren Geschäften libanesischer und israelischer Diamantenhändler und ukrainischer Waffendealer zu erklären suchen. Als gesichert gilt jedenfalls, dass die Chefetage der MIBA – nach Abzug des »Exports« Richtung Simbabwe – allein in den Kriegsjahren 1998 bis 2000 über 80 Millionen Dollar aus den Produktionseinnahmen abgezweigt hat. Unter anderem, um über Schweizer und belgische Konten Waffenlieferungen für das Kabila-Regime aus der Ukraine und Tschechien zu bezahlen. Es war die Fortführung des Systems Mobutu – aber mit weitaus tödlicheren Folgen für die Bevölkerung.

Bald ein Jahrzehnt nach dem offiziellen Kriegsende sterben immer noch Menschen durch Kugeln, Granaten, Minen, Malaria, Hunger und durch andere Epidemien infolge der Kriegsgewalt. Auf bis zu fünf Millionen beziffern Hilfsorganisationen die Zahl der Toten im Kongo. Aber man kann auch die Bevölkerung Simbabwes zu den Opfern zählen: Simbabwes Präsident Robert Mugabe und die Führungsclique seiner Armee haben dank kongolesischer Diamanten nicht nur Millionen gescheffelt. Sie haben sich auch gegen internationale Sanktionen abgepolstert und so ihre Macht zementiert.

Die Simbabwer sind inzwischen aus Mbuji-Mayi verschwunden. Dafür haben sich die Mächtigen der Branche wieder niedergelassen. Allen voran der Diamantenkonzern De-Beers, dessen frisch renoviertes Anwesen in dieser Stadt des Verfalls aussieht wie eine Mischung aus militärischer Festung und Vergnügungspark. Die Außenmauern sind mit Wandbildern blitzender Diamanten und knallbunten Slogans verziert: »Diamanten sind für die Ewigkeit«. Oder: »In der Einheit steckt unsere Kraft«. Hinter Mauer und Stacheldraht ragen Satellitenschüsseln und Rotorenblätter von Hubschraubern empor.

Félicien wollte mir an diesem Tag das zeigen, was ich zuvor mit bloßem Auge nicht erkannt hatte: Die »Rotlichtviertel« der Schürfer. Aber nach einem Wolkenbruch war die Stadt in einer knöcheltiefen Brühe versunken, in der alles schwamm, was die Bewohner in den vorangegangenen Tagen an Abfall produziert hatten. Wir saßen in Féliciens Büro seiner »Gruppe zur Unterstützung von Förderern natürlicher Rohstoffe« fest. Es bestand aus vier Holzwänden, einem Wellblechdach und stand auf einem leicht erhöhten Fundament, was den fließenden Straßenmüll abhielt. Drinnen reichte der Platz für drei ausrangierte Schulpulte und zwei Regale. Darin standen, säuberlich aufgereiht, ein Paar Gummistiefel, zwei Kartons mit Kondomen der Marke *Prudence* sowie das Sündenregister der jüngsten kongolesischen Wirtschaftsgeschichte: Dokumente über den illegalen Export von Coltan, Kupfer, Gold und Diamanten, mit denen die Kriegsherren ihre Aufrüstung finanziert hatten; Féliciens eigene Studien über den Lebensalltag der Schürfer; Kopien eines Parlamentsreports über Korruption und Gesetzesverstöße bei der Vergabe von Schürflizenzen an ausländische Investoren.

Der Regen trommelte auf das Dach, was einem das Gefühl gab, unter Dauerbeschuss zu stehen. Félicien suchte mit einem Stift auf seiner Landkarte nach jenen Stollen, die er für besonders einsturzgefährdet hielt, und ich bekam meinen Kongo-Koller. Eine Blitz-Depression, eine graue Fassungslosigkeit darüber, dass sich in diesem Wahnwitz so etwas wie Alltag abspielte. »Wie halten Sie das hier eigentlich aus?«, rief ich zu Félicien wie zu einem Schwerhörigen. »Warum ziehen Sie mit

Ihrer Familie nicht nach Kinshasa? Oder besser noch nach Lubumbashi? Da funktioniert wenigstens die Müllabfuhr.«

»Was soll ich da?«, antwortete er mit seinem typischen Phlegma, ohne die Augen von der Landkarte zu nehmen.

Er war hier geboren und aufgewachsen. Er hatte früher selbst auf den Diamantenfeldern gearbeitet, um sich ein paar Francs für das Soziologiestudium, Schwerpunkt ländliche Entwicklung, zu verdienen. In den *majimbas* oder Gruben zu schuften, war eine kongolesische Variante des BAföG. Félicien kannte in Mbuji-Mayi alle Gewinner und Verlierer. Er kannte alle, die Dreck am Stecken hatten, und alle, die seine Stadt aus dem Dreck ziehen wollten. Sein Phlegma – oder nennen wir es: Gemütsruhe – schützte ihn vor allzu großen Erschütterungen seines Glaubens an Gott und an die Unausweichlichkeit des Fortschritts, der irgendwann auch seine Stadt aus dem Elend führen musste. Eine niederländische Hilfsorganisation unterstützte seinen Verein jährlich mit ein paar Tausend Euro, sein kleines Internetcafé würde vielleicht irgendwann schwarze Zahlen schreiben, sein Verein demnächst mit Schürfern die 21. Kooperative eröffnen. Das Leben könnte schlimmer sein. Davon abgesehen waren Leute aus dem Kasai im Rest des Landes nicht sehr populär. In Kinshasa hielt man sie für großmäulig und politisch renitent, in Lubumbashi für zu geschäftstüchtig. Manche nannten sie die »Juden des Kongo«, was nicht als Kompliment gemeint war.

Also blieb Félicien mit seiner Familie in Mbuji-Mayi und ging jeden Morgen ins Büro, um ein paar tausend Schürfer in ein besseres Leben zu bugsieren. Er war tatsächlich ein William Sheppard seiner Zeit, auch wenn auf den ersten Blick die Unterschiede zwischen ihm und dem afro-amerikanischen Missionar größer nicht hätten sein können. Dort der hünenhafte Großwildjäger, Entdecker und mitreißende Redner. Hier der dickliche Klein-Unternehmer, Sozialwissenschaftler und rhetorisch eher unbegabte Wanderprediger in Sachen Arbeitsschutz und *safer sex*. Auch hatten die Zustände rund um Mbuji-Mayi nichts mehr mit jenen mörderischen Zwangsarbeitslagern des 19. Jahrhunderts zu tun. Das Mbuji-Mayi des 21. Jahrhunderts war ein afrikanisches Klondike, das innerhalb von sechzig Jahren eine rasante industrielle Revolution und einen ebenso rasanten Niedergang durchgemacht hatte. Jetzt kollidierten hier brutale Ausbeutung mit ausgefeilter Improvisationskunst, sozialer Notstand mit Solidarität, Artikel 58 der kongolesischen Verfassung mit Artikel 15.

Artikel 58 war Félicien fast so heilig wie die Bibel. »Alle Kongolesen haben Anrecht auf Teilhabe an den Reichtümern ihrer Nation«, heißt es darin. »Der Staat hat die Pflicht, diese gleichmäßig zu verteilen und das Recht auf Entwicklung zu gewährleisten.« Das klang angesichts der Realität wie der blanke Hohn. Aber Félicien hielt es für einen Fortschritt, dass er dem Staat die Grundrechte nun schriftlich vorlegen konnte, die dieser so gründlich und permanent missachtete.

Artikel 15 gab es nirgendwo schriftlich. Artikel 15 war eine Legende, die vor über 40 Jahren angeblich im Kasai entstanden war. Kurz nach der Unabhängigkeit 1960 hatten die rohstoffreichsten Provinzen – Katanga mit seinen Kupfervorkommen, Kasai mit seinen Diamantenfeldern – die Sezession verkündet und damit einen Bürgerkrieg ausgelöst. Irritiert vom Flüchtlingselend und von den Forderungen nach Nothilfe untersagte damals der selbst ernannte »Diamantenkaiser« des Kasai, Albert Kalonji, seinen Untertanen, ihn weiter mit ihren Problemen zu behelligen. In die Verfassung seines kurzlebigen Reichs soll Kalonji Artikel 15 mit folgendem Wortlaut aufgenommen haben: »*Vous êtes chez vous, débrouillez-vous!*« – »Das ist euer Zuhause, also helft euch gefälligst selbst!« Das Kaiserreich Kasai stand bald wieder unter der Kontrolle Kinshasas. Doch Artikel 15 ist geblieben und zur nationalen Chiffre für die Funktionsweise einer ganzen Gesellschaft geworden.

Félicien hasste Artikel 15. Artikel 15 stand für die Philosophie des nackten Überlebens, nach der Männer wie Théodore, Séraphin und Appolinaire lebten. Diese Philosophie garantierte, wenn alles gut ging, eine Mahlzeit am Tag, ein Wellblechdach über dem Kopf und am Wochenende ein Besäufnis mit selbstgebranntem Schnaps. Und sie verhinderte die Einsicht, dass man in den *majimbas* eher verreckte, als dort den großen Diamanten zu finden. Im Gegenteil: die *creuseurs* schienen entschlossener denn je, ihre Arbeit und Lebensweise zu verteidigen. Gegen einen neuen Feind: die Investoren. »Die kennen meist nicht mal ihre Namen«, sagte Félicien, »aber im Zweifelsfall schießen sie auf sie.«

Anvil Mining, Anglo-GoldAshanti, DeBeers – Kongos Schürfer wissen so gut wie nichts über die multinationalen Konzerne, die nun wieder um Abbaulizenzen konkurrieren. Das Land braucht dringend Investoren, die den industriellen Bergbau wieder aufnahmen. Es braucht Unternehmen, die Steuern und Lizenzgebühren zahlen. Ohne Staatseinnahmen kein Staatsaufbau; ohne halbwegs stabilen Staat kein dauerhafter Frieden, kein Ende der Abhängigkeit von Hilfsgeldern, die immer noch höher waren als der Landeshaushalt.

Für die *creuseurs* sind Städte wie Mbuji-Mayi eine Mischung aus Hölle und Lotterie, in der der vermeintliche große Gewinn lockt. Für viele Investoren ist der Kongo ein Bankett. Manche kaufen Konzessionen und lassen sich gleich noch auf zwanzig Jahre die Befreiung von allen Steuern und Lizenzgebühren mitliefern. Andere versuchen die Vermarktungsrechte zu monopolisieren. Wieder andere kaufen Schürfrechte, nur um damit an der Börse zu spekulieren. Aber die schmutzigen Deals der Konzerne und ihrer Verhandlungspartner auf Regierungsseite sind nur ein Problem. Das andere sind die Schürfer. Sie sind im Weg. Industrieller Bergbau braucht keine Muskelkraft mehr, keine Schlepper, Sieber, keine Malocher, die *majimbas* oder Gruben ausheben. Industrieller Bergbau – das bedeutet Großbagger, Bohranlagen, Hubschrauber, Lkw-Flotten. Es bedeutet auch eine neue Art von Krieg zwischen höchst ungleichen Gegnern. Die *creuseurs* sind nicht gewillt, sich aus ihren Löchern vertreiben zu lassen.

Kurz vor meinem Besuch in Mbuji-Mayi hatten sie Delegationen aus dem Bergbauministerium mit Steinen beworfen, als diese ihnen erklären wollten, dass sich ihre Stollen nun auf dem Fördergebiet einer ausländischen Firma befänden. Andernorts hatten Schürfer zu Schusswaffen gegriffen. Und Kalaschnikows waren auch in Mbuji-Mayi schnell zu beschaffen. Zustände, wie sie jetzt schon jede Nacht auf dem Polygon herrschten, waren das Letzte, was Félicien wollte. In seinem Mbuji-Mayi sollte es Platz für beide geben: Für Hydraulikbagger und Handarbeit, für Konzerne, die jeden Monat mehrere Millionen Karat förderten, und *creuseurs*, die pro Monat vielleicht eine Handvoll Steine auf den Markt brachten – zu transparenten Preisen und ohne unter dem Joch irgendeines »Sponsors« zu stehen. Und irgendwann sollte hier eine verarbeitende Industrie entstehen, sollten Kongolesen im Kasai und nicht Fabrikarbeiter in Indien die Rohdiamanten schleifen – zu menschenwürdigen Löhnen. Großkapital und Genossenschaften Seite an Seite, ein sozial verträglicher Kapitalismus im Kongo. Allein der Versuch, mir Féliciens Vision auszumalen, ließ mich unendlich müde werden. »Nicht hier«, dachte ich, »nicht im Kongo mit dieser Geschichte.« Félicien, immer noch über seine Landkarte mit den eingezeichneten *majimbas* gebeugt, schien meine Gedanken zu lesen. »Wie soll es dênn sonst gehen?«, sagte er.

Luamwela lag fünfzehn Kilometer hinter der Stadtgrenze von Mbuji-Mayi, eine Strecke, für die wir am nächsten Morgen nach dem großen Regen eine Stunde brauchten. Selbst für örtliche Verhältnisse war dies ein elendes Dorf. Die Hütten starrten vor Dreck. Der Einzelhandel bestand aus drei Holzbuden,

Kirche in einem Schürferdorf

in denen Erdnüsse, warmes Bier und Maniokpaste angeboten wurden, und zehn Holzbuden für den Ankauf von Diamanten. Ein Junge, höchstens acht, streckte einem Händler die Zunge entgegen, auf der er ein Steinchen, kaum größer als ein Zuckerkrümel, versteckt hatte. Die Kirche mit dem Namen »Siegreiche Armee des Herrn« hatte weder Wände noch Dach, zwei Kisten bildeten die Kanzel, Ziegelsteine und Holzbretter die Bänke. Dahinter befand sich eine längliche Baracke, unterteilt in vier Kammern, je anderthalb Meter breit, ausgestattet mit Wellblechtüren und je einem Bett, das aus einer festgetretenen, handbreit hohen Aufschüttung aus Lehm bestand. Das war das lokale Bordell.

Wir waren zu dritt, Félicien hatte Dieudonné, seinen Vize-Vorsitzenden mitgenommen. In Luamwela war Féliciens Organisation bislang nicht sehr freundlich aufgenommen worden, und es war nicht klar, wie die Bewohner auf ihren Besuch mit einer Weißen reagieren würden. Dieudonné winkte zwei

Mädchen heran. »*Mundumbas*«, raunte er. Prostituierte. Mujinga und Ndaya hießen die beiden. Sie sahen aus wie 15 und 13 und gaben ihr Alter mit 19 und 17 Jahren an. Mujingas linkes Auge war zu einem Klumpen geschwollen, ihr Haar verfilzt. Ndaya trug ein vor Schmutz starrendes Hemd. Innerhalb weniger Minuten hatte sich das halbe Dorf um uns geschart. Zahnlose Alte, rotznasige Kinder, Frauen mit einem Säugling auf dem Rücken und dem nächsten im Bauch, ein paar Halbwüchsige, die lässig Zuckerrohr kauten – sie alle wollten hören, was die Fremden mit den Dorfhuren zu bereden hatten. Mujinga und Ndaya waren sichtlich eingeschüchtert. Im Stillen verfluchte ich Félicien und Dieudonné für ihren Eifer, mir das Elend ihrer Stadt zu zeigen – und mich selbst für meinen Eifer, dieses Elend mit eigenen Augen sehen zu wollen.

»Wo sind eure Eltern?«, fragte Dieudonné.

»Nicht mehr da.«

»Wo wohnt ihr?«

»Bei der Tante.«

»Was ist mit deinem Auge passiert?«

»Hab mich mit Straßenkindern geprügelt.«

»Geht ihr zur Schule?«

»Keine Zeit.«

Mit jeder Antwort wurde das Kichern des Publikums lauter, wurden die beiden verstockter. Wir beendeten die Tortur nach wenigen Minuten, Félicien gab dem zahnlosen Dorfältesten ein Kurzreferat über Kooperativen, Dieudonné manövrierte die beiden Mädchen außer Sichtweite der Menge in eine Lehmhütte. Es war dunkel, ich konnte ihre Gesichter kaum ausmachen, aber jetzt sprudelte es aus Ndaya mit atemloser Kinderstimme nur so heraus. Dass ihr Onkel sie nach dem Tod der Eltern hier bei der Puffmutter abgeliefert habe, dass sie für jeden Freier 200 Francs, einen halben Dollar, bekämen und täglich 700 Francs »Miete« bezahlen müssten; dass Mujinga ein zweijähriges Kind habe und ihr blaues Auge von einem Schürfer stamme, der nicht bezahlen wollte. »Der hat ihr einfach den Mund zugehalten und sich auf sie draufgelegt.« Mujinga sagte dazu gar nichts, nur, dass wir ihr bitte ein bisschen Geld geben sollten. Dieudonné und ich leerten im stinkenden Halbdunkel ebenso hektisch wie hilflos unsere Hosentaschen und drückten den beiden ein paar hundert Francs in die Hand. Ich war mir nicht sicher, ob wir ihnen damit einen Gefallen getan hatten. Wahrscheinlich knöpften ihnen die Dorfbewohner das Geld mit einer Tracht Prügel sofort wieder ab.

»Zukunft«, sagte ich noch schnell und wollte mir im nächsten Moment ob der Absurdität meiner Frage am liebsten auf die Zunge beißen, »Mujinga, was wünschst du dir für die Zukunft?« – »*Babouches*«, sagte sie und meinte die Flip Flops, die hier alle trugen. »Ich wünsche mir Schuhe.« Das Gespräch war beendet, wir traten fluchtartig den Rückweg an, denn nun hatten sie sich vor der Hütte versammelt, ein knochiger Alter nach dem anderen stellte sich als Dorfvorsteher, Pastor oder Vizedorfvorsteher vor und verlangte Geld »für die Gemeinde«.

Wir schafften es heil zurück ins Auto und raus aus dem Dorf. Kolonnen von Schürfern kamen uns entgegen, lehmverschmiert und erschöpft von zehn Stunden Knochenarbeit. Das waren die Freier der zwei Mädchen.

Es war fast dunkel, als wir wieder den Schlagbaum am Fluss passierten. Entlang des Polygons machten sich die *creuseurs* bereit für ihre nächtlichen Beutezüge, ausgerüstet mit Taschenlampen, Sieben, Schaufeln und 200-Francs-Scheinen, um Wachleute zu bestechen. Die ganze Stadt schien auf den Beinen, allen voran die fliegenden Diamantenhändler, junge Burschen, die gleißend helle Neonlampen um den Hals trugen, um auf ihren Bauchtabletts die angebotene Ware zu prüfen.

Wir ließen uns ein paar Stunden treiben in der Masse, die aus der Ferne ausgesehen hatte wie ein Heer riesiger Glühwürmchen. Kassettenrecorder wurden aufgedreht, lauwarmes Bier machte die Runde, Preise wurden verhandelt, Flüche ausgestoßen, Witze gerissen. Aus der Richtung des Polygons hörte man kurz nach Mitternacht sechs Schüsse, was niemanden zu interessieren schien. Irgendwo sangen sich die Gläubigen einer Erweckungskirche in Ekstase. Bis drei Uhr morgens hielten sie durch, schluchzten, schrieen ihre Gebete und ihr Halleluja hinaus. Dann war für wenige Stunden Ruhe in der Stadt.

Félicien brachte mich am nächsten Morgen zum Flughafen – nicht ohne vorher eine kleine Abschiedszeremonie organisiert zu haben. Im Büro überreichte mir Dieudonné »im Namen der Gruppe zur Unterstützung der Förderer natürlicher Rohstoffe« feierlich sämtliche Flugblätter des Vereins und eine Packung Kondome der Marke »Prudence«. Es war nicht anzüglich gemeint. Sie wollten mir einfach nur einen Beweis für ihre Arbeit mitgeben. Damit die Welt da draußen auch wirklich glaubte, was sie hier machten.

Bild 1. Musiker des Sinfonieorchesters der Kimbanguisten, Kinshasa

Bild 2. Jugendgarde der Kimbanguisten-Kirche, Kinshasa

Bild 3. Frauen während eines Open-Air-Gottesdienstes, Kinshasa

Bild 4. Boxer im Stadion Tata Raphaël, Kinshasa

Bild 5. Kinder in einem Flüchtlingslager spielen Bodybuilder

Bild 6. Kinder beim Fischfang in der Nähe von Mbuji Mayi, Provinz Ost-Kasai

Bild 7. Schulkinder in Ilebo, Provinz West-Kasai

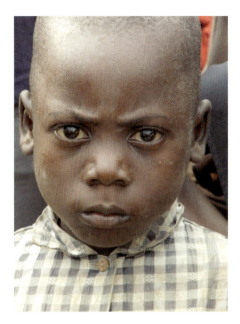

Bild 8. Junge in einem Flüchtlingslager an der Grenze zur Republik Kongo

Bild 9. Kinder in einem Flüchtlingslager

Bild 10. Taxi, Kinshasa

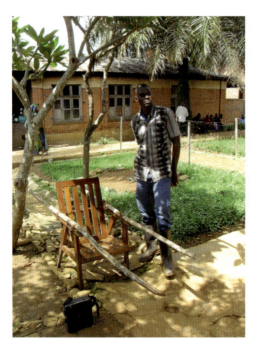

Bild 11. Tragestuhl zum Transport von Patienten, Kamituga, Provinz Süd-Kivu

Bild 12. Fahrende Händler, Provinz West-Kasai

Bild 13. Seifenverkäufer an der Straße nach Mushenge, Provinz West-Kasai

Bild 14. Blick von Bukavu auf den Kivu-See

Kapitel 3
Im Land der Gräber

Die Rebellin und der Kindergeneral

Die Reise nach Mbuji-Mayi an Bord einer kongolesischen Passagiermaschine hatte meine Neugier auf den einheimischen Flugverkehr hinreichend gestillt. Bei den folgenden Touren buchte ich wieder »Air Monuc«. So lautete der Spitzname für die Luftflotte der Vereinten Nationen – benannt nach der französischen Abkürzung für die UN-Mission im Kongo. Ihre weiß gestrichenen Flugzeuge und Hubschrauber waren in den ersten Jahren nach dem offiziellen Kriegsende die einzigen Transportmittel zwischen Kinshasa und dem Rest des Landes – abgesehen von den unzähligen, altersschwachen Antonow-Maschinen dubioser Herkunft, deren ukrainische und russische Piloten alles beförderten: Hilfsgüter, illegal geschürftes Gold, Bier und Kalaschnikows.

»Air Monuc« hingegen transportierte Blauhelme, Baugerät, kongolesische Politiker, ausländische Delegationen und, wenn noch Plätze übrig waren, Journalisten. Auch solche, die regelmäßig schrieben, die UN sei ein unprofessioneller, feiger Haufen – unfähig, selbst die schlimmsten Gräueltaten zu verhindern.

Der UN-Flughafen von Goma machte an diesem Morgen jedenfalls eher den Eindruck, der Weltfrieden sei ausgebrochen. Vor dem Abfertigungscontainer debattierten indische und pakistanische UN-Soldaten über Kricket. Im Hubschrauber, der uns nach Norden Richtung Butembo bringen sollte, dösten sieben südafrikanische Blauhelme – Weiße und

Schwarze, verkatert nach gemeinsamer Party. Ein afghanischer Mechaniker plauderte mit dem russischen Piloten über »die guten alten Zeiten« der sowjetisch-afghanischen Freundschaft. Was wir in dieser Gegend wollten, fragte uns der Mechaniker. Ich war dieses Mal nicht allein unterwegs. Der Fotograf Tim Freccia hatte mich nach Goma begleitet.

»Wir suchen einen Kindergeneral.«

»Einen Kindersoldaten?«

»Nein, einen siebenjährigen General.«

Der Afghane schüttelte den Kopf. Er komme aus Kandahar, sagte er, da gebe es auch Probleme. Aber siebenjährige Generäle? So schlimm sei es in seinem Land dann doch nicht.

In unserem Gepäck befanden sich Malhefte, Stifte, Holzautos und ein Fußball-Trikot von »Arsenal London«, Kindergröße 128. Wir sollten Geschenke mitnehmen, hatte man uns in Goma empfohlen. Spielzeug für den Jungen, Kleider für seine Mutter, Zigaretten für die *Mayi-Mayi*. Das sind Kämpfer, die sich dank magischer Kräfte für unverwundbar halten. In Gegenwart der Kämpfer an diesen Kräften zu zweifeln sei unhöflich, hatte man uns in Goma gesagt. Und nach dem Schädel sollten wir uns, wenn überhaupt, sehr vorsichtig erkundigen.

Welcher Schädel?

»Der Schädel, den die *Mayi-Mayi* dem Ugander abgeschlagen haben.«

Wir suchten keinen Schädel. Wir suchten ein Kind.

Die Städte Goma und Butembo liegen in der Provinz Nord-Kivu im Ostkongo. Der Osten ist das Massengrab des Landes. Nirgendwo haben die beiden kongolesischen Kriege so viel Verheerung angerichtet wie hier, nirgendwo sonst haben so viele Kindersoldaten gekämpft, sind so viele Menschen massakriert, vergewaltigt, gefoltert, so viele Dörfer und Städte geplündert worden. Und nirgendwo sonst ist der vermeintliche

Frieden, geschlossen im Jahr 2002, so brüchig geblieben wie entlang der Ostgrenze des Landes. Von Bunia im Norden, über Beni, Butembo, Goma bis hinunter nach Bukavu, Uvira und Fizi im Süden. Irgendwo gingen immer gerade Rebellen auf Zivilisten los, tauchte eine neue Splittergruppe aus dem Busch auf, plünderte eine Armeeeinheit ein Dorf.

Die Gerüchte um den »Kindergeneral« kursierten schon seit einigen Jahren. Ein kleiner Junge, der eine Rebellentruppe anführte. Sein Name sei Baraka, er sei, hieß es, fünf, vielleicht sieben, vielleicht elf Jahre alt, Sohn eines *Mayi-Mayi*-Kommandanten und einer seiner Kämpferinnen. Vater, Mutter, Kind als kriegerische Kleinfamilie – selbst für kongolesische Verhältnisse klang diese Geschichte bizarr. Dann erfuhr Tim Freccia, dass Baraka an der Seite seiner Mutter Kavira in Butembo aufgetaucht sei. Kavira lasse womöglich mit sich reden. Der Rest ihrer *Mayi-Mayi*-Kämpfer vielleicht auch.

Die *Mayi-Mayi* sind kein Stamm, sie sind auch keine ethnische Gruppe, sondern über das halbe Land verstreute lokale Milizen. *Mayi* bedeutet »Wasser« auf Swahili. *Mayi-Mayi*-Kämpfer sind der festen Überzeugung, dass Wasser, von einem Heiler oder *féticheur* verabreicht, unverwundbar macht. »Heiliges Wasser« heißt *dawa*. In ihrem unerschütterlichen Glauben an die Wirkung des *dawa* hatten manche *Mayi-Mayi* in Kriegszeiten nackt und nur mit Fetischen, Speeren und Macheten ausgerüstet weit besser bewaffnete Gegner angegriffen. Das erklärte ihre hohen Verluste, aber auch ihren Ruf als archaische und todesmutige Kämpfer. Es erklärte auch die Gier von Journalisten nach fantastischen Storys über die *Mayi-Mayi*.

Tim träumte von Fotos martialisch aufgemachter Krieger, die mitten im Wald im Schleier des Morgennebels mit Speeren und Knochenschmuck posieren. Ich träumte von einer sensationellen Geschichte über eine Rebellin und ihren Sohn, einen General, der gerade mal seine Milchzähne verloren hatte.

Der UN-Hubschrauber setzte uns in Beni ab, rund 50 Kilometer nördlich von Butembo. Wir mieteten für teures Geld einen Geländewagen, der angeblich aus dem Dienstfuhrpark eines lokalen Politikers stammte, und quälten uns über die Hauptschlaglochpiste nach Butembo, die seit einiger Zeit frei von Rebellen war.

Kavira besaß ein Handy. Das entsprach zwar nicht unserem Bild einer Kriegerin, erleichterte aber die Kontaktaufnahme. Baraka habe hohes Fieber, erklärte sie am Telefon, sie müsse mit ihm zum Arzt. Ein vergrippter Bengel – auch das entsprach nicht unserer Vorstellung von der ersten Begegnung mit einem geheimnisvollen Kriegerjungen. Wir verabredeten uns zur Untersuchung im örtlichen Hospital, irrten auf dem Weg zum Kinderarzt durch die OP-Abteilung, vorbei an brummenden Generatoren und stöhnenden Patienten, die auf Tragen mitten in den Fluren lagen. Es roch nach Diesel. Auf dem löcherigen Boden hatten sich Pfützen aus Desinfektionsmitteln gebildet. Der Doktor, Chirurg und Kinderarzt in einem, trug Gummistiefel. Neben ihm stand Kavira, eine hübsche Frau mit adrett geflochtenen Zöpfen, rot lackierten Fingernägeln, schwarzer Handtasche und dezentem Make-up. Vor ihm saß mit nackter schmaler Kinderbrust Baraka, bis vor einigen Monaten angeblich Herr über mehrere hundert Kämpfer, ebenso viele Kalaschnikows und mindestens einen Menschenschädel. »Streck die Zunge raus«, befahl der Arzt. »Sag ›Aaaaah‹!«

Welch ein schönes Kind! Das war mein erster Gedanke. Der zweite: Welch ein verstörtes und verstörendes Kind. Von den Zehen bis zum Kinn ein ganz normaler Siebenjähriger mit knubbeligen Knien und schlaksigen Armen. Vom Kinn bis zu den Haarspitzen eine Wand der Feindseligkeit. Der Junge sprach kein Wort. Aber er registrierte jeden Erwachsenen in seinem Blickfeld mit einer hoch konzentrierten Alarmbereitschaft, als seien alle Personen um ihn herum be-

Baraka und seine Mutter Kavira Santiche

drohliche außerirdische Wesen. Auch seine Mutter. »Fortgeschrittene Mandelentzündung«, diagnostizierte der Arzt, und, nach einem Bluttest: »Malaria, leichtes Stadium, nicht weiter schlimm.« Er verschrieb Chinin und beförderte das Plastiktütchen mit bunten Pulvern, aus dem Kavira bislang die Medikation für ihren Sohn gefischt hatte, mit müdem Kopfschütteln in einen Abfalleimer. Kavira sah uns ungeduldig an, als hätten wir unseren Einsatz verpasst. Wir verstanden und zahlten die Krankenhausrechnung. Dann setzten wir uns in den Wartesaal zwischen schlafende, wimmernde und hustende Patienten, wo Kavira uns widerwillig in knappen dürren Worten Bruchstücke ihrer Lebensgeschichte hinwarf: Mit 15 Jahren zu den *Mayi-Mayi* gegangen, weil »Gott es so wollte«. Mit 19 schwanger, weil der Anführer ihrer Miliz es so wollte. Mit 20 Mutter, Witwe und Befehlshaberin über rund 1000 Kämpfer, weil der Anführer und Vater ihres Kindes gestorben war. Mit 22 ohne Truppe, Waffe und Kind, weil sie sich »kriegsmüde« von den *Mayi-Mayi* losgesagt hatte, und diese den Jungen als »Faustpfand« und neuen »General« zurückbehielten. Nun, fünf Jahre später, wieder mit ihrem Sohn vereint und auf der Suche nach einem neuen Leben. Für sich und für Baraka.

»Moise«, sagte Kavira. »Er heißt jetzt Moise.« Sie hatte ihren Sohn als Erstes umgetauft – als könne man mit dem Namen auch die Vergangenheit abstreifen.

Moise alias Baraka sprach in den folgenden Tagen kein Wort. Nicht mit uns und, soweit wir beobachten konnten, auch nicht mit seiner Mutter. Wir schlugen Kavira vor, den Jungen von UN-Betreuern für ehemalige Kindersoldaten untersuchen zu lassen. Sie lehnte ab. »Er soll nicht über das reden, was war. Er soll vergessen.« Dafür begann Kavira zu erzählen. Stockend, manchmal voller Trotz und scheinbar strotzend vor Selbstbewusstsein, manchmal wütend, manchmal erschöpft. Oft widersprüchlich, nie chronologisch. Vieles ergab auch nach der dritten Nachfrage keinen Sinn. Wir hörten zu, fragten nach, suchten Zeugen, verschlissen drei Übersetzer, rekonstruierten, so gut es ging, Schlachten, Frontlinien und die ständig wechselnden Allianzen der Rebellengruppen und versuchten so, Kaviras Scherbenhaufen von Leben zusammenzusetzen. Fest stand anfangs nur so viel: eine Mutter und ihr Sohn waren als Kinder in den Krieg geraten. Beide waren traumatisiert. Beide hielten sich immer noch für unverwundbar. Und beide waren, so schien es, Täter und Opfer zugleich.

Kavira Santiche wurde, wenn ihre Altersangabe stimmte, 1982 als Tochter eines Holzhändlers und einer Hausfrau in Butembo geboren. Sie war sechs, als im fernen Kinshasa die ersten großen Protestdemonstrationen gegen Mobutus Ein-Parteien-Herrschaft stattfanden. Sie war sieben, als in Berlin die Mauer fiel, der Kalte Krieg endete, der Geldfluss des Westens an Mobutu jäh versiegte und das Land vom langsamen Abstieg auf eine Schussfahrt in den Abgrund beschleunigte. Sie war zwölf, als am Abend des 6. April 1994 die Radionachrichten einen Flugzeugabsturz im benachbarten Ruanda meldeten: Die Maschine mit dem ruandischen Präsidenten Juvénal Habyarimana war kurz vor der Landung in der Hauptstadt Kigali abgeschossen worden.

Für die Menschen in Zentralafrika ist der 6. April 1994 ein so einschneidendes Datum wie der 11. September 2001 für Nordamerikaner und Europäer. Dieser Tag markiert den Auftakt einer Apokalypse in drei Akten, von denen nur der erste wirklich ins Weltgedächtnis gedrungen ist: Habyarimana, ein Hutu, stand Anfang 1994 im Begriff, Ruandas jahrelangen Bürgerkrieg mit Tutsi-Rebellen durch ein Abkommen zu beenden. Seine Ermordung, den Rebellen zugeschrieben, höchstwahrscheinlich aber durch Hardliner aus den eigenen Reihen begangen, setzte den Genozid an 800 000 Menschen in Gang – überwiegend Tutsi, aber auch moderate Hutu, die sich der Ideologie eines »reinen Hutu-Staates« nicht unterwerfen wollten.

Niemand schritt ein. Die UN zogen ihre Blauhelme, die sie ursprünglich zur Überwachung eines Waffenstillstands nach Ruanda entsandt hatten, bis auf wenige hundert Mann ab. Die US-Regierung unter Bill Clinton, verschreckt durch den Tod von achtzehn amerikanischen Soldaten bei der humanitären Intervention in Somalia zwei Jahre zuvor, verhinderte im UN-Sicherheitsrat ein Eingreifen. Frankreich, seit Jahren enger Verbündeter des Hutu-Regimes in Ruanda, blieb ein solcher während und nach dem Morden. Deutschland war abwechselnd auf den Bosnienkrieg und seine neuen Bundesländer fixiert. Südafrika, der neue Hoffungsträger des afrikanischen Kontinents, war vollauf mit den Abrissarbeiten des Apartheid-Regimes beschäftigt. Ruandas riesiger Nachbar Kongo, der zu diesem Zeitpunkt noch Zaire hieß, zeigte sich zu einer Intervention weder willens noch in der Lage. Mobutu galt als Verbündeter des Hutu-Regimes. Und selbst wenn er hätte eingreifen wollen – sein Staat samt Armee war nach drei Jahrzehnten Kleptokratie ruiniert.

Mitte der 90er Jahre arbeitete ich als USA-Korrespondentin in Washington und wusste nicht einmal genau, wo Ruanda lag. Die Worte »Hutu« und »Tutsi« klangen in meinen Ohren archaisch genug, um die zunächst vorherrschende Erklärung in den westlichen Medien vom »typisch afrikanischen Stammeskonflikt« einleuchtend zu finden. Horrend und tragisch, aber leider nicht zu verhindern.

Aber es war kein »primitiver afrikanischer Stammeskonflikt«. Es war ein moderner, gut vorbereiteter Völkermord mit einigen sehr europäischen Zutaten. Ob »Hutu« und »Tutsi« eher soziale oder ethnische Gruppen beschreiben, darüber streitet man sich bis heute. Fest steht, dass Letztere durch ihr aristokratisches Gebaren und ein vermeintlich »edleres« Aussehen die Kolonialherren – erst die deutschen, dann die belgischen – zu der Annahme verleiteten, es handele sich bei den Tutsi um eine überlegene und deswegen zu bevorzugende »Rasse«. Was diese nur zu gern akzeptierten. Was wiederum Ressentiments immer weiter anheizte und Ende der 50er Jahre zu den ersten Pogromen durch die Hutu-Mehrheit und zu einer Flüchtlingswelle von Tutsi führte. Und nach der Unabhängigkeit 1961 zu einer langsamen Eskalation in einen Bürgerkrieg und eine Vernichtungsideologie durch Hutu-Hardliner, verbreitet durch moderne Massenmedien.

Den Genozid stoppten schließlich im Juli 1994 Tutsi-Rebellen unter dem späteren Präsidenten Paul Kagame mit ihrem militärischen Vormarsch. Die Weltöffentlichkeit verharrte angesichts der Leichenberge für kurze Zeit im Schock, weswegen niemand hören, sehen oder glauben wollte, dass auch Kagames Truppen Massaker an vermutlich bis zu 20 000 Hutu begangen hatten. Und kaum jemand wollte begreifen, dass dieser Albtraum sich nicht an die Staatsgrenzen halten würde, welche die Kolonialmächte einst gezogen hatten. Ruandischstämmige Bauern und Viehhirten, darunter viele Tutsi, lebten seit Jahrhunderten im Ostkongo. Dazu kamen Mitte der 30er Jahre des vergangenen Jahrhunderts zehntausende Hutu, die von belgischen Kolonialbehörden zur Arbeit auf den Plantagen umgesiedelt worden waren. Ende der 50er Jahre folgten tausende Tutsi-Flüchtlinge, koexistierten in den ostkongolesischen Kivu-Provinzen mit den anderen Volksgruppen. Oder kollidierten mit ihnen. Mobutu war selbst ein Meister im Anheizen ethnischer Ressentiments und kleinerer Pogrome, wenn es nur seinem Machterhalt diente. Über diese ohnehin fragile Region brach also nun die Katastrophe aus dem Nachbarland herein. Denn dem Völkermord folgte im Spätsommer 1994 die Massenflucht. Aus Angst vor Rache oder weil ihre Führer es ihnen befahlen, flohen fast zwei Millionen Hutu in die Nachbarländer, die meisten in den Ostkongo. Unter den Flüchtlingen befanden sich die Massenmörder, die *génocidaires*: Soldaten, Offiziere, Angehörige der *Interahamwe*-Milizen, tausende von Beamten, Dutzende von Ministern. Ein kompletter Staatsapparat wanderte über die Grenze – mit den Staatsfinanzen, die man noch schnell von den Bankkonten geräumt hatte.

Cholera-Epidemien rafften in den ersten Monaten mehrere zehntausend Flüchtlinge dahin, bis die UN und Hilfsorganisationen die Epidemie stoppten, Decken, Zelte, Nahrung, Medikamente verteilten. Der Irrwitz erreichte eine neue Dimension, denn die UN, die den Genozid zugelassen hatten, übernahmen nun unwillentlich, aber wissentlich auch die Versorgung der *génocidaires*. Binnen weniger Monate hatten diese im Ostkongo ihren Verwaltungsapparat wieder aufgebaut und die Flüchtlingscamps in Präfekturen und Gemeinden aufgeteilt. Inmitten des Elends blühten der Handel mit Hilfsgütern sowie der Schmuggel von Rohstoffen und Waffen. Gomas kongolesische Bewohner waren Ende 1995 buchstäblich umzingelt von vier Camps. Darin wurden gezählt: 650 000 Hutu-

Flüchtlinge, 2324 Bars, 450 Restaurants, 62 Friseur-Schuppen, 51 Apotheker-Buden, 30 Schneiderstuben, 25 Metzger, drei Kinos, zwei Hotels. Außerdem zahllose Waffenlager und Truppenübungsplätze. Das Ziel, Ruanda zurückzuerobern und die Tutsi endgültig auszulöschen, war weiterhin Programm. »Das Exil als Fortsetzung des Krieges mit anderen Mitteln«, so beschrieb ein Mitarbeiter des UN-Flüchtlingskommissariats die Lage. Wieder griff der UN-Sicherheitsrat nicht ein. Humanitäre Hilfe wurde zum Politikersatz – mit horrenden Folgen. Hutu-Milizen rüsteten neu auf, rekrutierten Jugendliche, attackierten aus den grenznahen Camps Stellungen in Ruanda und verübten Massaker an Tutsi in den Kivu-Provinzen. Letzteres manchmal mit Hilfe und unter dem Beifall von Kongolesen. In deren Augen waren die Ruandophonen, vor allem die Tutsi, nie Landsleute geworden, sondern sind bis heute »Landräuber« geblieben. Offenbar völlig unbeeindruckt vom Völkermord in Ruanda nahm Mobutu höchstselbst im Oktober 1994 Hutu-Führer mit zu einem Staatsbesuch nach China, wo sie sich für fünf Millionen Dollar mit Waffen eindecken konnten.

Das war die Lage im Herbst 1994. Ein halbes Jahrhundert nach dem Holocaust war wieder ein Völkermord begangen worden, in der betroffenen Region schwelte ein latenter Krieg, der sich auf das Nachbarland ausdehnte, die UN hatten einen neuen Rekord in der Kategorie »Totalversagen« aufgestellt. Und in Butembo hofften die Menschen, dass das Schlimmste an ihnen vorbeigegangen war. Anders als Goma und Bukavu war die Stadt nicht von der Flüchtlingswelle überrollt worden. Sie liegt an der ugandischen, nicht an der ruandischen Grenze. Noch hatten die Märkte geöffnet, der Schulunterricht lief, Geschichte war das Lieblingsfach von Kavira Santiche. Sie wollte Lehrerin werden. Oder heiraten. Der Traum hielt noch zwei Jahre.

Im Herbst 1996 schickte Paul Kagame seine Armee über

die Grenze, um das zu tun, wozu die UN außerstande waren: die *génocidaires* in den Flüchtlingslagern auszuschalten. Allerdings ging der Plan des neuen starken Mannes in Ruanda sehr viel weiter: Kagame und sein Verbündeter, der ugandische Präsident Yoweri Museveni, wollten die Auflösung der Camps (und zwar ohne Rücksicht auf zivile Opfer), den Sturz des maroden Mobutu-Regimes in Kinshasa und die Errichtung einer Pufferzone an der Ostgrenze des Kongo. Zum eigenen Schutz, aber auch zur Ausbeutung kongolesischer Rohstoffe für den Wiederaufbau des eigenen Landes. Die kleinen Nachbarn schickten sich an, das siechende Riesenreich zu ihrem Hinterhof zu machen.

Das Ziel schien schnell erreicht. Nach sieben Monaten Krieg und rund 2000 Kilometern Fußmarsch vom Osten in den Westen des Landes, eroberte Kagames Frontmann, ein abgehalfterter kongolesischer Ex-Rebellenführer aus den 60er Jahren namens Laurent-Désiré Kabila, mit einer Heerschar von Kindersoldaten kampflos die Hauptstadt Kinshasa. Mobutus marode Armee samt eines letzten Aufgebots serbischer Söldner, die sich nach dem Bosnienkrieg in Afrika verdingten, hatte sich fürs Plündern und den ungeordneten Rückzug entschieden.

Die große Mehrheit der Hutu-Flüchtlinge marschierte unterdessen mehr oder weniger freiwillig nach Ruanda zurück. Zehntausende aber, womöglich sogar bis zu 200 000 Menschen, wurden von eigenen Milizen als Schutzschilde missbraucht, von den Invasoren westwärts in die Wälder getrieben, starben an Malaria, Cholera, Hunger. Oder sie wurden von ruandischen Einheiten und Kabilas Rebellen massakriert.

Am 17. Mai 1997 erklärte sich Laurent-Désiré Kabila zum Präsidenten und taufte das Land von Zaire in Demokratische Republik Kongo um. Mobutu war bereits Richtung marokkanisches Exil verschwunden. Und etwa um diese Zeit ging ein 15-jähriges Mädchen namens Kavira Santiche in Butembo nach der Schule nicht nach Hause, sondern zu einem Posten der *Mayi-Mayi* am Rande der Stadt und sagte: »Ich will kämpfen lernen.«

So erzählte Kavira es am Tag nach unserer Begegnung im Krankenhaus. Dieses Mal trafen wir uns in einer Kneipe, die von der Straße aus nicht einsehbar war. Sie wollte nicht mit Journalisten gesehen werden, sie wollte, so schien es an diesem Tag, überhaupt nicht gesehen werden. Die Leute tuschelten. In der Stadt hatte sich herumgesprochen, dass die *Mayi-Mayi*-Kriegerin mit ihrem Sohn wieder vereint war. Dem »Kindergeneral«, dem Jungen, der nicht redete und der magische Kräfte besaß.

»Damals in der Schule wussten wir alle, wo das Gebiet der *Mayi-Mayi* anfing, wo ihr Checkpoint war«, sagte Kavira. »Die meisten aus meiner Klasse wollten kämpfen.« Man habe sie am Checkpoint einem kurzen Verhör unterzogen, nach dem Namen der Eltern, nach ihrer Ethnie gefragt. Kavira und ihre Eltern gehörten zum Volk der Nande, einer der größten Gruppen in Nord-Kivu mit einer wohlhabenden Elite von Händlern.

»Und dann haben sie mich durchgelassen.«

»Einfach durchgelassen«, fragte ich zweifelnd. »Keiner hat gesagt: ›Du bist zu jung, du bist ein Mädchen, geh nach Hause‹?«

Sie strafte mich mit einem Blick nachsichtiger Verachtung. Als könne eine solche Frage nur stellen, wer nichts, aber auch gar nichts von Ehre und Krieg verstand.

Vielleicht muss man sich Butembo im Frühling 1997 so vorstellen: eine mittelgroße Stadt mit einer kleinen katholischen Universität, einem Flughafen und einem Krankenhaus, relativ wohlhabend dank des Handels mit Kaffee, Holz und Tee und dank des Schmuggels mit Gold und Erzen. Den Verfall des Mobutu-Staates hat Butembo besser verkraftet als andere

Städte. Den Schock der ruandischen Flüchtlingskatastrophe auch. Aber dann kommt der erste Kongo-Krieg. Mobutus Truppen sind auf ihrem Rückzug durch die Straßen gezogen, haben geplündert und vergewaltigt. Kabilas Rebellen haben die Stadt nach kurzer Belagerung eingenommen und benehmen sich nun wie ein Besatzungsregime. Hutu-Milizen aus den Flüchtlingscamps weiter südlich terrorisieren die neuen Machthaber und die Bevölkerung. Niemand weiß, wer Freund, wer Feind ist. Jeder Mann in Uniform ist für Zivilisten eine potenziell tödliche Bedrohung.

Der Ruf nach Selbstverteidigung wird lauter. In den Schulen erzählen sich die Jugendlichen heroische Geschichten lokaler Bürgerwehren. *Mayi-Mayi* – dieses Wort klingt in ihren Ohren weder rückständig noch barbarisch, sondern cool und heroisch. Es verheißt Abenteuer, Ehre, Heldentum und »gerechten Krieg« gegen alle Eindringlinge. Ein Name wird in Butembo mit besonderer Bewunderung ausgesprochen. Loloko Kopokopo, Führer der Vurondo-*Mayi-Mayi*, benannt nach einem Dorf unweit von Butembo.

Kopokopo – wir nennen ihn in den folgenden Tagen nur den »O-Mann« – wird Kaviras Kommandant und, einige Jahre später, der Vater ihres Kindes.

Sie durchläuft die Grundausbildung. Marschieren, Waffentraining mit Speer und Machete, später mit der Kalaschnikow. Dann kommt nach mehreren Monaten der große Moment: Sie wird das erste Mal mit *dawa* besprizt, dem heiligen Wasser, das unverwundbar macht.

»Es hat mich geschützt, die ganzen Jahre. Mir ist nie etwas passiert. Die Kugeln konnten mir nichts anhaben.«

Es schützt gegen alles? Auch Granaten?

»Auch gegen Granaten. Nichts kann dich treffen. Wenn du diese Macht bekommen hast, kannst du fliegen. Du kannst sogar unsichtbar werden. Niemand kann dich berühren.«

Ich kannte *dawa*. Che Guevara hatte es mir erklärt. Genauer gesagt, die Lektüre seiner Tagebücher über den »Revolutionären Krieg im Kongo«. Gemeint sind die Rebellionen der 60er Jahre von verstreuten Anhängern Patrice Lumumbas, der nach seiner Ermordung 1961 zum Märtyrer und zur sozialistischen Ikone in der Dritten Welt geworden war. 1965 hatte sich Che Guevara mit mehreren hundert Kubanern und dem Segen Fidel Castros in den Kongo aufgemacht, um dort den Kampf gegen den US-Imperialismus voranzutreiben.

In Angola unterstützte die kubanische Regierung mit massiver Militärhilfe Rebellen gegen die portugiesischen Kolonialherren. Kongo-Brazzaville war seit seiner Unabhängigkeit in der Hand einer sozialistischen Regierung. Und im »großen Kongo« nebenan schien trotz der Ermordung Lumumbas und der Machtübernahme des USA-freundlichen Mobutu eine Revolution möglich. Aufständische Lumumba-Anhänger hatten 1964 kurzzeitig eine Gegenregierung mit Sitz in Kisangani ausgerufen, die aber nach schweren Angriffen durch Mobutus Eliteeinheiten und ausländische Söldner wieder zusammengebrochen war. Also beschloss Guevara, sein kubanisches Geheimkommando im Südosten des Landes einzusetzen – zur Ausbildung und Unterstützung der dortigen Simba-Rebellen unter Führung eben jenes Laurent-Désiré Kabila, der gut drei Jahrzehnte später Geschichte schreiben sollte.

Guevaras Mission endete nach wenigen Monaten in einem Desaster. Erstens glänzte Kabila damals weitgehend durch Abwesenheit und war nach Guevaras Einschätzung mehr an Frauen und Schnaps als an der Revolution interessiert. Zweitens war der CIA das tollkühne kubanische Unternehmen nicht entgangen. Washington verstärkte Mobutus Armee mit Dollars, Waffen und weißen Söldnern, darunter Exil-Kubanern, die einst vor Castro und Che geflohen waren und sich nun als Bomberpiloten im Kongo verdingten.

Und drittens konnte der dialektische Materialismus nichts gegen die Kraft der Magie ausrichten. Die Simba-Rebellen zeigten wenig Interesse am Bau von Schutzbunkern oder an strategischem Vorgehen. Sie verließen sich lieber auf die Macht des *dawa*.

»Dieses *dawa*«, schrieb Guevara frustriert in seinen Tagebüchern, »welches die militärischen Vorbereitungen schwer beeinträchtigte, funktioniert gemäß folgenden Prinzipien: Eine Flüssigkeit mit Kräutersäften und anderen magischen Substanzen wird über den Kämpfer versprüht. (...) Das schützt ihn gegen alle Arten von Waffen. Es sei denn, er hat den Besitz eines anderen angerührt, eine Frau angefasst oder Angst empfunden. Die Antwort auf diese Regelverstöße ist einfach: Ein getöteter Mann = ein Mann, den vor der Schlacht der Mut verließ, der gestohlen oder mit einer Frau geschlafen hatte; ein verwundeter Mann = ein Mann, den die Furcht gepackt hatte. Da Angst nun mal Kriegseinsätze begleitet, fanden es die Kämpfer völlig normal, Verwundungen mit fehlendem Mut zu begründen – also mit mangelndem Glauben. Und die Toten können nicht mehr sprechen. Also kann man ihnen alle drei Verstöße anhängen.«

»Stimmt es«, fragte ich Kavira, »dass der Zauber gebrochen wird, wenn man stiehlt oder Sex hat? Oder Angst?«

»Stimmt.«

»Funktioniert der Schutz gegen Kugeln auch bei Weißen?«

»Ein paar weiße Piloten haben unser Wasser bekommen. Es waren Russen oder Jugoslawen. Sie haben uns im Krieg mit Sachen beliefert.«

»Welche Sachen? Waffen?«

Kavira lächelte, schwieg und widmete sich ganz einer Portion Fisch mit *foufou*, Maniokpaste, die nach nichts schmeckt und kaum Nährstoffe enthält. Guevara fand dieses kongolesische Grundnahrungsmittel fast so schlimm wie *dawa*.

Vielleicht hätte das heilige Wasser den *Comandante* nicht ganz so aus dem Konzept gebracht, hätte er vor seiner Abreise nach Afrika mehr über die Geschichte indigener Rebellionen gewusst. Der Glaube an den magischen Schutz gegen Schusswaffen ist keine kongolesische Eigenheit. Er ist die psychologische Waffe der hoffnungslos Unterlegenen. Die Rebellen des chinesischen Boxeraufstands um 1900 waren von ihrer in Ritualen beschworenen Unverwundbarkeit überzeugt. Ebenso die Kuba im Kasai, die sich 1904 gegen belgische Zwangssteuern auflehnten in dem Glauben, dass *tongatonga*, ein Fetisch, alle Gewehrkugeln abwehren würde. Oder die Aufständischen, die 1905 in Deutsch-Ostafrika den *Mayi-Mayi*-Kult begründeten und sich gegen die deutschen Kolonialherren erhoben. Die setzten damals die Strategie der verbrannten Erde ein. Zehntausende verhungerten, der Glaube an *dawa* ist geblieben.

»Kavira, kennen Sie den Namen Che Guevara?«

Sie spuckte eine Gräte auf den Teller und schüttelte den Kopf.

Zwei Tage später hörten wir eine ganz andere Version ihres Lebens, eine, die überhaupt nicht zum Bild der Speer schwingenden Amazone passte.

»Kavira ist nicht freiwillig zur Miliz. Kopokopo hat sie gezwungen«, sagte ein dünner, kleiner Mann mit leiser Stimme.

Eine Woche lang hatten wir nach ihm gesucht, waren uns zwischenzeitlich nicht sicher, ob es ihn wirklich gab. Schon sein Name klang wie ein Scherz: Doktor Pili-Pili. *Pili-Pili* ist das Swahili-Wort für eine höllisch scharfe Pfeffersoße, mit der das fade *foufou* gewürzt wird. Aber dann fanden wir ihn doch in Butembo in einem Workshop zur Behandlung von AIDS-Kranken: Doktor Pili-Pili Kitsongo. Kein *Féticheur*, sondern ein Schulmediziner, ein Arzt, der während des Krieges in einer kleinen Buschklinik im Hinterland zwischen Beni und Butembo gearbeitet hatte. Kopokopos Kämpfer gehörten zu seinen Stammpatienten, wann immer das *dawa* in einer Schlacht seine Wirkung versagt hatte. Auch Kavira war öfter bei ihm aufgetaucht.

»Nie mit Schussverletzungen«, sagte Kitsongo. »Aber mit Malaria.« Manchmal kam sie einfach nur, weil sie erschöpft war und reden wollte. »Kavira wurde zwangsrekrutiert. Kopokopo ist damals zu ihren Eltern gegangen und hat eine der Töchter verlangt, um sie mit in den Busch zu nehmen.«

»Und die Eltern haben sie ihm gegeben?«

Kitsongo zuckte mit den Schultern. »Vielleicht schuldeten sie ihm etwas. Wahrscheinlich wäre es auch nicht klug gewesen, einem Milizenführer etwas abzuschlagen.«

»Kavira«, wandte ich ein, »erzählt das anders.«

»Kavira ist traumatisiert.«

Ein zwangsrekrutiertes Mädchen, das unter dem Kommando ihres Entführers offenbar mit Entschlossenheit das Kriegshandwerk lernte. Er verstehe nicht viel davon, sagte der Doktor »aber sie konnte mit dem ganzen Arsenal umgehen. Messer, Speer, Pfeil und Bogen, Kalaschnikow, Panzerfaust. Sie hatte oft neue Waffen dabei.« Nur einmal, im Dezember 2001, habe sie eine kurze Kampfpause einlegen müssen. Da brachte sie in Kitsongos Buschklinik ihr Kind zur Welt, den Sohn des Kommandanten und, davon waren die *Mayi-Mayi* überzeugt, den Erben seiner magischen Kräfte. Der Junge wurde Baraka getauft, was auf Swahili »Segen« bedeutet. Wenige Monate später sei Kavira wieder mit der Kalaschnikow unterwegs gewesen.

»Von wem kamen die Waffen der *Mayi-Mayi*?«

»Das wusste niemand.«

Das konnte man damals schon wissen.

Kavira war 16 Jahre alt, als am 2. August 1998 der dritte Akt des Alptraums begann. Ruandische und ugandische Truppen überschritten erneut die Grenze in den Kongo. Dass sich ihr Schützling Laurent-Désiré Kabila binnen kurzer Zeit ähnlich despotisch wie Mobutu gebärdete, hätte die Machthaber in Kigali und Kampala nicht weiter gestört. Dass er bald die unter Kongolesen verhassten Ruander und Ugander aus seinem Regierungszirkel vertrieb, gegen den »fremden Einfluss« im Osten agitierte und mit dem einstigen Todfeind, den ruandischen Hutu-Milizen, paktierte, konnten sie nicht hinnehmen. Die kleinen Nachbarn bereiteten zum zweiten Mal den Sturz eines kongolesischen Präsidenten vor. Doch im Gegensatz zum morbiden Mobutu hatte Kabila ausländische Bündnispartner. Nicht in Washington, Brüssel oder Paris, wo Afrikas Landkarte zu diesem Zeitpunkt gerade nicht interessant war. Sondern in Angola, Simbabwe, im Sudan und in Namibia.

Das Ende der Geschichte – so hatte der amerikanische Politologe Francis Fukuyama Anfang der 90er Jahre unter großem Beifall westlicher Medien seine These überschrieben, wonach mit dem Ende der Sowjetunion der Siegeszug von Demokratie und Marktwirtschaft die Welt befrieden würde. Nirgendwo wurde dieser Unsinn blutiger widerlegt als während »Afrikas erstem Weltkrieg« mit seinen bis zu fünf Millionen Toten – gestorben durch Gewalt, Hunger und Seuchen. Binnen weniger Monate nach dem 2. August 1998 waren über ein halbes Dutzend afrikanische Nationen direkt oder indirekt beteiligt, schickten Truppen, Ausbilder und Waffen, sicherten sich im Gegenzug den Zugang zu Diamantenfeldern, Kupfer-, Gold-, Zinnerz- und Uranminen, finanzierten oder gründeten lokale Milizen, die ihre Interessen schützen sollten. Unter die Kampfparteien mischten sich außer den ruandischen Hutu-Milizen auch Aufständische aus den Nachbarländern Uganda und Burundi, die den Ostkongo als

Rückzugs- und Nachschubgebiet nutzten. Es war der Krieg der *soldats sans frontières*, der Soldaten ohne Grenzen. Befeuert wurde er im wahrsten Sinne des Wortes durch den Zusammenbruch des Warschauer Paktes, aus dessen Arsenalen nun hunderttausende so genannter Kleinwaffen in die Konfliktgebiete dieser Welt verscherbelt wurden, vor allem nach Zentralafrika. Sturmgewehre, leichte Maschinengewehre, Mörsergranaten, Pistolen. Für Tausende von Kindersoldaten war eine Kalaschnikow das erste Produkt der Globalisierung, das sie in die Hand bekamen. Auch bei Kaviras *Mayi-Mayi* verbreitete sich schnell die Einsicht, dass *dawa* am besten wirkte, wenn man den Feind selbst unter Feuer nehmen konnte.

Aber dies war nicht nur ein Krieg um Rohstoffe und Waffendeals. Fast fünfzig Jahre lang hatte der Kalte Krieg die existenziellen Fragen der jungen afrikanischen Staaten buchstäblich auf Eis gelegt: Was macht eine Nation aus? Sind die Grenzen, gezogen von den Kolonialmächten, wirklich unverrückbar? Wer ist ein Staatsbürger, wer ein Fremder? Was ist eine legitime Regierung? Und: Wer kontrolliert die Geschichte? Wessen »Wahrheit« über erlittene Gewalt durch die Hand der »anderen« wird verbreitet, wessen wird unterdrückt?

Wie von einem Magneten angezogen, rollten diese Konflikte mitsamt ihren Akteuren nun in den Kongo – und teilten das Land faktisch auf. Ruanda und Uganda kontrollierten den Osten, Kinshasa mit angolanischer und simbabwischer Hilfe den Westen. Die westliche Welt hielt sich weitgehend heraus. Zentralafrika spielte in diesen Jahren geostrategisch kaum eine Rolle, und den Medien waren die Fronten und wechselnden Allianzen der verschiedenen Rebellengruppen einfach zu kompliziert.

Kavira Santiche und die Vurondo-*Mayi-Mayi* fanden sich im ugandischen Einflussgebiet wieder. Die ugandische

Armee – ausgemacht tüchtig im Ausbeuten und Schmuggeln kongolesischer Rohstoffe – begann, den Geschäftsfluss der Nande-Elite beim Gold-, Erz- und Holzhandel zu stören, in deren Auftrag die *Mayi-Mayi* nun immer häufiger agierten. Bei Überfällen auf ugandische Truppen erbeuteten sie moderne Waffen oder kauften sie mit dem Geld wohlhabender Nande-Händler bei ukrainischen und russischen Dealern. Globalisierung *à la congolaise*.

Es war vermutlich der 14. November 1999, als Kaviras Truppen in den Besitz des Schädels kamen. An diesem Tag griffen die *Mayi-Mayi* ugandische Einheiten in der Handelsstadt Beni an, fünfzig Kilometer nördlich von Butembo. Vom Tathergang gibt es mehrere Versionen. Nach der einen stürmten mehrere hundert *Mayi-Mayi* den Flughafen und ein Hotel, wo sie den ranghöchsten ugandischen Offizier, einen Oberstleutnant namens Reuben Ikondere, und seine Leibwächter ermordeten. Nach einer anderen, die in der ugandischen Presse kolportiert wurde, rannte Ikondere heldenhaft mit einem Sturmgewehr auf die Straße, mähte Dutzende Angreifer nieder, bevor ihm die Munition ausging und die *Mayi-Mayi* ihn mit Speeren töteten.

Unbestritten schien gut zehn Jahre später nur zweierlei: der Leiche des Uganders fehlte der Kopf. Und die *Mayi-Mayi* verzeichneten nach dieser Schlacht über hundert Tote und Verwundete, von denen einige bei Doktor Kitsongo in der Buschklinik landeten.

»Doktor, glauben Sie an die Macht des *dawa*?«

Kitsongo lächelte und sagte: »Natürlich gibt es keinen absoluten Schutz gegen Kugeln.«

»Aber?«

»Wissen Sie, bei einem *Mayi-Mayi* treffen die Kugeln nie lebenswichtige Organe. Und der Heilungsprozess verläuft bei ihnen viel schneller als bei anderen Leuten.«

»Doktor« sagte ich, »Sie sind Schulmediziner, Sie wissen, dass das keinen Sinn macht.«

Er schwieg, starrte auf seine Hände. Sehr schmale Hände, die faustgroße Wunden geflickt, Armstümpfe verbunden, von Würmern zerfressene Kinderbäuche abgetastet und unzähligen Toten die Augenlider zugedrückt hatten.

»Wer weiß denn wirklich, was Sinn macht?«, sagte er und stand auf.

Er musste zurück zu seinem AIDS-Workshop.

»Grüßen Sie Kavira«, sagte er zum Abschied. »Und den Jungen.«

Unser Aufenthalt in Butembo neigte sich dem Ende zu. Der Junge redete nach wie vor kein Wort mit uns. Er redete, so schien es, mit gar niemandem, auch nicht mit seiner Mutter. Wir sahen keine einzige Geste des Zutrauens zwischen Baraka und Kavira. Manchmal suchte er die Nähe zu Tim, dem Fotografen, schlief in seinen Armen ein, während wir die Umgebung abklapperten, um die Puzzleteile des Lebens von Mutter und Sohn zusammenzusammeln.

Wir hörten, dass Kopokopo, der legendäre *Mayi-Mayi*-Führer, im Sommer 2001 starb – womöglich durch eine Kugel, womöglich durch einen Giftmord, verübt von einem Täter aus den eigenen Reihen. Und dass Kavira tatsächlich für kurze Zeit in die Führungsränge aufstieg. Wir erfuhren, dass die Truppe 2001 internationale Schlagzeilen machte durch die Entführung thailändischer und schwedischer Mitarbeiter einer Holzfirma, die glimpflich mit der Freilassung aller Geiseln endete. Wir hörten, dass Kavira 2002, als sich ein Friedensabkommen zur Beendigung von »Afrikas Erstem Weltkrieg« abzeichnete, ihren Kämpfern die Demobilisierung befahl und die Mehrheit den Gehorsam verweigerte.

Wir hörten, dass die *Mayi-Mayi* Kavira gehen ließen, sie vielleicht auch davonjagten, aber den Jungen, gerade ein Jahr alt, behielten und die Truppen in Baraka-*Mayi-Mayi* umbenannten.

Wir ließen uns einen ganzen Vormittag lang von Witwen gefallener Kämpfer den Niedergang der Baraka-*Mayi-Mayi* schildern. Sie berichteten von Überfällen durch feindliche Milizen, von schwangeren Frauen, denen Säuglinge aus dem Bauch geschnitten wurden; von Wochen, in denen sie sich auf der Flucht durch den Busch nur von Kassava-Blättern und Regenwasser ernährten und nicht einmal ihre toten Kinder beerdigen konnten.

Die Frauen redeten sich den Horror buchstäblich vor Augen, ihre ausgemergelten Arme wirbelten imaginäre Macheten durch die Luft, schlitzten Bäuche auf, ihre Stimmen ahmten das Geräusch von Schnellfeuergewehren nach, bis eine von ihnen rief: »Schluss jetzt! Seid ruhig! Sonst werden unsere Herzen rasen!« Kavira saß bei diesen Begegnungen dabei, das Gesicht versteinert und trotzig, als müsse sie als ehemalige Kombattantin es sich verbieten, zu klagen.

»Kavira hat gekämpft wie ein Mann«, sagten die Frauen bewundernd.

»Ich habe viele Tote gesehen«, sagte Kavira. Auf die Frage, wie viele sie selbst getötet habe, sagte sie nichts.

Auf die Frage, ob auch ihre *Mayi-Mayi* Dörfer geplündert und Frauen vergewaltigt hatten, schüttelte sie energisch den Kopf, nur um im nächsten Moment genau das zuzugeben. Wer geplündert oder vergewaltigt habe, sagte sie, »der kam ins Gefängnis. Oder er bekam Stockschläge.«

Gefängnis?

»Wir hatten immer ein Gefängnis im Camp. Einen Käfig aus Holz.«

Wir erfuhren nicht, wie Baraka diese Jahre überlebt hatte. Ob er irgendwann selbst kämpfen musste. Wir erfuhren auch nicht, wie es dazu kam, dass Kavira ihren Sohn sechs Jahre später zurückbekam. Nur, dass er ihr eines Tages von

Mayi-Mayi auf einer Lichtung im Busch übergeben wurde, ein fremdes Kind, das in den ersten Tagen nur soviel zur Mutter sagte: »Im Busch haben sie gesagt, du bist eine Hexe und ich muss dich töten.« Und dass der Junge vor Staunen erstarrte, als er zum ersten Mal ein Auto sah.

Womöglich bestanden die einst gefürchteten Baraka-*Mayi-Mayi* zum Zeitpunkt unseres Besuches tatsächlich nur noch aus einem »halb verhungerten, verlausten Haufen von Banditen«, wie uns UN-Mitarbeiter erzählten. Jedenfalls bekamen wir Kaviras ehemalige Kampfgefährten nie zu Gesicht. Bis auf einen. Den *sous-commandant*, wie ihn Kavira nannte.

Der »Subkommandant« war unsere letzte Chance auf die magische Begegnung im Busch und das spektakuläre Foto: Regenwald, leichter Nebel, ein *Mayi-Mayi*-Kämpfer mit bemaltem Gesicht, Fetisch-Ketten um den Hals, Speer und Kalaschnikow in der Hand. Aber Kalambi Muhima empfing uns nicht im Busch, sondern bei »Whimpy's«, einer Pizzeria in Beni, in der es zwar keine Pizza gab, dafür aber einen verschimmelten Billard-Tisch unter einem undichten rostenden Wellblechdach sowie Kübel voller *foufou* und Tilapia-Fisch. Kalambi Muhima, Weggefährte von Kopokopo, und Gerüchten zufolge im Besitz des Schädels jenes ugandischen Offiziers, den die *Mayi-Mayi* vor über zehn Jahren ermordet hatten, erschien auch nicht mit Fetischen um den Hals, sondern in einem abgewetzten Trainingsanzug aus violetter Ballonseide und einem Anorak. Er setzte eine dicke Lesebrille auf und sagte zur Kellnerin: »Kein Pili-Pili, kein Fett, kein Salz. Ich hab's mit dem Magen.« Tim und ich konnten eine gewisse Enttäuschung in unseren Gesichtern nicht verbergen.

Dabei musste man sich nur Trainingsanzug und Brille wegdenken, und Kalambi Muhima hätte mit seinem pockennarbigen Gesicht und den hohen Wangenknochen einen eindrucksvollen Indianerhäuptling abgegeben. Sein Alter gab er mit 55 Jahren an, was deutlich über der durchschnittlichen Lebenserwartung im Land lag. Muhima erzählte seinen Werdegang sehr viel bereitwilliger als Kavira. Als junger Mann habe er sein Geld abwechselnd als Gemüsehändler, Lehrer und Offizier in Mobutus Armee verdient, schließlich an einer Oberschule unterrichtet und eines Tages die halbe Klasse mit in den Busch zu den *Mayi-Mayi* genommen. »Weil wir Patrioten waren und gegen die Invasoren kämpfen mussten.«

Kindersoldaten zu rekrutieren ist ein Kriegsverbrechen. Inzwischen waren die ersten Milizenführer aus dem Kongo vor dem Internationalen Strafgerichtshof in Den Haag unter anderem dieses Verbrechens angeklagt. *Cour Pénale Internationale – CPI*. In Beni, Butembo, in Goma und selbst in den Dörfern im Hinterland kannten die Leute inzwischen dieses Gericht. Und sie wussten, was längst auch internationale Ermittler wussten: Dass die Vurondo-*Mayi-Mayi* Ende der 90er Jahre eine große Anzahl von Kindern aus den Schulen heraus rekrutiert hatten. Manchen hatte man Geld versprochen, andere mit der Waffe gezwungen. Viele waren nicht älter als elf, zwölf Jahre gewesen. In den Camps der *Mayi-Mayi*, so ein UN-Bericht, »lebten die Kinder in einem System des Terrors«.

Muhima lächelte.

»Die Kinder wollten kämpfen. Niemand hat sie gezwungen.«

Baraka war in Anwesenheit des *sous-commandant* wie verwandelt. Er grinste, zappelte mit den Beinen, tuschelte mit diesem Mann, als sei ein guter Onkel zu Besuch. Kavira schwieg.

»Der Junge«, sagte Muhima, »hat nicht gekämpft. Er war unser General, unser spiritueller Führer. Wann immer ein Angriff bevorstand, haben wir ihn tiefer in den Busch gebracht und versteckt.«

Wie kann ein kleiner Junge von drei, vier oder fünf Jahren ein General und spiritueller Führer sein?

Kalambi Muhima, Fêticheur und ehemaliger Mayi-Mayi-Kämpfer

»Wir haben ihn vor jeder Schlacht nach seinen Träumen gefragt. Er sah voraus, ob wir siegen würden oder ob wir uns besser zurückziehen sollten.«

Wer kümmerte sich um ihn?

»Die *féticheurs*. Sie haben ihn ernährt und bewacht.«

Baraka war also keiner jener Kindersoldaten gewesen, die ein Sturmgewehr, fast so groß wie sie selbst, herumschleppten. Sondern ein heiliges Maskottchen, für den die *Mayi-Mayi* das letzte Essen zusammenkratzten, wenn es für die anderen nur noch Baumrinde zu kauen gab. Den sie bei Überfällen feindlicher Milizen im Laufschritt aus der Gefahrenzone trugen, ihm Deckung gaben, auch wenn sie dabei selbst riskierten, erschossen zu werden. Der Trinkwasser bekam, auch wenn andere fieberkranke Kinder verdursteten. Baraka war der kleine Kriegergott einer schrumpfenden, zerlumpten Truppe gewesen.

Warum hatten die *Mayi-Mayi* dann vor wenigen Monaten beschlossen, ihren Glücksbringer herzugeben?

»Es ist vorbei«, sagte Muhima und pulte die Haut von

seinem Tilapia-Fisch. »Die meisten von uns sind in die Armee übergetreten. Und der Junge braucht jetzt seine Mutter.« Sie seien jetzt reguläre Soldaten, er selbst habe den Rang eines Obersten, man trage die Waffe jetzt zur Verteidigung des Staates, »zum Wohle aller Kongolesen«. Wenn es etwas gab, das die Menschen im Ostkongo seit dem offiziellen Kriegsende mehr fürchteten als marodierende Rebellen, dann war es die Armee. Über 100 000 Soldaten, zusammengewürfelt aus ehemals verfeindeten Milizen, denen oft monatelang kein Sold ausgezahlt wurde. Was ihre Bereitschaft betraf, zu plündern und zu vergewaltigen, so gab es zwischen den Brigaden durchaus Unterschiede. Aber das änderte nichts am Stoßgebet, das jedes Dorf allabendlich gen Himmel schickte: »Herr, schütze uns vor Rebellen und Soldaten.«

»Oberst Muhima, wie war das damals mit dem Kopf des Uganders?«

»Sie haben uns angegriffen, wir mussten zurückschlagen.«

»Der Kopf, Oberst Muhima! Warum haben sie dem Ugander den Kopf abgeschlagen?«

Muhima sah mich erstaunt an.

»Was hätten Sie denn gemacht? Wir mussten uns verteidigen.«

»Wo ist der Schädel jetzt?«

»Keine Ahnung, das ist lange her. Fragen Sie Kavira – die war ja dabei. An vorderster Front.«

Kavira war nicht ansprechbar. Oder wollte es nicht sein. Weil der Wirt von Whimpy's von unserem *Mayi-Mayi*-Journalisten-Bankett eine üppige Zeche erwarten durfte, hatte er als Zugabe den Generator angeworfen, und nun flimmerte der Fernseher. Es lief eine nigerianische Seifenoper auf englisch ohne Untertitel. Kavira verstand kein Wort, starrte aber wie hypnotisiert auf den Bildschirm. Der globalisierte Handlungsfaden der *soap-opera* war auch ohne Ton zu begreifen: Schwiegermutter hasst Schwiegertochter, Schwester bekommt uneheliches Kind, Sohn überwirft sich mit Vater.

»Fernsehen hilft«, sagte Muhima und blickte fast liebevoll auf den Jungen.

»Wobei?«

»Beim Vergessen.«

Nach dem Essen strich er dem Jungen, den er Baraka nannte, obwohl er doch nun Moise hieß, über den Kopf, flüsterte ihm etwas ins Ohr. Dann verlangte er von uns zwanzig Dollar Taxi-Geld, um zurück in sein Dorf zu kommen. Kavira stand ratlos und verwirrt dabei – gefangen irgendwo im Niemandsland zwischen ihrer Vergangenheit und der Gegenwart.

Als ob er uns zum Abschied noch eine Warnung mitgeben wollte, sagte Muhima: »Wenn das Militär uns nicht bezahlt, wenn wir nicht anständig behandelt werden, können wir natürlich jederzeit mit unseren Waffen wieder in den Busch gehen.« Wer einmal ein *Mayi-Mayi* geworden sei, bleibe ein *Mayi-Mayi*. Das ganze Leben.

Ich machte einen letzten Versuch, die Magie der *Mayi-Mayi* mit eigenen Augen zu sehen zu bekommen.

»Können Sie für uns ein Treffen mit einem *féticheur* arrangieren? Wir möchten gern mit jemandem reden, der das heilige Wasser besitzt.«

»Wieso?«, fragte er erstaunt. »Sie haben doch die ganze Zeit mit mir geredet.« Dann drehte er sich um und ging.

Der Krieg und die Frauen

Der See war spiegelglatt, am Horizont erhoben sich die Silhouetten von Hügeln und Bergen. Wasser, Himmel und Felsen in wechselnden Blautönen, dazwischen erstreckte sich eine Uferlandschaft mit roter Erde und tiefgrünen Feldern. Die Fischer hatten die Netze zwischen ihre Pirogen gespannt, so dass sie aus der Ferne aussahen wie große Katamarane. Das Sonnenlicht war anders als in Kinshasa oder im Kasai. Heller, härter, es verlieh der Szenerie eine ungewöhnliche Schärfe. Man konnte sich berauschen an dieser Landschaft. Vorausgesetzt, man löschte jeden Gedanken an Vulkanausbrüche, Erdbeben und Choleraepidemien, an den Genozid, die Kriege und sonstigen Katastrophen der vergangenen Jahre dies- und jenseits des Sees. Paradies und Hölle – wenn dieses Klischee auf irgendeinen Flecken dieser Erde wirklich passte, dann auf das Land rund um den Kivu-See.

Auf der MS *Kivu Queen* hatte der Kapitän das Bordkino gestartet und die Kassette eines zweitklassigen amerikanischen Action-Films in den Videorecorder eingelegt. Die *Kivu Queen*, als Schnellboot ausgewiesen, schaffte die Strecke zwischen Goma am Nordufer nach Bukavu am Südufer in knapp drei Stunden. Ein Aufkleber im Passagierraum untersagte das Tragen von Waffen an Bord, was nur begrenzt Wirkung zeigte. War der kongolesische Präsident auf Besuch, konnte es passieren, dass seine Garde die *Kivu Queen* kurzzeitig beschlagnahmte und in demoliertem Zustand zurückließ.

Doch Staatschef Joseph Kabila befand sich an diesem Märztag mitsamt seiner Leibwache weit weg in Kinshasa, weswegen es am Seehafen von Bukavu überschaubar zuging. Handkarren, Marktfrauen, Kleinbusse, UN-Fahrzeuge, Lastwagen und Motorradfahrer hatten sich in einem scheinbar unentwirrbaren Stau verkeilt. Kolonnen von Lastenträgerinnen schlängelten sich durch das Gewirr aus Menschen und Blech, schleppten dreißig, vierzig, manchmal fünfzig Kilo schwere Körbe, gefüllt mit Ziegelsteinen, Brennholz oder Sand vom Hafen zu den Baustellen der Stadt. Die *femmes porteuses* sind die weibliche Entsprechung zu den *Toleka*-Händlern, denen ich im Kasai begegnet war. Ausgemergelt und klein, jeder Sinn, jede Faser ihres Körpers nur auf ihre Last und den nächsten Schritt konzentriert.

Die Schweiz Afrikas – so hieß früher die Region der Großen Seen, die den östlichen Grenzverlauf des Kongo zu den Nachbarländern Uganda, Ruanda, Burundi und Tansania markiert. Keine drückende Schwüle wie in Kinshasa, ein moderates Klima mit heißen, sonnigen Tagen und kühlen Nächten, dazu Städte in wunderschöner Lage. Bunia, Goma und vor allem Bukavu. Die Reichen hatten hier ihre Ferienhäuser. Dann kamen die beiden Kongo-Kriege. Nun, im sogenannten Frieden herrschte wieder ein Bauboom. Am Ufer des Kivu-Sees ragten neue Villen empor, viele im Stil des globalen Kriegsgewinnlerbarock, den man auch in Priština oder Kabul sieht. Geschmacklose Ziertürmchen, protzige Balkone, verspiegelte Fenster. Wer während des Krieges mit dem Schmuggel von Waffen, Benzin, Gold oder Coltan viel Geld gemacht hatte, zeigte seinen Reichtum jetzt mit einer Immobilie in bester Lage oder vermietete sie zu horrenden Preisen an die UN oder internationale Hilfsorganisationen. Auch für die *femmes porteuses* sprang bei diesem Aufschwung etwas ab. Ein paar hundert Francs am Tag, ein, vielleicht zwei Dollar. Das galt ihnen als guter Verdienst.

Der Krieg, offiziell seit Jahren beendet, war im Ostkongo nicht wirklich vorbei. In den Kivu-Provinzen herrscht bis heute eine Mischung aus *low intensity warfare* und militarisiertem Banditentum. Überfälle, Plünderungen durch Rebellen und Armee, kleinere Schlachten, immer wieder Flüchtlingsströme. Vor allem im unzugänglichen Hinterland. In Bukavu, der Provinzhauptstadt, wurde (so gut wie) nicht mehr geschossen. Aber der Krieg lag nur unter einer dünnen Schicht Erde begraben, er tauchte auf, wann immer in einer Baugrube menschliche Gebeine mit ausgehoben wurden, Überreste von Erschossenen oder Erschlagenen, die Jahre zuvor hastig verscharrt worden waren. Oder wann immer eine Karawane von Frauen in die Stadt kam und durch die verschlammten Straßen hoch zum Panzi-Viertel schlurfte.

Panzi ist einer der ärmsten Stadtteile von Bukavu. Das Viertel, die ganze Stadt wächst schnell, kriecht immer weiter an den Hügeln des Seeufers empor. Ihre Einwohnerzahl ist innerhalb weniger Jahre von 250 000 auf rund eine Million gestiegen. Eine höhere Wohnlage ist kein Privileg. Sie erhöht lediglich das Risiko, in der Regenzeit von einem Erdrutsch erwischt zu werden. Inmitten der ärmlichen Hütten und Häuser mit Wellblechdächern liegt wie eine Festung das Panzi-Hospital. Ein bewachtes Eisentor, Mauern, dahinter steinerne Flachbauten mit Krankensälen, OP-Räumen, Labors, Abteilungen für Radiologie und Endoskopie. Dank Gelder der Europäischen Union und internationaler Hilfsorganisationen ist das Panzi für ein kongolesisches Krankenhaus gut ausgestattet. Die Ärzte sind auf die Behandlung von Fisteln spezialisiert, hervorgerufen durch Löcher im Gewebe zwischen Vagina, Blase und Darm, die nicht nur extrem schmerzhaft sind, sondern auch zu Inkontinenz führen. In Entwicklungsländern entstehen solche Verletzungen bei Frauen oft während der Entbindung, weil Geburtskanal und Becken aufgrund von Mangelernährung zu klein sind. Im Kongo entstehen sie vor allem als Folge von Vergewaltigungen. Die 334 Betten im Panzi-Hospital sind immer belegt.

Ich hatte das Hospital zum ersten Mal im Jahr 2006 besucht und war an einem Herbstmorgen mitten in den täglichen Frühgottesdienst geplatzt. Über 200 Patientinnen hatten es aus dem Bett geschafft, saßen in den kühlen Morgenstunden auf Holzbänken, eingehüllt in Wickelröcke und Strickjacken, die Kopftücher mit Witwe-Bolte-Knoten gebunden. Ein Pastor las mit Pathos in der Stimme aus dem Markus-Evangelium.

»Und es kam zu Jesus ein Aussätziger, der bat ihn, kniete nieder und sprach zu ihm: Willst du, so kannst du mich reinigen …«

Die meisten Frauen murmelten leise mit. Sie kannten

diese Bibelstellen auswendig. Die Aussätzigen – das waren sie. Beschmutzt durch die Vergewaltigung, durch das Stigma, durch ihren eigenen Kot und Urin, geächtet von der gesamten Dorfgemeinschaft.

»... und Jesus rührte ihn an und sprach zu ihm: Ich will's tun. Sei rein!« Der Pastor hatte sich in Fahrt geredet, ließ die letzten Worte mit dramatischer Geste verhallen, das Murmeln der Betenden schwoll an, eine große, dünne Frau schrie auf, riss den Oberkörper nach hinten und streckte die Hände gen Himmel.

Nach einer halben Stunde mahnte der Chefarzt, ein groß gewachsener Mann, der Patientinnen und Prediger um eine Kopfeslänge überragte, zum Schlussgebet zu kommen. Er hatte an diesem Tag acht Operationen auf dem Plan. Schwere Fälle, Unterleibsverstümmelungen, hervorgerufen durch »gewaltsames Einführen von Stöcken, Bajonetten oder Gewehrläufen«. Seine Stimme klang vollkommen nüchtern, als er mir in seinem Büro die Befunde vorlas.

Denis Mukwege, Jahrgang 1955, war Gynäkologe in einer Kleinstadt in Süd-Kivu gewesen. Als seine Klinik im ersten Kongo-Krieg 1996 zerstört wurde, floh er nach Bukavu und eröffnete dort eine Entbindungsstation. Doch die Mehrheit seiner Patientinnen benötigten nicht Geburtshilfe oder Kaiserschnitt. Sie waren Opfer sexueller Gewalt.

Seither operierten und dokumentierten Mukwege und sein kongolesisches Team am Fließband. 2006 stapelten sich in den Büroschränken des Panzi-Hospitals die Patientenakten von über 11 000 Vergewaltigungsopfern aus der Provinz Süd-Kivu. Den Weg nach Bukavu schaffte nur eine kleine Minderheit der Opfer, die Dunkelziffer lag um ein Vielfaches höher. Mukwege hatte Daten und Orte der Überfälle notiert, die schlimmsten Verstümmelungen hatte er fotografiert. Auf seinem Schreibtisch lagen Aufnahmen von Patientinnen mit abgeschnittenen Brüsten und tellergroßen Brandwunden, her-

Plakat gegen sexuelle Gewalt und AIDS in Bukavu: »Ein echter Kerl zwingt nie eine Frau, mit ihm zu schlafen.«

vorgerufen durch geschmolzenes Plastik, das die Täter ihren Opfern auf die Haut gegossen hatten. »Ein Krieg ist das«, sagte Mukwege. »Ein Krieg gegen die Frauen.«

Mir genügten die Bilder nicht. Journalisten wollen ja immer O-Töne. Also fragte ich, was damals fast alle Reporter fragten: Ob mir eine der Frauen ihre Geschichte erzählen würde. Eine Psychologin, die Einzige im ganzen Hospital, brachte Emiliane.

Emiliane war ein 15-jähriges Mädchen mit dem Körper einer 12-Jährigen und einem Gesicht, aus dem jede Regung verschwunden war. Ihr Gang, ihr ganzer Körper wirkte, als sei sie halb betäubt. Sie stamme aus Shabunda, erzählte sie mit monotoner, kaum hörbarer Stimme, sei auf dem Schulweg von Rebellen gekidnappt und gezwungen worden, für sie zu kochen, zu schleppen und »ihre Frau zu sein«. Irgendwann gelang ihr die Flucht. Wie sie die über 200 Kilometer nach Bukavu geschafft hatte, blieb unklar. Vor drei Wochen war sie mit

Patientinnen im Panzi-Hospital

offenen Wunden und Eiterbeulen am Tor des Krankenhauses aufgetaucht. Die Diagnose hörte sich glimpflich an: keine Fistel, keine schlimmeren Infektionen, AIDS-Test negativ, Malariatest positiv, im dritten Monat schwanger. Ihr blieb nun eine Verschnaufpause von knapp sechs Monaten, in der sie ihre Malaria auskurieren und ihre Kind entbinden konnte. Dann würde man sie nach Shabunda zurückschicken. Es gab keine Schutzhäuser, keine Heime für Mädchen wie sie.

Emiliane sah mich während des ganzen Gesprächs nicht ein einziges Mal an. Jeder Satz schien sie unendlich viel Kraft zu kosten. Sie atmete schnell und flach, starrte auf den Boden oder auf ihren Bauch. Etwas Fremdes hatte von ihr Besitz ergriffen, und sie war zu jung, zu traumatisiert, zu erstarrt und zu arm, um eine Abtreibung überhaupt nur zu erwägen. Das kongolesische Gesetz stellt Schwangerschaftsabbrüche unter Strafe – es sei denn, das Leben der Mutter ist in Gefahr, was in Emilianes Fall nicht zutraf. Illegale Abtreibungen kommen durchaus vor. Aber im zutiefst christlichen Panzi-Hospital war allein das Wort ein Tabu.

Was sie den ganzen Tag mache, fragte ich Emiliane. »Handarbeiten. Häkeln«, antwortete sie. »Und warten.« Dann schlurfte sie hinaus, als lasteten nicht fünfzehn, sondern achtzig Jahre auf ihr. Sie hatte kein Leben mehr vor sich, dem man entgegengehen wollte. In Shabunda gab es für eine 15-jährige Vergewaltigte mit einem »Rebellenkind« nur eine Existenz am Rande der Gemeinschaft.

»Sie steht immer noch unter Schock«, sagte die Psychologin. Das hatte ich gemerkt und keine Rücksicht darauf genommen. Ein Zusammentreffen mit einer fremden Journalistin, vor der Emiliane tat, was von ihr erwartet wurde – nämlich ihre Geschichte zu erzählen –, war vermutlich das Letzte gewesen, was das Mädchen in diesem Moment brauchte.

Beim Hinausgehen wurde Emiliane beinahe umgerannt von jener Frau, die während des Gottesdienstes so markerschütternd aufgeschrien hatte. Maman Zawadi, 38 Jahre alt, siebenfache Mutter, fünf Monate in Gefangenschaft von Rebellen, unzählige Male vergewaltigt, zum Kannibalismus ihrer Mitgefangenen gezwungen, mit verstümmeltem Unterleib ins Panzi eingeliefert. Sie sollte an diesem Tag entlassen werden. Die Patientin und die Psychologin hielten sich sekundenlang bei den Händen, schwankten zwischen Weinen und Lachen. »Maman Zawadi, was war los heute morgen beim Gottesdienst?«, fragte die Psychologin. »Oh, ich habe Gott nur gezeigt, dass ich ihn nicht vergessen habe. Er war ziemlich weit weg in den letzten Monaten.« Sie verabschiedete sich atemlos, draußen warteten zehn andere Frauen in einem Sammeltaxi Richtung Bunyakiri. Das Hospital hatte ihnen ein paar Dollar für den »Neuanfang« gegeben. Für Maman Zawadi war es offenbar genau das. Sie würde auf ewig das Stigma der Vergewaltigten mit sich tragen. Aber sie stank nicht mehr nach Kot und Urin. Sie hatte die Kontrolle über ihren Körper wiedergewonnen. Und damit auch etwas Würde. Maman Zawadi ließ die Hände der Psychologin los, ergriff meine und sagte: »Danke. Danke für alles.« Sie hielt mich für eine Vertreterin der EU oder einer Hilfsorganisation, die das Krankenhaus finanzierten. Weiße, die im Hospital auftauchten, waren qua Hautfarbe Wohltäter. »Zeigt Euch dankbar« – das hatte das Personal im Panzi-Hospital seinen Patientinnen eingetrichtert. Ich schüttelte verdattert und peinlich berührt Maman Zawadis Hand, versuchte den Irrtum aufzuklären, versuchte zu erklären, dass ich nichts, aber auch gar nichts gebracht, sondern etwas genommen hatte: die Leidensgeschichten der Frauen. Geschichten, von denen viele zu grausam waren, um sie je zu veröffentlichen.

Folter, so schrieb einmal der Schriftsteller Jean Améry über das, was er während der NS-Herrschaft erlitten hatte, sei »wie eine Vergewaltigung«. Die körperliche Überwältigung durch einen anderen, die vollends zu einem existenziellen Vernichtungsfeldzug wird, »wenn keine Hilfe zu erwarten ist«. Folter ist Vergewaltigung, Vergewaltigung ist Folter. Doch ein Unterschied bleibt. Vergewaltigung ist das einzige Verbrechen, die einzige Form der Folter, bei der die Scham am Opfer haften bleibt, es zum Symbol einer kollektiv erlittenen Schande macht. Das macht Vergewaltigung als Kriegswaffe so effektiv. Mit einer Massenvergewaltigung vor den Augen der Familienangehörigen und Nachbarn der Opfer kann man ein Dorf, eine Gruppe zerstören, ohne einen Schuss abzufeuern.

Das macht auch die Berichterstattung darüber so ambivalent. Weltweit ist es das Verbrechen mit der größten Dunkelziffer, weil so viele Betroffene nicht darüber sprechen können. Darüber zu sprechen heißt, dem anderen zu ermöglichen, sich vorzustellen, was mit einem selbst gemacht wurde.

2006 hatte der Kongo es endlich in die internationalen Schlagzeilen geschafft. Nicht nur, weil in diesem Jahr zum ersten Mal nach über 40 Jahren freie Wahlen stattfanden. Sondern auch, weil wir ausländische Journalisten inzwischen ein Thema gefunden hatten, das die westliche Öffentlichkeit endlich aufhorchen ließ: Die massenhafte Vergewaltigung von Frauen – eine der vielen Katastrophen im Land, die in den Kriegsjahren zunächst kaum wahrgenommen wurde und nun ins grelle Rampenlicht rückte. Das Panzi war plötzlich nicht mehr nur Krankenhaus, sondern auch Pilgerstätte der Empathie, was durchaus ambivalente Folgen hatte. Nirgendwo sonst bekam man Opfer eines Kriegs, aber auch schnelle und effektive Hilfe so schnell und einfach zu Gesicht. Das Hospital bot zudem einen sicheren Hort, an dem Frauen das verordnete Schweigen über Vergewaltigung brechen konnten – ein Tabubruch, der im Kongo genauso viel Mut erforderte wie einige Jahre zuvor in Bosnien.

Aber das Panzi wurde eben auch eine Stätte eines weißen Voyeurismus. Hier schmolzen die beiden verheerenden Kongo-Kriege mit ihren verwirrenden Frontlinien und schwammigen Grenzen zwischen Tätern und Opfern auf eine ganz einfache Geschichte zusammen: die des Krieges barbarischer, schwarzer Soldaten und Rebellen gegen hilflose schwarze Frauen, die nun weiße Fürsprecher bekamen. Hollywood-Stars wie Ben Affleck, Charlize Theron oder George Clooney machten Stippvisiten bei Patientinnen. Dutzende Delegationen europäischer Politiker lugten durch die Türen in volle Krankensäle, Fernsehteams und Fotografen filmten und knipsten. Engagierte Weiße, so schien es, hatten wieder einmal ein besonders böses Kapitel des afrikanischen Elends aufgedeckt und die Welt aufgerüttelt. Das entsprach und entspricht auch heute nicht der Realität vor Ort. Ob Journalisten, Politiker oder Hollywood-Stars – wir alle bekommen unsere Informationen von betroffenen Frauen, die nicht nur Opfer sind, sondern sich zur Wehr setzen. Und von kongolesischen Aktivisten, die bei ihrer Arbeit oft ihr Leben riskieren.

Ich entdeckte das Schild eines Tages auf der Hauptstraße von Bukavu. »*Voix des sans voix ni liberté* (VOVOLIB)«, stand da in blauen Lettern. »Die Stimme derer ohne Stimme und Freiheit«. Darunter: »*La vie est sacrée, le viol est un crime* – das Leben ist heilig, die Vergewaltigung ein Verbrechen«. Und in der dritten Zeile: »Die Förderung der menschlichen Würde ist unser Schlachtross.« Neben einem typisch kongolesischen Galgenhumor gibt es auch einen typisch kongolesischen Hang zum Pathos. Davon legte VOVOLIB für meinen Geschmack etwas zu viel an den Tag. Wir schrieben inzwischen Juni 2008, der »Kampf gegen sexuelle Gewalt« war zu einem Kampagnenzug geworden, auf den jeder aufzuspringen versuchte: die internationalen Geberländer, die ausländischen Hilfsorganisationen, die kongolesischen NGOs. Auch die weniger seriösen, die rasch begriffen hatten, dass ausländische Gelder schneller und reichlicher flossen, wenn man sich den »Kampf gegen Vergewaltigung« auf die Fahnen schrieb, als wenn man Projektanträge zur Betreuung ehemaliger Kindersoldaten oder zum Bau von Schulen einreichte.

Das Büro von VOVOLIB befand sich in Bukavus Innenstadt hinter einem Internet-Café. Es bestand aus einem kleinen Raum, einem Schreibtisch, mehreren überladenen Regalen und einem Laptop reiferen Alters. Der Direktor, ein dürrer, kleiner Jurist namens Jean-Paul Ngongo, schien in seinem zu großen Anzug zu verschwinden. Er kramte müde und zerstreut in seinen Unterlagen nach Antworten auf meine Fragen, während seine beiden Mitarbeiterinnen regungslos herumstanden. VOVOLIB, so hatte man mir in Bukavu gesagt, sei eine der aktivsten Menschenrechtsorganisationen in der Provinz und begleite Frauen, die ihre Vergewaltiger anzeigen wollten, sogar zur Polizei und zum Gericht. Doch diese Beschreibung schien so gar nicht auf das konfus-lethargische Trio zu passen, das ich hier antraf.

Schließlich zog Ngongo aus einem Papierstapel ein kariertes Blatt, aus einem Schulheft gerissen, auf dem er Zahlen notiert hatte. 1999 wurde VOVOLIB gegründet. In den ersten acht Jahren des Bestehens habe man, so Ngongo, fast 50 000 Fälle von Vergewaltigung registriert – begangen durch Soldaten der kongolesischen Armee und Mitglieder verschiedener Rebellengruppen, immer häufiger aber auch durch Zivilisten.

Ich blicke wieder skeptisch auf Ngongo und seine armselige Büroeinrichtung. Inmitten eines kriegszerstörten Landes Zweifel an Zahlen des Elends zu hegen, ist kein erhebender Zustand. Es ist eine notwendige Berufskrankheit. Denn je näher man Krisengebieten und Tatorten kommt, desto verschwommener werden zunächst oft das Ausmaß der Krise und das Tatgeschehen.

Wie um alles in der Welt wollten diese drei müden Gestalten 50 000 Fälle von Vergewaltigung aufgenommen haben? »Indem wir unsere Leute durch die ganze Provinz schicken«, entgegnete Ngongo. VOVOLIB hatte kleine Teams in fast allen *territoires*, fast allen Bezirken der Provinz Süd-Kivu aufgebaut. Die sahen und hörten mehr als die meisten internationalen Hilfsorganisationen, die sich aus der Provinzhauptstadt Bukavu nicht hinauswagten. Aber selbst VOVOLIB dokumentierte nur einen Teil dieses Krieges gegen Frauen.

»Männer«, sagte Ngongo. »Manchmal werden auch Jungen und Männer vergewaltigt.«

Auf Vergewaltigung steht nach kongolesischem Recht eine Haftstrafe von fünf bis 20 Jahren. Dieses Strafmaß kann verdoppelt werden, wenn der Täter ein Soldat, Polizist oder sonst ein Vertreter des Staates ist, wenn das Opfer mit einer Waffe bedroht oder im Rahmen einer Verschleppung sexuell missbraucht wurde.

Ngongo schob das nächste karierte Blatt über den Schreibtisch. Eine Statistik. Handgeschrieben. 64 Vergewaltigungsprozesse hatte VOVOLIB im vergangenen Jahr gezählt. In vielen war die Organisation den Klägerinnen mit Rat und Begleitschutz zur Seite gestanden. Hinter der Rubrik »Urteile« hatte jemand die Zahl 14 eingetragen, hinter der Rubrik »Haftstrafen« die Ziffer 9. Vier der Verurteilten, sagte Ngongo, seien im Gefängnis.

Und die anderen?

»Haben die Richter, Polizisten oder Gefängniswärter bestochen.« Er starrte geistesabwesend auf den Papierverhau. Plötzlich richtete er sich mit einem Ruck auf, als sei ihm schlagartig klar geworden, dass sein Verein in diesem Moment nicht sonderlich eindrucksvoll wirkte. »Madame, entschuldigen Sie, wir sind alle etwas durcheinander. Eine unserer Kolleginnen ist vor kurzem ermordet worden.« Nun saß ich regungslos da, erschrocken und betreten ob meiner Skepsis gegenüber diesem Mann.

Es war sieben Tage zuvor passiert. Wabiwa Kabisuba, 27 Jahre alt, Mutter von vier Kindern, seit Jahren bei VOVOLIB aktiv, hatte eine Frau betreut, die einen Armeeoffizier wegen Vergewaltigung vor Gericht bringen wollte. Ihre Mörder waren gegen Mitternacht vor ihrem Haus aufgetaucht, laut Augenzeugen alle in Uniform, hatten sie nach draußen gezerrt und erschossen.

Ngongo hielt mir sein Handy mit Textnachrichten der vergangenen Wochen vor die Nase. Morddrohungen von Männern, die auf Initiative von VOVOLIB wegen Vergewaltigung angezeigt worden waren. Die meisten waren auf Swahili, einige auf Französisch. »Klage? Das werdet ihr mit eurem Blut bezahlen.« Oder: »Du kennst die Spielregeln. Jetzt gibt es keine Gnade mehr.« Ngongo hatte der Polizei in Bukavu die Telefonnummern der Absender gegeben, was für Letztere offenbar ohne Folgen geblieben war.

Es gibt bis heute keine zuverlässigen Angaben über die Anzahl der Vergewaltigungen im Kongo. Es gibt die Akten des Panzi-Krankenhauses und des Hospitals *Heal Africa*, das sich in

Goma auf die Behandlung vergewaltigter Frauen spezialisiert hat. Es gibt Erhebungen von lokalen Gruppen wie VOVOLIB, der UN und anderen Hilfsorganisationen, die das Ausmaß erahnen lassen. Und es kursieren zweifellos auch übertriebene »Hochrechnungen«, was dem Umstand geschuldet ist, dass man die Geber von Hilfsgeldern von der anhaltenden Dramatik der Krise überzeugen will.

Es gibt auch kein typisches Opferprofil. Betroffen sind Mädchen und Frauen jeden Alters, jeder ethnischen und sozialen Herkunft. Dörflerinnen, so viel weiß man, sind gefährdeter als Städterinnen. Ihre langen Wege auf's Feld, zum Wasserholen, auf den Markt machen sie angreifbar.

Was es gibt, sind Täterprofile. Der typische Vergewaltiger im Kongo trägt Uniform und eine Waffe. Er ist entweder Soldat der *Forces Armées de la République Démocratique du Congo*, der »Streitkräfte der Demokratischen Republik Kongo«, kurz FARDC. Oder irgendeiner *Mayi-Mayi*-Gruppe. Oder er gehört den Rebellen der *Forces Démocratiques de Libération du Rwanda*, der »Demokratischen Kräfte zur Befreiung Ruandas«, kurz FDLR, an. Oder dem *Congrès National pour la Défense du Peuple*, dem »Nationalkongress zur Verteidigung des Volkes«, kurz CNDP. Oder der *Lord's Resistance Army*, der »Widerstandsarmee des Herrn«, kurz LRA. Was die Namensfindung betrifft, so legen Rebellengruppen eine Orwellsche Kreativität an den Tag.

FARDC, FDLR, LRA, CNDP – diese vier Kürzel geben den Wirrwarr an bewaffneten Gruppen nicht vollständig wieder. Aber sie repräsentierten ein knappes Jahrzehnt nach dem offiziellen Kriegsende die größte Bedrohung für die Zivilbevölkerung im Kongo. Und bei ihrer genaueren Betrachtung ist die Geschichte des »Krieges gegen die Frauen« nicht mehr ganz so einfach.

Die FARDC war weniger eine Armee als ein Auffangbecken für ehemalige Rebellen. Die meisten Einheiten hatten keine Kasernen, keine Fahrzeuge, keine ausreichenden Lebensmittelrationen. Ein großer Teil des Soldes verschwand in den Taschen höherer Offiziere. Die unbezahlten, hungrigen Soldaten der Nachkriegsära unter Joseph Kabila taten genau das, was die unbezahlten, hungrigen Soldaten der letzten Mobutu-Jahre getan hatten: Sie nahmen sich in den Dörfern mit der Waffe, was sie brauchten. Oder zu brauchen meinten. Sie plünderten Holzvorräte, den Viehbestand, die karge Ernte. Oder übernahmen die Kontrolle über eine der Goldminen Und viele von ihnen vergewaltigten. *Viol ya posa* »Vergewaltigungen aus Trieb, aus Lust«. Ein Mann, noch dazu ein Soldat, dem der Sold verweigert wird, der sich keine Ehefrau mehr leisten, nicht einmal eine Prostituierte bezahlen kann, *muss* irgendwann vergewaltigen. So haben es Armeeangehörige in einer bemerkenswerten Serie von Interviews erklärt, durchgeführt von Maria Eriksson Baaz und Maria Stern, zwei schwedischen Wissenschaftlerinnen. Sie haben lange im Kongo gelebt und beherrschen Lingala, eine der vier Hauptsprachen.

Meine eigenen Versuche, mit Soldaten oder Milizionären darüber ins Gespräch zu kommen, scheiterten in drei Anläufen. Einmal mit demobilisierten Rebellen, welche die von der Bevölkerung erhobenen Vorwürfe schlicht abstritten; ein zweites Mal mit dem Befehlshaber einer FARDC-Brigade, der prompt und unfreundlich das Interview beendete; ein drittes Mal mit einer Gruppe von Soldaten, die gerade eine Kleinstadt in Süd-Kivu terrorisierten – nicht weil sie sich vor jeder Strafe sicher wähnten, sondern weil sie dies für ein opportunes Mittel hielten, lokale Presse und Provinzregierung darauf aufmerksam zu machen, dass sie seit Monaten keinen Sold mehr erhalten hatten. Auch da erwies sich die Gesprächsatmosphäre als nicht sehr ergiebig.

Baaz und Stern aber gelangen über einen Zeitraum von drei Jahren Gespräche mit über 200 Angehörigen der FARDC, Offizieren wie Gefreiten. Das Bild, das sich daraus ergab, zeigte weniger vor Übermacht strotzende Männer, als zerstörte Männlichkeit. Was die Lage ihrer Opfer nicht besser macht, aber womöglich mehr über die Hintergründe dieser Verbrechen erklärt als das Schlagwort vom »Krieg« oder »Vernichtungsfeldzug gegen die Frauen«.

Viol ya posa – was die Soldaten den beiden Wissenschaftlerinnen über »Vergewaltigungen aus Lust«, über den massiven Konsum von Drogen und Alkohol schilderten, erinnert weniger an Vergewaltigung als Kriegswaffe, wie sie im Bosnien-Krieg eingesetzt wurde, als an die sexuelle Gewalt amerikanischer Soldaten im Vietnam-Krieg – ein mit Brutalität behauptetes Recht auf Sex, eine ganz individuelle Demonstration absoluter Macht über einen anderen Menschen. Das grenzten sie deutlich ab von *viol cruel* oder *viol ya mabe*, von den »grausamen« oder »bösen« Vergewaltigungen, bei denen die Täter ihre Opfer verstümmeln, sie über Monate, manchmal Jahre als Zwangsarbeiterinnen und »Kriegerfrauen« festhalten. Bei denen die Angehörigen des Opfers, manchmal das ganze Dorf, zusehen müssen. Bei denen auch Männer und Jungen zu Opfern gemacht, selbst vergewaltigt oder vor aller Augen zum Sexualverkehr mit Mutter oder Tochter gezwungen werden. Das kennt man aus dem Bosnienkrieg. Ebenso die Massenvergewaltigungen als »kollektive Strafe«, wie sie im Sommer 2004 in Bukavu eingesetzt worden war.

Ende Mai waren damals Einheiten des CNDP in die Stadt einmarschiert. CNDP – es sei kurz wiederholt, denn es widerstrebt einem, sich diese Namen zu merken – steht für »Nationalkongress zur Verteidigung des Volkes«. Das Volk von Bukavu war damit jedenfalls nicht gemeint. Der CNDP war eine jener Kampfparteien des nicht enden wollenden Krieges, der nach dem Genozid in Ruanda 1994 auch den Kongo zerrissen hatte. In dieser Miliz kämpften fast ausschließlich kongolesische Tutsi, die sich als bewaffnete und damit einzig wahre Beschützer einer immer schon bedrohten Tutsi-Minderheit im Kongo präsentierten. Was sie phasenweise auch waren. Und was in ihren Augen Gräueltaten gegen die Zivilbevölkerung rechtfertigte. Im Frühsommer 2004 war es in Bukavu zu Ausschreitungen gegen Tutsi gekommen. Über mehrere Tage übten die CNDP-Rebellen Rache, zogen auf Befehl plündernd und vergewaltigend durch die Straßen, verschwanden wieder Richtung Goma und von dort in ihr Rückzugsgebiet in die Masisi-Berge von Nord-Kivu.

Zurück blieben eine panische Bevölkerung, die während der Kongo-Kriege Eroberungen, Bombardements und Plünderungen erlebt und nun, zwei Jahre nach dem offiziellen Friedensschluss, ein weiteres kollektives Trauma erlitten hatte. Frauen, die den CNDP-Rebellen entkommen waren, erzählten mir, wie sie sich in Kirchen versteckt hatten, eingepackt in mehrere Lagen Unterwäsche und Röcke, um sich vor Vergewaltigungen zu schützen. In ihren Stimmen schwang eine Mischung aus Wut und Stolz, weil sie sich hatten helfen können. Die Männer sprachen von der demütigenden Erfahrung, ihre Ehefrauen und Familien nicht verteidigt zu haben. In ihren Stimmen lag ebenfalls Wut. Eine gepresste, gelähmte Wut, gemischt mit einem ungebremsten Hass auf sämtliche Tutsi. Dieser Hass hielt auch an, als sich der CNDP 2009 in die Armee integrieren ließ – ein gewagter Versuch der Befriedung, in dem man mehrere tausend Mann, darunter viele mutmaßliche Kriegsverbrecher, zu kongolesischen Soldaten machte.

Die Hauptgegner des CNDP waren die FDLR, jener gut organisierte Nachfolgetrupp der Hutu-Milizen, die 1994 nach dem Genozid über die Grenze in den Ostkongo geflohen waren und dort seitdem weite Gebiete samt ihren Rohstoffquellen kontrollierten. Schätzungen zufolge sind mindestens 100 000 Frauen, überwiegend Angehörige der Tutsi, in den dreieinhalb Monaten des Genozids in Ruanda vergewaltigt worden. Vergewaltigung war Teil der Strategie, die feindliche Ethnie zu zerstören. Diese Kriegswaffe brachten die Hutu-

Milizen mit in den Ostkongo – und sie gehört bis heute ebenso zum Arsenal der FDLR wie die Versklavung von Dörflerinnen. Emiliane war von FDLR-Rebellen entführt worden, Maman Zawadi war vermutlich einer völlig brutalisierten Splitterfraktion, den so genannten »Rastas«, in die Hände gefallen.

Viol ya mabe. Der totale Terror gegen den Körper eines anderen Menschen. »Der Krieg macht dich verrückt, manche drehen einfach durch«, sagt einer der Soldaten in der Studie von Baaz und Stern. »Wenn du einer Frau einen Stock zwischen die Beine steckst«, so ein anderer, »dann hat das nichts mehr mit Lust zu tun. Es geht um den Drang zu zerstören.« »Wer so etwas tut«, so ein Dritter, »ist kein normaler Mann mehr.« Die Soldaten lassen in den Gesprächen im Unklaren, wann sie über sich selbst sprechen, wann über Kameraden oder über die Verbrechen feindlicher Rebellen. Jedenfalls ist ihnen sowohl die zerstörerische Wirkung sexueller Gewalt klar als auch die seelische Zerstörtheit jener, die sie ausführen. Und sie fürchten Strafe. Nicht durch die Justiz, sondern durch Gott, durch Geister, durch Hexerei. »Wer vergewaltigt«, sagt ein Hauptmann, »wird nicht lange leben.«

Es fällt schwer, anzuerkennen, dass viele der Täter selbst Opfer sind. Junge Männer, die als Kinder zwangsrekrutiert worden waren. Die zur »Initiation« ein Mitglied der eigenen Familie töten oder vermeintliche Deserteure erschlagen mussten. Die schließlich ohne Gefühlsregung ein Massaker anrichten, vergewaltigen und verstümmeln. Und die nach ihrer Demobilisierung in ihre Dörfer zurückkehren – von den Angehörigen und Bewohnern argwöhnisch beobachtet wie schlafwandelnde Monster. Das ist, in wenigen Sätzen, die Biografie der meisten Kämpfer der LRA, der »Lord's Resistance Army«, einer aus Uganda stammenden Rebellengruppe, die den Nordosten des Kongo als Rückzugsgebiet nutzt – als ob das Land nicht schon genug andere Probleme hätte.

Vor den Kriegen habe es »so etwas« nicht gegeben im Land. Das hörte ich im Kongo immer wieder, vor allem von Politikern und Geistlichen, wenn es um die »Epidemie der sexuellen Gewalt ging«. Vor den Kriegen sei das Verhältnis der Geschlechter im festen Rahmen der Traditionen abgesichert und geschützt gewesen. Auch ganz im Sinne der Frauen, der Hüterinnen des Lebens und der nachkommenden Generationen.

Aber die guten alten Traditionen bestehen unter anderem darin, dass in manchen Teilen des Landes eine Frau nach dem Tod ihres Mannes samt Hausstand in den Besitz des Schwagers übergeht. Dass sie mit dem nächstjüngeren Schwager schlafen muss, um den Geist des toten Ehemannes zu vertreiben. Dass trotz gesetzlichen Verbots die Zwangsverheiratung von Minderjährigen in ländlichen Regionen weiterhin üblich ist. Dass jeder Mann das Recht hat, seine durch Vergewaltigung »geschändete« Frau im Stich zu lassen – eine Ächtung, die oft auch durch andere Frauen im Dorf unterstützt wird. »Unsere Traditionen«, sagte Jean-Paul Ngongo, der Anwalt aus Bukavu, »sind Teil des Problems.«

Als ich ein Jahr nach unserer ersten Begegnung wieder das Büro von VOVOLIB in Bukavu besuchte, wirkte Ngongo sehr viel aufgeräumter. In seinem zu großen Anzug sah er immer noch aus wie eine halbe Portion, aber er hatte ein paar Pfund zugelegt. Von den Mördern seiner Kollegin Wabiwa Kabisuba gab es keine Spur – genauer gesagt: Die Spur führte in die Armee und dort würde keiner suchen. Aber die Morddrohungen gegen ihn und die anderen Mitglieder von VOVOLIB hatten für's erste aufgehört. Ausländische Hilfsorganisationen hatten Projektgelder aufgestockt. Ein eigener Radiosender war in Planung. Mit Hörertelefon, bei dem die Bürger von Bukavu ihrem Ärger über Korruption, Polizeiübergriffe und sonstigen Amtsmissbrauch Luft machen sollten. VOVOLIB konnte jetzt mit mehr Personal in den entlegenen Regionen der Provinz recherchieren und mehr Anwälte für Frauen bezahlen, die allen Widrigkeiten zum Trotz ihre Vergewaltiger ins Gefängnis bringen wollten. Eine Frau musste immer noch verrückt sein vor Mut oder Verzweiflung, um diesen Schritt zu wagen. »Aber nicht mehr ganz so verrückt«, sagte Ngongo, »wie vor ein paar Jahren.«

»Wie läuft eigentlich Ihre Zusammenarbeit mit der Polizei?«, fragte ich. »Das kommt darauf an, mit wem man es zu tun hat«, sagte Ngongo und gab mir die Handynummer von Major Munyole, Chef der »Spezialeinheit zum Schutz der Kinder und zur Bekämpfung sexueller Gewalt«. Ich beschloss einen Überraschungsangriff und wählte die Nummer. Am Telefon meldete sich eine Frauenstimme.

»Ich möchte Major Munyole sprechen«, sagte ich.

»Sie sprechen mit Major Munyole.«

»Ich würde gern mit Ihnen Streife fahren. Am besten während der Nachtschicht.«

Am anderen Ende der Leitung hörte ich eine Weile nichts, dann ein höhnisches: »Pah! Streife fahren? Wer hat Ihnen denn erzählt, dass wir ein Auto haben?«

Auf dieses Hindernis war ich vorbereitet.

»Ich könnte ein Auto besorgen.«

»Wir haben kein Geld für Benzin.«

»Ich zahle auch das Benzin.«

»Kommen Sie morgen in mein Büro. Dann sehen wir weiter.«

Wer bei Major Honorine Munyole Anzeige wegen Vergewaltigung erstatten wollte, musste außer einer gehörigen Portion Mut, unendlicher Geduld und einem übermenschlichen Stoizismus auch Papier mitbringen. Das »*Bureau de Protection de l'Enfance et Lutte contre la Violence Sexuelle*«, kurz PELCVS genannt, bestand aus zwei zehn Quadratmeter großen Zimmern mit Zementboden, zwei Schreibtischen und zwei Regalen. Außer an Streifenwagen fehlte es an einem kriminaltechnischen Labor, Computern, Schreibmaschinen, Aktenordnern, Funkgeräten, Handschellen und eben auch an Papier, um Tatprotokolle aufzunehmen. Das wichtigste Arbeitsgerät bestand aus einem abgegriffenen blauen DIN-A3 Heft, in dem Major Munyole mit Kugelschreiber und Lineal akribisch Namen, Geburtsdaten und Wohnorte aller Opfer und Täter aufschrieb, deren Fälle zur Anzeige gebracht worden waren. Für das Jahr 2007 waren 203 Fälle von Vergewaltigung und Kindesmissbrauch notiert, für 2008 229. Diese Woche waren es schon fünf gewesen. Unter anderem der Fall von Maman Marie-Jeanne, einer Freundin von Munyole aus Kriegszeiten. Marie-Jeanne war über den Kongo hinaus bekannt geworden, weil sie ihre Geschichte ausländischen Filmteams erzählt hatte. Bei einem Überfall hatten Hutu-Milizen erst ihren Mann getötet, seine Leiche zerstückelt und sie dann mehrfach vergewaltigt. Marie-Jeanne schaffte es mit schweren Verletzungen ins Panzi-Krankenhaus, kam dort wieder auf die Beine, sprach in die Kameras, sogar vor dem Parlament in Kinshasa über die Vergewaltigungen im Krieg, über die Täter, über den Terror. Nicht nur gegen Frauen, sondern gegen die gesamte Zivilbevölkerung.

Major Munyole zeigte ein Foto, auf dem sie und Marie-Jeanne vor dem Parlamentsgebäude zu sehen waren. Eine kleine, ältere Frau, die lachte. Nach ihrem Auftritt in Kinshasa ging Marie-Jeanne zurück nach Kabare, ihre kleine Heimatstadt, unweit von Bukavu, wo sie auf dem Markt Holzkohle verkaufte. Die beiden verloren sich aus den Augen.

Bis sie vor drei Tagen plötzlich in Munyoles Büro stand. Ein Mann war nachts in ihre Hütte eingebrochen, hatte sie vergewaltigt und war unerkannt entkommen. »Sie konnte kaum reden«, sagte Munyole, »ihr Gesicht war wie eine nasse Wand. Es liefen einfach nur Tränen, Tränen, Tränen.«

Munyole brachte Marie-Jeanne ins Krankenhaus und nahm die Anzeige auf. Der Täter würde vermutlich nie gefasst werden. »Sie braucht eine Therapie«, sagte ich, »sie braucht jemanden, der sie psychologisch betreut.« Die Polizistin sah mich an, wie man ein Kind ansieht, das irrwitzige Weihnachtswünsche aufzählt. Es gab so gut wie keine Therapeuten, Psychologen oder Behandlungszentren für Traumatisierte. Es gab in diesem Land mit seiner Geschichte von Menschheitsverbrechen, Kriegen und Dauerkrisen nicht einmal ein Wort für »Trauma« in den einheimischen Sprachen, keinen erklärenden Begriff für das Zittern, das Stottern, die Schweißausbrüche, die Alpträume, Schmerzattacken, Depressionen jener, die Massaker mit angesehen, Folter erlitten oder auf der Flucht in die Wälder halb wahnsinnig geworden waren. Ihre Erinnerungen, ihre Traumata blieben im alltäglichen Überlebenskampf um Essen, Wasser und ein paar Franc verschüttet. Aber wenigstens die Worte der vergewaltigten Frauen wurden nun gehört – und sie beschrieben mit erschütternder Schärfe, was Jean Améry einst mit »zerstörtem Weltvertrauen« gemeint hatte. »Gott war ziemlich weit weg«, hatte Maman Zawadi gesagt. »Die Welt ist jetzt ohne mich«, so beschrieb eine andere Patientin im Panzi-Hospital die Tatsache, dass sie überlebt hatte.

Honorine Munyole schlug das blaue Heft auf, zeigte mit dem Finger auf die Zeile, in der sie Marie-Jeannes Fall notiert hatte. Es war schon der fünfte in dieser Woche. Ein gutes Zeichen, sagte sie, dass sich jetzt mehr Frauen trauten, zur Polizei zu gehen.

Munyole war früher einmal Lehrerin gewesen. Bei Kriegsbeginn 1996 schien ihr dieser Beruf mit zu wenig Autorität und Wehrhaftigkeit versehen. Also sattelte sie um auf Polizistin, stieg auf bis zum Major, was im Kongo für Frauen nicht an der Tagesordnung, aber auch nicht außergewöhnlich ist. Sie verdiente im Monat 21 Dollar – vorausgesetzt, die Gehälter wurden bezahlt. »Nein, in meiner Abteilung nimmt keiner Bestechungsgelder«, erklärte sie ungefragt, als hätte sie meine Gedanken erraten.

Major Honorine Munyole mit einem Kollegen und zwei Straßenkindern

Honorine Munyole als »resolut« zu bezeichnen, wäre eine Untertreibung. Klein, gedrungen, markantes Kinn, breites Kreuz, kräftige Stimme, dazu ein Henna gefärbter Lockenkopf. Ihren Ruf begründete sie vor vier Jahren, als sie den Bruder des damaligen Polizeichefs wegen Vergewaltigung festnehmen ließ. Daraufhin ordnete der Chef ihre Verhaftung an. Munyole schloss sich in ihrem Büro ein und alarmierte per Handy das Innenministerium in Kinshasa, die Abteilung für Menschenrechte der UN-Mission in Bukavu, den Vertreter der EU, UNICEF und Radio Okapi, den von der UN aufgebauten landesweiten Sender. Der Showdown dauerte mehrere Stunden.

»Wer hat gewonnen?«, fragte ich.

»Ich natürlich«, rief sie und haute sich lachend auf die Schenkel. »Ich bin noch da, wie Sie sehen. Aber der Polizeichef ist nicht mehr Polizeichef. Und sein Bruder hat fünf Jahre gekriegt.« Leider sei er nach nur zwei Jahren Haft bei einem Massenausbruch entwischt.

Honorine Munyole hatte meistens zwei Sekundanten an ihrer Seite, die Kommissare Paul Mundibura und Innocent Baguma. Beide rezitierten die Parolen gegen sexuelle Gewalt mit der Entschlossenheit und Inbrunst eines Zeugen Jehovas. »Ein echter Mann zwingt keine Frau zur Liebe.« Mit diesem Sendungsbewusstsein hielten Munyole, Mundibura und Baguma Vorträge in Schulen, in Kirchengemeinden, vor Soldaten und Polizisten aus anderen Einheiten. Sie erklärten die Gesetzeslage – »fünf bis zwanzig Jahre für Vergewaltigung, und dazu noch Gottes Strafe«. Sie verrichteten Bürodienst, begleiteten Vergewaltigungsopfer zur Untersuchung ins Krankenhaus und zur Beratungsstelle von VOVOLIB. Und sie gingen auf Streife, wenn jemand Auto und Benzin stellte.

120 Dollar hatte mich die Miete für den verbeulten Geländewagen samt Fahrer und Tankfüllung gekostet. Bukavu war teuer wie alle Krisenstädte, in denen die Heerschar der internationalen Helfer sich niedergelassen und die Preise in die Höhe getrieben hatte.

Unsere Patrouille begann gegen 21 Uhr. La Bôte und Centreville, die Verwaltungs- und Handelsviertel der Stadt, lagen im Dunkeln, abgesehen von einigen glühenden und kokelnden Müllhaufen gab es keine Straßenbeleuchtung. Wir fuhren Richtung Hafen vorbei an den leeren Marktständen, wo sich in einigen Stunden die Straßenkinder um Schlafplätze raufen würden. Links waren die Umrisse des Zentralgefängnisses zu erkennen, dann rumpelten wir über Schlaglöcher und Schlammrinnen durch das »Industrieviertel«, in dem es nicht mehr allzu viel Industrie gab, nach Kadutu. Kadutu ist, wie man im schönsten Soziologendeutsch sagen würde, ein »sozialer Brennpunkt«. Links und rechts glitten Schatten und Schemen der Erdnussverkäuferinnen, Telefonkartenhändler und Benzinverkäufer an uns vorbei. Öllampen tauchten die Szenerie in ein gelbliches Licht, hell genug für Major Munyole, um vor einem Schuppen mit dem scheinbar unverdächtigen

Namen »Club Internet« wie von der Tarantel gestochen aus dem Wagen in das Gewusel zu springen und Sekunden später mit einem wütend um sich schlagenden Mädchen am Kragen wieder ins Auto zu steigen. Yvonne war vierzehn, bereits merklich angetrunken, vermutlich auch bekifft. An der lokalen Hanfproduktion verdienten diverse Milizen viel Geld. Yvonne hatte nicht die geringste Lust, sich die Moralpredigt der Polizisten anzuhören. Sie pöbelte, rülpste, kicherte und gab erst Ruhe, als Kommissar Baguma ihr einen gerösteten Maiskolben kaufte, wahrscheinlich ihre einzige Mahlzeit an diesem Tag. Dann sprang sie aus dem Wagen und verschwand wieder im Club.

»Sie ist vor anderthalb Jahren von einer Gruppe Männern vergewaltigt worden«, sagte Munyole. »Jetzt hat sie ein Kind und flippt völlig aus. Besäuft sich, prostituiert sich.« Ohne richterlichen Beschluss könne sie nichts machen. Weder den Club durchsuchen noch das Mädchen von der Straße holen. Und selbst wenn, wohin sollte sie sie bringen?

Weiter ging's zum »IXEL«, einer offenbar sehr populären Adresse. Munyole und ihre beiden Kommissare gingen hinein, um nach minderjährigen Mädchen zu suchen. Ich erhielt Order, im Wagen zu bleiben. Ein weißes Gesicht in Begleitung der Polizei würde einen mittleren Aufruhr auslösen. Nach fünfzehn Minuten kamen sie zurück, Mundibura notierte die Namen der angetroffenen Prostituierten: Celine, Veronique, Claudette – alle längst aktenkundig, keine älter als fünfzehn.

»Kommen Blauhelme hierher?«, fragte ich.

»Aber nicht doch«, sagte Baguma, »Kadutu ist denen zu dreckig. Die gehen in die Clubs von La Bôte oder an der Straße zum Flughafen.«

Nächster Stopp war das »Negrita«. Munyole hatte eine Kassette mit Kirchenliedern eingelegt und summte vor sich hin. Das »Negrita« war ein kaum beleuchteter verdreckter Schuppen, in dem ich niemals einen Nachtclub vermutet hätte.

Wer hineinwollte, musste auf einem wackeligen Brett über die offene Kanalisation und dann am Türsteher vorbei balancieren. Dieses Mal beobachteten alle das Geschehen durch die Autofenster. »Zu gefährlich«, sagte Munyole. Neulich hatte ihr ein Zuhälter bei einem Kontrollgang mit einem Faustschlag die Brille zertrümmert. In diesem Moment fiel mir auf, dass die Mitarbeiter des »Büro für Kinderschutz und für den Kampf gegen sexuelle Gewalt« keine Waffen trugen.

Gegen ein Uhr morgens fuhren wir zurück nach La Bôte. Letzter Stopp war das »Michopo«, ein gehobeneres Etablissement, das seine Besucher im Eingangsflur mit einer großen Kondom-Reklame empfing. »*Préservatifs à tous les coups* – ein Präservativ für jedes Mal.«

Im »Michopo« räkelten sich auf Hochglanzpostern weiße Paare in Reizwäsche. Die Sitzbänke waren versifft, das Bier kostete 2,50 Dollar. Auf der Tanzfläche tobten sich ausschließlich Männer aus. Die Mädchen waren bei unserem Anblick durch einen Hinterausgang verschwunden. Munyole bestellte eine Runde Limonade und wippte zum Rhythmus der Musik mit ihren Knien. Baguma und Mundibura beobachteten pikiert ihre tanzenden Geschlechtsgenossen, die in eindeutigen Posen das Becken kreisen ließen.

Gegen zwei Uhr morgens lieferte ich die Kommissare und Major Munyole vor ihren Haustüren ab. Honorine Munyole wohnte gleich neben dem Polizeikrankenhaus. Zwei Zimmer, Plumpsklo im Garten, die beiden halbwüchsigen Söhne kümmerten sich um die zweijährige Gloria, ein Waisenkind, das sie adoptiert hatte. Die Dienst habende Krankenschwester war eine Freundin, Munyole wollte noch ein paar Minuten tratschen. Vielleicht wollte sie mir auch nur die ganze Misere ihres Berufsstands vorführen. Das Polizeikrankenhaus bestand aus zwei Sälen, sechs verrosteten Bettgestellen, Matratzen mit Flecken in allen Brauntönen. Keine Medikamente, keine Geräte, für das Anlegen von Infusionen hatte jemand aus Holzlatten einen Tropfhalter gezimmert. Zwei von Munyoles Kollegen, die an Malaria erkrankt waren, dösten fiebernd in den nahen Morgen. Die ganze Station stank erbärmlich.

Am nächsten Tag lieferte ich in Munyoles Büro einen Packen Schreibpapier und ein Dutzend Kugelschreiber ab. Sie grinste. »Na«, sagte sie, »das reicht doch für ein paar Monate.«

Nach dieser nächtlichen Patrouillenfahrt habe ich Bukavu noch zwei Mal besucht, zuletzt im Sommer 2010. Major Munyole leitete immer noch das »Büro für Kinderschutz und für den Kampf gegen sexuelle Gewalt«. Sie hatte immer noch keinen Streifenwagen, aber zwei Funkgeräte.

Jean-Paul Ngongo und VOVOLIB waren in ein größeres Büro gezogen. Er hatte zwischendurch wieder Todesdrohungen bekommen und Polizeischutz erhalten, was im Kongo nicht unbedingt Anlass zur Beruhigung gibt. Aber, sagt Ngongo, es gebe solche und solche Polizisten.

Die Hutu-Miliz der FDLR war nach mehreren Armeeoffensiven nicht geschlagen, aber geschwächt. Den Preis für diesen Erfolg zahlten Zivilisten in den Dörfern, die Opfer von Vergeltungsaktionen wurden. Vergeltung, das bedeutet oft auch: Vergewaltigung.

In Bukavu traten sich inzwischen ausländische und einheimische Organisationen auf die Füße, die allesamt die Hilfe für vergewaltigte Frauen auf ihre Fahnen geschrieben hatten. Manche leisteten heroische Arbeit, bei anderen schien die Absicht besser als deren Umsetzung und der Fuhrpark größer als der Aktionsradius. Er wolle ja nicht undankbar sein, bemerkte einer meiner kongolesischen Bekannten, »aber es gibt hier auch Menschen mit großen Problemen, die nicht vergewaltigt worden sind«.

UN-Blauhelme fuhren inzwischen in Absprache mit Dorfgemeinden Sonderpatrouillen an Markttagen, wenn besonders viele Frauen unterwegs waren.

Im Panzi-Hospital war die Zahl der akut missbrauchten

Kongolesischer Soldat in Kamituga, Süd Kivu

Opfer zurückgegangen. Dafür kamen jetzt mehr Patientinnen, deren Vergewaltigung und Verstümmelung mehrere Jahre zurücklagen, die aber nie medizinisch versorgt worden waren. Und es kamen immer häufiger Männer. Viele ließen sich allenfalls notdürftig behandeln und verschwanden sofort wieder. Keiner sollte erfahren, dass und warum sie im Panzi-Hospital waren.

Im Herbst 2010 veröffentlichte die UN-Hochkommissarin für Menschenrechte einen 550 Seiten umfassenden Bericht über die beiden Kongo-Kriege, das Ergebnis von jahrelangen Recherchen mehrerer Ermittlerteams. Es war die erste umfassende, wenn auch keineswegs vollständige Dokumentation der Kriegsverbrechen dieser Jahre.

Bukavu, Goma, Bunyakiri, Kasika, Hombo, Kamituga, Kabare, Sake, Walikale – in beiden Kivu-Provinzen existierte kaum ein Ort, in dem nicht irgendwann Häuser oder Hütten in Flammen gestanden, Leichen auf den Straßen gelegen hatten. Hier ein Massaker mit 300 Toten, dort 70 Menschen in ihren Hütten verbrannt, ein paar Kilometer weiter Frauen, Kinder und Greise erschlagen, dann wieder ein Krankenhaus überfallen, ein paar Dutzend Flüchtlinge erschossen. Und hier und da ein kleines Srebrenica, bei dem die Männer aussortiert und exekutiert wurden. Der Report bietet eine Lektüre des Grauens. Aber er legt eben auch Zeugnis ab. Die Opfer erhalten, wenn schon keine Namen, so doch den Schattenriss einer Identität, die Täter sind zumindest als Gruppe auszumachen. Zu ihnen zählen ugandische Soldaten, burundische Einheiten, angolanisches Militär, vor allem aber ruandische Truppen und die Rebellen um Laurent-Désiré Kabila. Ihnen werfen die Ermittler systematische Massaker an Mittätern des Völkermords 1994 in Ruanda und an Abertausenden von Hutu-Zivilisten vor. So systematisch, dass sie laut UN-Bericht vor einem ordentlichen Gericht den Tatbestand eines Genozids erfüllen könnten. Es wäre der zweite in der Region innerhalb von nicht einmal fünf Jahren.

Das Land der Gräber. »Was haben Sie mit den Toten gemacht?«, hatte ich einmal einen Pfarrer in Süd-Kivu gefragt, in dessen Kleinstadt pro-ruandische Truppen als »Strafaktion« ein Massaker an der Zivilbevölkerung angerichtet hatten. »Einige liegen unter Ihren Füßen, Madame«, hatte er geantwortet, und ich war erschrocken von einer Zementplatte aufgesprungen, die aussah wie das Fundament für ein kleines Haus.

Seine Kleinstadt liegt an der Straße nach Bukavu, sie ist erreichbar für das »*le véhicule des fous*«. Das »Auto der Verrückten« gehört dem *Centre Sosame*, einer kleinen Klinik in Bukavu für die Behandlung von Traumatisierten, der einzigen in der ganzen Provinz. Ihre Patienten, um die 200 pro Jahr, sammeln die Mitarbeiter des *Centre Sosame* bei ihren Fahrten über die Dörfer mit dem *véhicule des fous* ein. In den Dorfgemeinschaften hat man nicht viel Geduld mit den »Verrückten«, mit denen, die stottern, nachts schreien, stundenlang vor sich hinstarren oder plötzlich Panikattacken bekommen. Wer den Krieg physisch überlebt hat, so sagen sie in den Dörfern, soll nicht schreien, sondern Gott danken. Und zusehen, wo er das Essen für den nächsten Tag herbekommt.

Die meisten »Verrückten«, die in das Auto des *Centre Sosame* steigen, kommen einige Wochen oder Monate später wieder nach Hause. Nicht geheilt, weil es eine endgültige Heilung nicht gibt. Aber ihre Hände sind ruhiger, die Alpträume weniger geworden. Manche haben Tabletten dabei und können sich selbst beruhigen. Und sie haben ein Wort für ihren Zustand gefunden: *Ugomjwa wa kichwa*. Das bedeutet auf Swahili »die Krankheit des Kopfes«. Die Krankheit des Kopfes, in dem der Krieg nicht aufhört.

Die Pakistani von Walungu

Sie hatten Zeilen aus der letzten Predigt des Propheten gewählt. »Alle Menschen stammen von Adam und Eva ab. Kein Araber soll sich einem Nicht-Araber überlegen fühlen, kein Nicht-Araber einem Araber, kein Weißer einem Schwarzen, kein Schwarzer einem Weißen – außer in Gottesfurcht und guten Taten.« Also sprach Mohammed am neunten Tag des Monats Dhul-Hijjah im Jahr 632. Und so stand es nun in Arabisch, Englisch und Französisch auf einer großen Tafel auf einem Hügel in Walungu, Provinz Süd-Kivu. Nicht, dass es großen Eindruck gemacht hätte. Die wenigsten Bewohner von Walungu konnten gut genug Französisch lesen, um diesen Satz zu verstehen. Oder den folgenden: »Behandelt eure Frauen gut, seid gütig zu ihnen. Denn sie sind eure Partner und an euch gebunden.«

Die Fahrtzeit nach Walungu, rund 50 Kilometer südwestlich von Bukavu, hing von der aktuellen Zahl der Straßensperren ab. An diesem Tag waren es nur zwei gewesen, die erste ein grob gezimmerter Schlagbaum, die zweite eine Schnur zwischen zwei leeren Ölfässern, jeweils bewacht von Jungmännern in Polizei- und Armeeuniformen mit Kalaschnikows. Sie hatten – durchaus nicht unfreundlich – fünf Dollar Wegzoll verlangt, wobei einer sogar einen unleserlichen Quittungszettel der »Straßenkontrollbehörde Provinz Süd-Kivu« überreichte, deren Existenz mir nach meiner Rückkehr in Bukavu allerdings niemand bestätigen konnte.

Das pakistanische Bataillon der UN-Mission hatte sich einen ebenso strategisch günstigen wie pittoresken Ort ausgesucht: leicht erhöht und weit genug vom Wald entfernt, um gegen Überraschungsangriffe geschützt zu sein und einen spektakulären Ausblick auf das nächste Tal zu genießen. Gäbe es so etwas wie einen Pokal für den hübschesten UN-Stützpunkt, ich hätte ihn *PakBatt* in Walungu verliehen. Ein Musterbeispiel für Garten-, Landschafts- und Haarpflege. Die Blumenbeete wie mit dem Lineal gezogen, die Rasenflächen auf Daumenhöhe geschnitten. Die Einsatzfahrzeuge waren in Reih und Glied geparkt, die Offiziere trugen sauber gestutzte Schnauzbärte, viele der Feldwebel und Gefreiten einheitlich lange Vollbärte. Die Offiziersmesse sauber gefegt, ebenso der zementierte Aufmarschplatz. Es sei denn, nebenan startete gerade ein Hubschrauber.

Ich fragte Major Safdar Saeed, ob er schon mal eine deutsche Schrebergartenkolonie gesehen hätte. Er verneinte und öffnete mir galant die Tür zu seinem Jeep: »Madame, wir sind jetzt bereit für unseren Einsatz gegen die Rebellen.«

Hinter uns sprangen drei Kommandos auf die Ladefläche ihrer Toyota-Geländewagen, auf die Maschinengewehre montiert waren. Das Tor wurde aufgerissen, wir preschten über den Marktplatz Richtung Wald, vorbei an erschrockenen Händlerinnen, die beim Anblick einer rasenden Kolonne weißer UN-Fahrzeuge nur eines denken konnten: Irgendwo da draußen steckten wieder FDLR-Kämpfer. »Ich hoffe, wir lösen keine Panik aus«, sagte ich zum Major, dessen rundliches Gesicht mit Seehundschnauzbart unter dem hellblauen Helm einen eher unmartialischen Eindruck machte. Er winkte ab. »Keine Sorge, die Leute sind das gewöhnt.«

Ich mochte die pakistanischen Blauhelme. Nicht so sehr wegen ihrer Blumenbeete. Sondern weil sie einen ungewöhnlichen Idealismus bei ihren Einsätzen als *Peacekeeper* an den Tag legten. Sie waren stolz darauf, Blauhelme zu sein.

Über die Jahre hatte ich auf meinen Kongo-Reisen Angehörige aus den verschiedensten Ländern der UN-Truppe kennen gelernt. In Bunia hatten redselige Marokkaner ihr Schwätzchen mit mir auch dann ungerührt fortgesetzt, als ein kongolesischer Soldat schießend einen Zivilisten am UN-Stützpunkt vorbeijagte. In Kinshasa hatten mir heimwehkranke Uruguayer erklärt, dass hinter jedem Kongolesen ein potenzieller Aufrührer stecke, und sich dann mit reichlich Bier nach Montevideo zurückgeträumt. In Goma erläuterten mir südafrikanische Blauhelme die Vorzüge kongolesischer Prostituierter. Und auf dem Flughafen von Kisangani erklärte mir ein ghanaischer UN-Soldat bei üblem Pulverkaffee, warum die Vereinten Nationen hier ihr Geld verschwendeten und der Kongo auf ewig das größte Krisenloch Afrikas bleiben werde: »Weil hier jeder jeden beklaut.«

Bei all diesen Männern handelte es sich um durchaus nette Kerle, und vielleicht hätte ich an ihrer Stelle nach mehreren Monaten Einsatz in einem Land, dessen Probleme mich eigentlich nichts angingen und deren Lösung weit außerhalb meiner Gestaltungsmöglichkeiten lag, ähnlich geredet. Aber da waren eben auch die Begegnungen mit den Pakistani. Die antworteten auf die Frage, warum sie sich mehrere tausend Kilometer von ihrer Heimat entfernt einen blauen Helm aufsetzten: »Weil es eine Ehre ist!«

Außerdem imponierten mir die Pakistani, weil sie in dem Ruf standen, »robust« zu agieren. *Robust operation* ist ein Euphemismus für die Bereitschaft zu schießen, Kampfhubschrauber einzusetzen, Städte gegen den Vormarsch von Milizen zu verteidigen und diese, wenn nötig, gewaltsam zu entwaffnen. Im Jargon der UN sagt man dazu *peace enforcement*. Gemeint ist die Erzwingung von Frieden, wenn das *Peacekeeping* nicht funktioniert, weil es keinen Frieden gibt, den man wahren könnte.

Meine Sympathie für robuste *Peacekeeper* erforderte allerdings ein gewisses Maß an Verdrängung. Außer den pakistanischen Truppen galten auch die indischen als leidlich »robust«. Die militärischen Qualitäten dieser beiden Streitkräfte beruhen vor allem darauf, dass sie auf dem indischen Subkontinent gegeneinander aufrüsten und im jeweils eigenen Land Aufständische bekämpfen. Beide Armeen sind nicht bekannt dafür, dass sie es mit dem humanitären Völkerrecht besonders genau nehmen.

All das wusste ich – und trotzdem wünschte ich mir einen robusten pakistanischen Einsatz gegen die Hutu-Milizen der FDLR. An diesem Tag jedoch, so viel war klar, würde er nicht stattfinden. Major Saeed hatte mich zu einem Manöver, nicht zu einem Ernstfall eingeladen. Und ich durfte mir auf keinen Fall anmerken lassen, dass ich die ganze Aktion etwas komisch fand.

Die Kommandos sprangen von ihren Wagen, sicherten die Staubpiste in alle Richtungen ab, duckten sich, sprangen nacheinander auf und liefen im Zickzack, Gewehr im Anschlag, in den Wald. Dann durchkämmten sie eine halbe Stunde lang das Gelände. In ihren Tarnuniformen waren sie zwischen Bäumen und Gebüsch tatsächlich kaum auszumachen. Wären da nicht die blauen Helme gewesen, die weithin sichtbar wie bunte Luftballons auf und ab hüpften. Hellblau, dachte ich, ist keine gute Farbe im Kampf gegen Rebellen.

Den Auftrag für Major Saeed und all die anderen Blauhelme hatte der Sicherheitsrat der Vereinten Nationen formuliert. Seit Beginn der Mission 1999 hatte es rund ein Dutzend solcher Resolutionen gegeben, und jede hatte der Truppe im Kongo zusätzliche Aufgaben aufgebürdet. UN-Resolutionen sind so spannend und konzise geschrieben wie pharmazeutische Beipackzettel und haben mehr mit den politischen Machtspielen der Sicherheitsratsmitglieder untereinander zu tun als mit der Situation im betreffenden Krisengebiet. Sie suggerieren oft eine Allmacht der Vereinten Nationen, die in keinem Verhältnis zu deren Personal und Ausstattung steht. Das Mandat für MONUC, so die französische Abkürzung für die UN-Truppe im Kongo, las sich wie eine lapidare Gebrauchsanweisung zur Rettung der Welt: Schutz der Zivilbevölkerung vor Kriegsverbrechen, Menschenrechtsverletzungen und sexueller Gewalt unter »Einsatz aller notwendigen Mittel« und »so weit die Kapazitäten es erlauben«; Unterstützung der Regierung beim Aufbau von Armee, Polizei und Justiz; Unterstützung der kongolesischen Armee bei Militäreinsätzen gegen Rebellen; Überwachung des Waffenembargos; technische und logistische Hilfe bei der Durchführung von Wahlen. Also, kurz und simpel: Krieg führen (ein bisschen wenigstens), Frieden schaffen, Staat aufbauen und Demokratie sichern. Das alles mit 20 000 Männern und Frauen in einem Land von der Größe Westeuropas und einer fast komplett zerstörten Infrastruktur.

Major Saeed schien diese Herkulesaufgabe nicht sonderlich zu beeindrucken. Erstens war sein Aufenthalt begrenzt – pakistanische Blauhelme rotierten alle sechs Monate. Zweitens fand er FDLR-Rebellen in den Kivu-Provinzen weit weniger bedrohlich als die Taliban im pakistanischen Grenzgebiet, die indischen Truppen in Kaschmir oder Aufständische in Belutschistan, mit denen er es in den 18 Jahren seiner Militärkarriere bislang zu tun gehabt hatte. Und, drittens, »haben wir ja schon mal eine Mission im Kongo erledigt«.

Der Kongo war tatsächlich das einzige Land, in das die UN über die Jahrzehnte ihres Bestehens zwei Mal Truppen entsandt hatten, um einen Frieden durch militärische Gewalt zu erzwingen. Die erste Mission hatte einen Buchstaben weniger gehabt: ONUC – *Opérations des Nations Unies au Congo*, Einsatz der Vereinten Nationen im Kongo. Und anders als ihre Nachfolger machten die Blauhelme damals sehr viel schneller von der Waffe Gebrauch.

In der Geschichte eines jeden Landes gibt es Bilder, die Vergangenheit, Gegenwart und Zukunft in einem Moment vereinen. Ein solches Foto schoss der deutsche Fotograf Robert Lebeck in Léopoldville am 30. Juni 1960, dem Geburtstag der Nation Kongo. Lebeck war der offenen Limousine gefolgt, in der Belgiens König Baudouin durch die Straßen rollte, um seinen kolonialen Untertanen ein letztes Mal gnädig zuzuwinken, bevor er sie in die Unabhängigkeit entließ. Als ein mit Jackett und Krawatte gekleideter Kongolese sich an den Wagen drängt und den Säbel des Monarchen an sich reißt, drückt Lebeck auf den Auslöser. Es ist vielleicht *das* Bild vom Ende des Kolonialismus in Afrika. Der Weiße verliert das Symbol seiner Macht, dem Schwarzen stehen gleichermaßen Triumph und Angst im Gesicht. Angst vor dem, was nun kommen mag.

Wenige Stunden später folgt der zweite Eklat, das zweite Fanal: Kongos junger Premierminister Patrice Lumumba konfrontiert einen vor Wut erstarrten belgischen Monarchen während der offiziellen Unabhängigkeitsfeier in einer Rede mit der Geschichte der kolonialen Ausbeutung, der Massenmorde an den Schwarzen, der Demütigung und des Rassismus. Das hat – vor laufenden Kameras und dem versammelten diplomatischen Korps – noch kein schwarzer Politiker gewagt.

Fünf Tage später meutern die Truppen der *Force Publique*, der kongolesischen Streitkräfte, nachdem ihre weißen Offiziere erklärt haben, dass die Unabhängigkeit nichts an den alten Herrschaftsverhältnissen in den Kasernen ändern würde. Keine Beförderungen, keine Aufbesserung des Solds, kein Ende der Schikane für die unteren Ränge. Es kommt zu Plünderungen und Angriffen auf Weiße. Belgien, gerade eben noch Kolonialherr, jetzt Invasionsmacht, schickt eigene Soldaten in das ganze Land, vor allem nach Katanga, der Rohstoff-Schatzkammer im Südosten des Kongo. Dort hat ein erklärter Lumumba-Gegner namens Moise Tshombe mit Brüsseler Rückendeckung die Sezession ausgerufen.

Wenige Tage später, am 12. Juli 1960, landet auf dem Schreibtisch des UN-Generalsekretärs Dag Hammarskjöld ein Telegramm aus Léopoldville. Kongos Premierminister Patrice Lumumba und Präsident Joseph Kasavubu bitten »mit extremer Dringlichkeit« um die Entsendung von UN-Truppen, um das Land gegen »einen Angriff von außen zu schützen« – und die Welt vor einer Bedrohung des internationalen Friedens. Gleichzeitig schickt Lumumba Hilferufe nach Washington und, zum großen Missfallen der US-Regierung, auch nach Moskau. Keine zwei Wochen nach seiner Unabhängigkeit steht der Kongo vor dem Zerfall und zwischen den Fronten des Kalten Kriegs. Und er rückt zum zweiten Mal nach der internationalen Kampagne gegen König Leopolds Privat-Gulag Anfang des 20. Jahrhunderts in den Mittelpunkt der Weltöffentlichkeit.

Was Interventionen in Kriegsgebieten betraf, so hatten die UN 1960 noch nicht allzu viel Expertise vorzuweisen. Die

Erfahrungen beschränkten sich auf eine sehr zaghafte *Peacekeeping*-Mission während der Suez-Krise sowie auf die Entsendung militärischer Beobachter in den Nahen Osten und nach Kaschmir zur Überwachung eines Waffenstillstands zwischen Indien und Pakistan.

Nun, in der Kongo-Krise, reagierten die Vereinten Nationen mit einem Tempo und einer Entschlossenheit, die einmalig bleiben sollten. Zwei Tage nach Eintreffen des Telegramms aus Léopoldville beschloss der Sicherheitsrat die erste einer Reihe von Resolutionen zur Entsendung von Truppen in den Kongo – vorgeblich auch, um eine Eskalation zwischen Washington und Moskau zu vermeiden. Keine zwei Wochen später waren die ersten 8000 Blauhelme aus Schweden, Ghana, Guinea, Marokko und Tunesien eingetroffen. Es folgten indische Bomberpiloten, äthiopische Ingenieure, nigerianische Infanteristen, außerdem zivile Verwaltungsfachleute aus Europa und den USA. Insgesamt fast 20 000 Mann. Sie sollten Sezessionisten bekämpfen, Flüchtlinge schützen, strategische Versorgungszentren der Aufständischen bombardieren, Brücken bauen, feindliche Radio-Sender ausheben, Schulen eröffnen, einheimische Soldaten trainieren und in Léopoldville den Verwaltungsapparat eines Staates mit aufbauen. Dessen einheimische Elite bestand zu diesem Zeitpunkt aus ein paar hundert miteinander zerstrittenen Vorkämpfern für die Unabhängigkeit und einigen Dutzend Absolventen einer Hochschule. Mehr hatte die »fürsorgliche« Kolonialmacht bis dahin nicht zugelassen. Gegen den Willen Lumumbas, der ausdrücklich keine internationale politische Vormundschaft wollte, hatten die UN sich das ganze schizophren erscheinende Programm aus Aufstandsbekämpfung und Staatsaufbau, aus Krieg und Frieden auferlegt. Jahrzehnte später sollte diese Strategie unter den englischen Schlagworten *counterinsurgency* und *nationbuilding* die NATO in Afghanistan zur Verzweiflung bringen. Und die Afghanen.

Im Vergleich dazu erscheint die erste UN-Intervention im Kongo wie eine gelungene Blitzmission. Innerhalb von drei Jahren hatten die UN den Abzug der belgischen Truppen erzwungen, ausländische Söldner vertrieben, die Sezession in Katanga niedergeschlagen – und dabei aus allen Rohren geschossen. Artillerie, Kampfhubschrauber und Luftwaffe kamen zum Einsatz, und im New Yorker Hauptquartier jagte eine Krisensitzung die nächste. Es hagelte Kritik an den Kampfhandlungen. Eine UN, die feuern ließ, passte weder in das Koordinatensystem des Ost-West-Konflikts noch in das Selbstbild der Organisation als Friedenstifter.

250 UN-Angehörige kamen ums Leben, darunter am 18. September 1961 UN-Generalsekretär Dag Hammarskjöld bei einem Flugzeugabsturz, um dessen Ursachen sich bis heute Verschwörungstheorien ranken. Hunderte von Kongolesen wurden getötet, viele katangische Kämpfer, aber auch Zivilisten. Das Wort »Kollateralschaden« existierte damals noch nicht. Zivile Opfer waren – zivile Opfer. Äthiopische Blauhelme feuerten rücksichtslos auf Autos, die nicht sofort an einer Straßensperre hielten; indische Bomberpiloten zerstörten Brücken und Eisenbahnlinien; schwedische Truppen lieferten sich in Élisabethville, dem späteren Lubumbashi, einen Häuserkampf mit katangesischer Gendarmerie.

Als die letzten Blauhelme am 30. Juni 1964, dem vierten Jahrestag der Unabhängigkeit, wieder abzogen, hatte man im Sicherheitsrat und im Sekretariat der UN jede Lust auf *peace enforcement*, auf weitere »robuste« Operationen, verloren. Aber ONUC ging in die Geschichtsbücher als Erfolg ein: Die territoriale Integrität eines Landes war bewahrt worden. Die große Gefahr, dass mit der Entkolonialisierung Länder zerfallen und Grenzen neu gezogen würden, war gebannt.

Im Einsatzzentrum des pakistanischen Stützpunktes in Walungu, bestehend aus dem üblichen weiß gestrichenen Container-Büro, hingen Fotos der Kongo-Missionen damals und heute: UN-Ingenieure bei der Einweihung einer Brücke 1962, UN-Ingenieure bei der Einweihung eines Straßenabschnitts 2009; pakistanische Einheiten beim Fahnenappell damals, pakistanische Einheiten bei einer Ordensverleihung heute. ONUC war die Premiere des pakistanischen Militärs bei UN-Einsätzen. Im Vergleich zu Indien war ihr Beitrag damals eher klein. Aber wenn der Nachbar und Erzfeind sich unter hellblauer Fahne profilieren durfte, konnte man selbst nicht länger zurückstehen. Mitten in Afrika eröffneten Delhi und Islamabad damals ein zweites – man kann sagen: konstruktives – Wettrüsten: Das um die besten *Peacekeeper*.

Jetzt, über vierzig Jahre später, war die Kaschmir-Krise immer noch nicht gelöst, beide Länder bedrohten sich inzwischen mit Atomwaffen. Aber im Kongo standen sie wieder Seite an Seite: Die Pakistanis waren militärisch für Süd-Kivu zuständig, die Inder für Nord-Kivu. »Wir arbeiten einwandfrei zusammen«, sagte Major Safdar Saeed. »Die sind Profis, wir sind Profis.« Er verkniff sich jede Anspielung auf die Rolle indischer Blauhelme in diversen Skandalen, darunter illegale Rohstoff-Deals mit kongolesischen Rebellen und Prostitution mit Minderjährigen. Denn ähnliche Vorwürfe waren auch gegen Landsleute von Safdar Saeed laut geworden.

For Peace We Serve – Dem Frieden dienen wir. Dieses Einsatzmotto hatten die Pakistani in Walungu an die Mauer hinter der Offiziersmesse geschrieben und mit der kongolesischen und pakistanischen Landesfahne eingerahmt. Fragte man die Händlerinnen auf dem Markt nach dem Ansehen der Bärtigen mit den blauen Helmen, so setzte ein Chor aus verächtlichem Zischen und Klagen ein. »Sie hocken nur hinter ihren Mauern!« Was nicht stimmt. »Sie schützen uns nicht vor der FDLR.« Was stimmte und dann auch wieder nicht. »Sie wollen doch nur unsere Bodenschätze!« Was Unsinn war, der aber durch besagte Schmuggel-Skandale Nahrung erhalten hatte. Aber den Abzug der Blauhelme wollte keine der Frauen. »Dann wird alles noch schlimmer.« Einen UN-Stützpunkt in der unmittelbaren Nachbarschaft zu haben, bedeutete relative Sicherheit vor Überfällen durch Rebellen. Gefährdet waren die kleineren Dörfer im Hinterland, die mit Autos und Hubschraubern nicht zu erreichen waren.

Die Ambivalenz der Marktfrauen war symptomatisch für den Fluch und den Segen der UN im Kongo, für dieses Wechselspiel aus schlimmem Versagen und Verhinderung des Schlimmsten. Die erste Mission Anfang der 60er Jahre war ein Erfolg und beinhaltete gleichzeitig die Mitschuld an einem Verbrechen mit historischen Folgen: die Entmachtung und Ermordung Patrice Lumumbas, Kongos erstem demokratisch gewählten Premierminister im Januar 1961, ausgeführt durch katangesische Sezessionisten und belgische Sicherheitsdienste, ausdrücklich gebilligt durch die USA, stillschweigend hingenommen durch die UN-Führung in New York und im Kongo. Mobutu hieß damals schon der neue starke, vom Westen abgesegnete Mann. Der gewaltsame Tod des ersten demokratisch gewählten, aber für belgische wie amerikanische Interessen unberechenbaren Premierministers Lumumba galt als bedauerliches, aber vertretbares Opfer.

Als der Sicherheitsrat Ende 1999 zum zweiten Mal Blauhelme in den Kongo entsandte, schlitterten die UN nicht in eine von anderen verursachte Krise, sondern in ein Katastrophengebiet, an dessen Verheerung sie Mitschuld trugen. Dem Genozid 1994 in Ruanda hatte man in New York ebenso tatenlos zugesehen, wie der Flucht der Täter in den Ostkongo, wo sie sich wieder aufrüsteten und zwei Kriege mit auslösten. Und als die Blauhelme schließlich eintrafen, stabilisierten sie in den Kivus keinen Frieden, sondern waren zunächst völlig überfordert von dem latenten Dauerkonflikt zwischen kongolesischen

Tutsi-Rebellen, Hutu-Milizen und der restlichen Buchstabensuppe bewaffneter Fraktionen. Beim Überfall der Tutsi-Rebellen des CNDP 2004 auf Bukavu hatten sich die Blauhelme in ihren Stützpunkten verbarrikadiert, was wütende Demonstrationen gegen die UN nach sich zog. Ich konnte den Zorn der Marktfrauen von Walungu gut verstehen, Major Safdar Saeed nicht. 2004 waren in Bukavu vor allem uruguayische UN-Soldaten stationiert, deren Ruf notorisch schlecht war. Major Saeed verkniff sich höflich jeden Kommentar, aber mit Uruguayern wollte er offensichtlich nicht verglichen werden. Zweitens war das Mandat inzwischen »robuster« geworden. Pakistanische Einheiten hatten 2005 in einer ersten richtigen Schlacht über 50 Rebellen im Nordosten des Kongo getötet, was als Auftakt für eine härtere Gangart gesehen wurde. Ein Jahr später brachten indische Einheiten dem CNDP eine Niederlage bei, als der auf Goma marschieren wollte. Saeeds pakistanisches Bataillon hatte es in Süd-Kivu nun vor allem mit der FDLR zu tun, und der militärische Respekt des Majors für diesen Gegner hielt sich in Grenzen. Die FDLR mied direkte Konfrontationen mit den Blauhelmen, verlegte sich auf Strafaktionen gegen Dörfer, die sie der Kollaboration mit den UN-Truppen oder der kongolesischen Armee beschuldigte. Sie besaß immer noch eine strenge militärische Hierarchie. Aber immer häufiger liefen den Pakistanis nun Deserteure in die Arme, junge ruandische Hutu, die direkt aus den kongolesischen Flüchtlingscamps rekrutiert worden waren und die Nase voll hatten vom Leben in Buschcamps und von der Endsieg-Propaganda ihrer Führer.

Für Major Safdar Saeed und seine pakistanischen Kameraden war die FDLR ein »militärisch lösbares« Problem, zumal sie, anders als die Taliban daheim, weder ferngezündete Sprengsätze legte noch Selbstmordattentäter schickte. Aber *PakBatt* war hier nur Gast auf fremdem Territorium. Man stand unter UN-Kommando, hatte sich mit unzähligen Einsatzvorschriften herumzuschlagen und mit einem Verbündeten, der Teil des Problems, nicht der Lösung war: der kongolesischen Armee. Am meisten erschütterte die Pakistani nicht die Armut im Kongo, nicht die Gräueltaten der Rebellen und der kongolesischen Armee, sondern der Umstand, dass einheimische Soldaten vom benachbarten 1. Bataillon sie um Essen anbettelten. Daheim in Pakistan war die Armee eine quasiheilige Institution, ein Staat im Staat. Dass ein Generalstab seinen Soldaten regelmäßigen Sold, bewohnbare Unterkünfte, taugliche Waffen und sogar Nahrung vorenthielt, überstieg ihre Vorstellungskraft.

»Und jetzt zeige ich Ihnen unsere schnelle Eingreiftruppe«, sagte der Major und drückte auf die Stopp-Funktion seiner Armbanduhr. Von irgendwoher ertönte ein kurzes Alarmsignal, ein Dutzend Männer in Tarnanzügen sprang aus den Container-Baracken in die Einsatzwagen, die mit quietschenden Bremsen vor dem Tor des Stützpunkts zum Stehen kamen. »Zwei Minuten, zehn Sekunden«, sagte der Major, »und wir sind nach Meldung eines Überfalls auf dem Weg zum Tatort.«

Plötzlich fiel mir auf, dass in den Einsatzfahrzeugen etwas Entscheidendes fehlte: Kongolesen, die den Pakistani sagen konnten, wohin sie fahren mussten. Bei aller Wertschätzung für GPS-Geräte und pfadfinderische Fähigkeiten von Soldaten – ich wusste, wie schnell man im Kongo im falschen Dorf landen konnte.

»Wir haben zwei Übersetzer«, sagte Saeed. »Aber die haben heute frei.«

Was soll's, dachte ich. Der Tag war ruhig, kein Wölkchen am Himmel und wahrscheinlich kein FDLR-Kämpfer im Umkreis von fünfzig Kilometern. Aber die Frage der Kommunikation beunruhigte mich trotzdem. Die meisten Dörfler in der Region sprachen kein Französisch, sondern Swahili und ein oder zwei lokale Sprachen. Die unteren Ränge der pakistanischen Blauhelme sprachen nur Urdu, die Offiziere Urdu und Englisch. Ich malte mir aus, wie die panische Meldung eines Rebellenangriffs auf Swahili und per Handy ihren Anfang nahm, beim regionalen UN-Hauptquartier in Bukavu landete, über eine krächzende Funkverbindung in eine französische Kurzform umgewandelt wurde, dann eine eher rudimentäre englische Übersetzung erfuhr und schließlich auf Urdu die Ohren der *Peacekeeper* erreichte. Eigentlich war es ein Wunder, dass in diesen babylonischen UN-Missionen überhaupt etwas funktionierte. Dass dieser Wanderzirkus für den Weltfrieden in einem Land wie dem Kongo Wahlen organisiert hatte (wenn auch mit höchst unbefriedigendem Ausgang). Dass Saeeds Kollegen einige Kilometer weiter südlich gerade kongolesischen Einheiten eine Grundausbildung verpassten, die ihrerseits aus Angehörigen verschiedener und oft verfeindeter Gruppen mit verschiedenen Sprachen zusammengesetzt waren. Es war ein kleines Wunder, dass die Pakistani inzwischen wussten, welcher Markt an welchem Wochentag geschützt werden musste; welche Schule ein neues Dach brauchte und wie der lokale traditionelle Chef oder »König« hieß: »Ngweste Ndutabaye Weza III.«, sagte Saeed, und seine Aussprache hörte sich durchaus kongolesisch an. »Wir hatten ihn schon zum Abendessen hier auf dem Stützpunkt.«

Seine Hoheit hatte sich bei den Bärtigen für ihren Einsatz bedankt und aufmerksam die Zeilen des Propheten gelesen. Nur die Sache mit den Ochsen hatte er offenbar nicht ganz verstanden.

Unter den pakistanischen Gefreiten und Unteroffizieren befanden sich mehrere Bauernsöhne. Ihnen war aufgefallen, dass die Kongolesen – genauer gesagt: die Kongolesinnen – auf der fruchtbaren Erde Walungus von Hand Furchen zogen und säten. Und ihnen war aufgefallen, dass es in Walungu Rinder gab. In ihrer Heimat Pakistan wurde der Acker mit Ochsen und Pflug bestellt. Wenn sie schon dem Treiben der

FDLR kein Ende bereiten konnten, so wollten sie wenigstens der kongolesischen Landwirtschaft einen kleinen Modernisierungsschub verpassen. Sie ließen aus der Heimat einen Pflug kommen und brachten einigen Kongolesen den Umgang mit diesem Gerät bei. Und mit dem Ochsen. Vermutlich war ihnen entgangen, welche Bewandtnis es im Ostkongo mit Rindern, Menschen und dem Krieg hatte. Der Konflikt um die Ressource Land zwischen Bauern und Viehzüchtern zieht sich durch diese Region wie ein Grabenbruch. Er prägt – neben anderen Faktoren – den mörderischen Konflikt zwischen bäuerlichen Hutu und Vieh züchtenden Tutsi, er markiert oft soziale Hierarchien und Identitäten. Ungelöste Landkonflikte zwischen Bauern und Viehzüchtern waren ein Brandbeschleuniger in diesen Kriegen.

Der junge Kongolese, der zu meinen Ehren und auf Anordnung der Pakistanis recht leidenschaftslos neben dem Helikopter-Landeplatz mit Ochs und Pflug seine Kreise zog, besaß folglich eine Symbolkraft, die den Blauhelmen verborgen blieb: Ein Bauer machte sich das Heiligste des Viehhirten zu eigen. Ich zweifelte im Stillen an der Nachhaltigkeit dieser Entwicklungshilfe. Nicht nur wegen der Symbolik eines Ochsen vor dem Pflug. Landwirtschaft war Frauenarbeit. Und Neuerungen, die den Frauen das Leben erleichterten, brauchten nicht nur im Kongo sehr viel Zeit. Mehr Zeit als Major Safdar Saeed hatte.

Der war kurz nach meinem Besuch in seine Heimat zurückgekehrt. Womöglich kämpfte er nun wieder in Wasiristan gegen die Taliban oder in Belutschistan gegen Separatisten. Oder er stand an der Demarkationslinie in Kaschmir, immer den Todfeind Indien vor Augen, mit dessen Soldaten er in den Kivu-Provinzen so hervorragend zusammengearbeitet hatte.

»Verstehen Sie mich nicht falsch«, hatte er zum Abschied gesagt, »aber für uns ist der Kongo auch so etwas wie eine Atempause.«

Kapitel 4
Ein Katasteramt für Bukavu

Vom Versuch, Staat zu machen

Bukavu war über die Jahre meine zweite Hauptstadt geworden, mein ostafrikanischer Gegenpol zum westafrikanischen Kinshasa. Die Bewohner Bukavus haben keine hohe Meinung von Kinshasa. Die Ostkongolesen sind der Ansicht, die Elite in Kinshasa sauge die Provinzen aus, um das Geld zu verprassen, und habe keinerlei Vorstellung vom Leid, das der östlichen Zivilbevölkerung durch Kriege und anhaltende Rebellenangriffe zugefügt werde. Beide Klagen sind durchaus berechtigt und verschärfen den ohnehin schon großen Graben zwischen Westen und Osten.

Zwischen Bukavu und Kinshasa liegen 1500 Kilometer, vier Provinzen, unzählige ethnische Gruppen und eine unsichtbare, aber hörbare Grenze: der Westen spricht Lingala, der Osten Swahili. Weil durch den Verfall des Schulsystems immer weniger Kongolesen die Kolonialsprache Französisch beherrschen, wird diese Barriere immer höher. Hin und wieder prophezeit der eine oder andere ausländische Afrika-Experte, das Land könne eines Tages auseinanderbrechen, was sofort eine hitzige Debatte in Fachkreisen auslöst. In Kinshasa schmückt eine der Tagszeitungen ihre Titelseite mit der immer gleichen Parole »*Non à la Balkanization de la RDC*«, »Nein zur Balkanisierung des Kongo«, die sich gegen Tutsi richtet und auf der Verschwörungstheorie beruht, das kleine, extrem dicht besiedelte Ruanda suche im Ostkongo nach Raum für's eigene Volk.

Ich selbst hatte auf meinen Reisen nicht das Gefühl, durch ein auseinanderbrechendes Land zu fahren. Aber im Kongo, dem schon das physische Rüstzeug für ein nationales Gemeinwesen, zum Beispiel ein Straßennetz, fehlt, mag dieser Eindruck nicht viel Erkenntnis bringen. Zumal ich bald begriff, worauf das inbrünstige »*Mais je suis Congolais!* Aber natürlich bin ich Kongolese!« beruht, mit dem viele Gesprächspartner meine Frage nach ihrer Identität beantworteten. Kein Nationalstolz, sondern die Leidensgeschichte des Kongo stiftet ein Gefühl der Zusammengehörigkeit, was wiederum ethnische Vertreibungen und Pogrome innerhalb der eigenen Grenzen keineswegs ausschließt. Diese Leidensgeschichte ist ein riesiges chaotisches Mosaik aus persönlichen Erfahrungen des Krieges und der Plünderung, aus kollektiven Ängsten, historischen Verzerrungen und unzähligen Verschwörungstheorien über ausländische Mächte, die sich über den Kongo hermachen wollen. Denn für eine halbwegs solide und verantwortungsbewusste Geschichtsschreibung braucht es ein Minimum an staatlichen Strukturen: Universitäten, Forschungskommissionen, Gebäude für Bibliotheken, Schulen und Schulbücher, die diese Geschichte lehren. So betrachtet, ist der Kongo ein Land mit extrem viel nationalem Opfer und extrem wenig Staat.

Die Frage ist: Wie baut man staatliche Strukturen auf in einem Land wie dem Kongo, wo der Staat in der Erinnerung der meisten Bürger nie etwas anderes war als ein Räuber? Wie macht man Staat in einer Provinz wie Süd-Kivu, in der die Leute nicht wissen, ob sie schon in einer Nachkriegsära oder in einer Noch-Kriegsära leben?

»Straßen bauen, Menschenrechte respektieren, Justiz reformieren, das deutsche Schulsystem einführen, das Krankenhaus wieder aufbauen, die Landwirtschaft mit Mikrokrediten wiederbeleben«, sagte Kibala bei unserer ersten Begegnung. »Und natürlich ein funktionierendes Steuersystem aufbauen. Ohne Steuern geht gar nichts.«

Das war im Mai 2006 in Troisdorf, Bundesland Nordrhein-Westfalen, ein schöner rheinischer Sommer kündigte sich an, im Garten des Einfamilienhauses stolperte man über Spielzeug, im Wohnzimmer über Wahlplakate. Die zeigten den Hausherrn auf Hochglanzpapier mit offenem weißem Hemd und Schlagerstar-Lächeln vor dem zarten Hellblau der kongolesischen Nationalfahne. Darunter stand auf Swahili: »Für Frieden, Sicherheit und Wiederaufbau – wählt Kibala, Jean-Claude!«

Ein kurzer Artikel aus einer Lokalzeitung über einen »Kongolesen aus Troisdorf«, der ins kongolesische Parlament einziehen wollte, hatte mich neugierig gemacht. Nun saß er mir gegenüber, ein ziemlich großer und für einen Wahlkampf sehr leise wirkender Mann, der mir seine Biografie auf einem Wahlkampfflugblatt überreichte: Geboren am 3. Juni 1965 in Kamituga, Bezirk Mwenga, Provinz Süd-Kivu als ältestes von acht Kindern einer recht gut situierten Familie, der Vater leitender Verwaltungsangestellter bei einem Bergbauunternehmen, die Mutter Hausfrau. Schulabschluss, Studium in Kinshasa, 1985 Teilnahme an einer Protestkundgebung gegen Mobutu – »wir haben«, fügt er hinzu, »vor seiner Limousine eine Ladung verfaulter Bohnen auf die Straße gekippt« – zwei Tage Gefängnis. Eintritt in die Armee. Den Versuch, in den USA zu studieren, sabotiert der zairische Geheimdienst, aber man lässt ihn 1989 an die Bundeswehrakademie gehen. Er bleibt in Deutschland, schließt ein Studium als Ingenieur ab, heiratet eine Deutsche, wird Vater zweier Söhne, arbeitet beim Troisdorfer Tiefbauamt, dann beim Bauunternehmen *Bilfinger Berger* und bei der *Deutsche Bahn-AG*. Beteiligt am Bau der Hochgeschwindigkeitsstrecke zwischen Frankfurt und Köln und dem Bau der Metro in der algerischen Hauptstadt Algier.

Perfekt integriert, der Mann, dachte ich.

Und sehr heimatverbunden. Als Ende 1996 die ruandisch gesteuerte Rebellentruppe von Laurent Kabila gen Kinshasa marschierte, boten einige militärisch versierte Exil-Kongolesen der kongolesischen Armeeführung einen Deal an: Den Diktator stürzen, bevor Kabila die Hauptstadt erreicht und es möglicherweise zu einem Blutbad kommt. So erzählte es jedenfalls Kibala (es dauerte eine Weile, bis ich die Verwechslungsgefahr zwischen Kabila und Kibala in meinem Kopf gebannt hatte). Er, bei der Bundeswehr rundum ausgebildet, sei selbst nach Kinshasa gefahren, habe ukrainische Waffenlieferanten und »andere Abenteurer« kontaktiert, dann aber von dem Vorhaben Abstand genommen und sich vor Kabilas Einmarsch wieder nach Deutschland begeben.

Neun Jahre später überraschte er seine Frau Christiane mit der Ankündigung: »Ich will für das kongolesische Parlament kandidieren.«

»Das soll wohl ein Witz sein«, hatte sie geantwortet. Zwei Wochen später überreichte ihr Mann im Kongo die ausgefüllten Anmeldeformulare sowie die 250 Dollar Gebühr, um sich als Kandidat registrieren zu lassen.

Nun wollte er als Unabhängiger einen Abgeordnetensitz gewinnen, um dann das mehrstufige deutsche Bildungssystem in den Kongo zu bringen. Eine Mission, die nur mit einer Bauchlandung enden konnte. Dachte ich.

»Kann ich mitkommen?«, fragte ich.

»Wenn Sie wollen«, sagte er.

2006 war das Jahr, in dem man im Kongo Hoffnung spürte. Nach über vierzig Jahren Kleptokratie, zwei verheerenden Kriegen, nach einem zähen, hässlichen Friedensprozess, der in eine Übergangsregierung aus Kriegsherren mündete, sollten die Kongolesen endlich wählen. Die wirtschaftliche Lage hatte sich von »absolut katastrophal« auf »nicht mehr ganz so katastrophal« verbessert. Die internationalen Gläubiger, denen der Kongo auf Gedeih und Verderb ausgeliefert war, weil das Land die Schuldenlast von Mobutu, dem einstigen Liebling des Westens, abtragen musste, ließen sich auf einen Teilerlass der Schulden ein.

Der Frieden war weniger gewollt, als von außen erzwungen worden: Die USA unter der Bush-Administration wollte (anders als die Clinton-Regierung aus schlechtem Gewissen über die Washingtoner Tatenlosigkeit beim Genozid) ihrem Schützling Paul Kagame und seiner Brandstifter-Politik im Kongo keine *carte blanche* mehr ausstellen. Und Angola, militärische Regionalmacht im Westen, signalisierte seinem Verbündeten Joseph Kabila, der nach der Ermordung seines Vaters Laurent 2001 ins Amt gehievt worden war, dass es keine Lust mehr hatte, ständig der maroden kongolesischen Armee unter die Arme zu greifen.

Keine Seite konnte mehr gewinnen – das war der Hauptgrund für das Friedensabkommen, das die Kriegsherren im April 2002 unter Aufsicht des südafrikanischen Präsidenten Thabo Mbeki in der Luxus-Casinostadt Sun City unterzeichneten. Die Spesenrechnung muss ebenso imposant gewesen sein wie die Folgen. Der Ostkongo war, wie man schnell merkte, keineswegs befriedet. Doch das Land wurde langsam aber sicher vom Wahlfieber gepackt. Der UN-Mission gelang mit tatkräftiger Hilfe von Kirchen und Zivilgesellschaft ein mittleres Wunder. Sie organisierte erst die Abstimmung über eine neue Verfassung, registrierte dann 25 Millionen Kongolesen als Wahlberechtigte – ein logistischer Herkulesakt in einem Land von der Größe Westeuropas ohne Strom, Straßen und Melderegister. Manche Teams hatten sich mit Pirogen in die hintersten Urwalddörfer durchgeschlagen, um staunend mit der Frage empfangen zu werden. »Wahlen? Warum? Wo ist denn Mobutu?« »Tot«, sagten die Helfer dann, packten ihre Sonnenkollektoren, Drucker, Polaroidkameras und Laptops aus und stellten nach mühsamer Erhebung von Namen und Geburtsdaten laminierte Wahlausweise her. Für viele Kongolesen war es das erste offizielle Dokument, das ihre Identität bescheinigte. Und sie mussten niemanden dafür schmieren.

So sah in etwa die geostrategische und die nationale Großwetterlage aus, als Kibala und ich uns am 16. Juli 2006, zwei Wochen vor dem Wahltag, am Flughafen von Bukavu vor einer Propeller-Maschine trafen. Die Antonow 28, Baujahr 1972, sollte uns in das 120 Kilometer entfernte Kamituga bringen. Es gab eine Straße, doch erstens erzwang deren Zustand eine Reisezeit von bis zu vier Tagen, zweitens standen mehrere Abschnitte unter der Kontrolle von Hutu-Rebellen der FDLR. Kibala hatte die vergangenen Wochen nicht mehr allzu viel geschlafen, hatte sein Wahlkampfkomitee vor Ort aufgestellt, einen Medikamententransport für das örtliche Krankenhaus organisiert, was sowohl eine gute Tat als auch praktischer Wahlkampf war, hatte einen Teil seines Wahlkampfmaterials auf einen Lastwagen geladen, den Fahrer mit Benzin und Wegegeld für Rebellen ausgerüstet. Nun, am Flughafen machte er ein Gesicht wie ein Bergsteiger, der sich mit dem letzten Seil an einer Wand herabließ, ohne zu wissen, wie lang der Weg nach unten ist. Sein Gepäck wurde zusammen mit Bierkästen, Maissäcken, Matratzen, Decken, Plastikeimern, Bonbons, Schraubenschachteln, Fahrrädern, Zwiebelsäcken, Ölkanistern und was immer Kamituga sonst noch brauchte, in den Bauch der Antonow geworfen. Kibala hatte per Internet in China 500 T-Shirts mit seinem Konterfei, 500 Aufkleber, 300 Schultafeln mit Kreide und Schwämmchen, zwei Motorräder der Marke »Senke« sowie 154 Fußball-Trikots für die 14 Mannschaften im Bezirk Mwenga gekauft. Letztere für vier Euro das Stück, »da«, sagte Kibala, »kann man nicht meckern«.

Als der Laderaum der Antonow schließlich vollgestopft war wie ein amerikanischer Truthahn zu Thanksgiving, forderte uns der russische Pilot, ein bulliger Kerl mit käsigen Beinen, engen Shorts und beigefarbenen Sandalen zum Einsteigen auf. »Nau juh kän sitt.« Wir gruben zwei umklappbare Sitze frei. Anschnallen war überflüssig. Wir waren sowieso zwischen der Ladung eingequetscht.

Der Russe brachte den Vogel tatsächlich in die Luft und setzte ihn nach zwanzig Minuten Flug über rotbraune Felder und brokkoligrünen Wald auf der Sandpiste von Kamituga auf. Vor dem Skelett einer geplünderten Lagerhalle hatten sich mehrere hundert Menschen versammelt, um den Kandidaten Palmwedel schwenkend und Hüften schwingend zu begrüßen.

»Sie haben aber viele Anhänger«, brüllte ich anerkennend, weil in diesem Moment die Antonow wieder durchstartete.

»Ja«, brüllte Kibala zurück. »Und die wollen nachher alle Bier und ein bisschen Geld.«

Der zehn Kilometer lange Marsch in die Stadt kam mir trotzdem vor wie ein Triumphzug. »Kibala, unsere Stimmen gehören dir«, skandierten die Leute. Am Ende waren es wohl über 3000 Menschen, die ihn bei sengender Hitze drei Stunden lang singend und tanzend durch Kamituga schoben – entlang der offenen Abwasserkanäle, vorbei an winkenden Poliokrüppeln, halbstarken kongolesischen Soldaten mit verspiegelten Sonnenbrillen und Panzerfäusten, vorbei an rotznasigen Kleinkindern auf dem Rücken viel zu junger Mütter. Kibala reckte die Faust, hielt die Daumen nach oben, schüttelte Hände, machte seine Aufwartung bei der Polizei, hielt kurze Ansprachen, bis der Menschenstrom schließlich im Stadtteil Kalingi an die Schwelle des Hauses schwappte, in dem er aufgewachsen war. Das war nun die Wahlkampfzentrale.

Das Haus war während der Kongo-Kriege durch proruandische Rebellen, *Mayi-Mayi*-Milizen und die eigene Armee mehrfach geplündert worden. Kloschüssel, Waschbecken, Leitungsrohre, Steckdosen, Kabel – alles weg. Die Wände und die Einschusslöcher waren geblieben.

Kibala sank wie ein nasser Lappen auf einer seiner Wahlkampfkisten zusammen – unfähig, auch nur ein Wort noch zu der tanzenden Menge zu sagen, die sich nun in Erwartung ihrer *cadeaux*, ihrer Geschenke, im Garten versammelt hatte: eine Flasche *Primus*-Bier, ein bisschen *foufou* und ein paar hundert Francs.

Ich floh, völlig erledigt, in meine Unterkunft, eine zehn Quadratmeter große Kammer mit Bett, Tisch und den obligatorischen Ameisenstraßen im Gästequartier der katholischen Gemeinde.

Der Bezirk Mwenga zählte zu den vier größten Wahlkreisen in der Provinz Süd-Kivu. 175 671 Wähler waren hier registriert worden. 44 Kandidaten bewarben sich um drei Parlamentssitze. Mindestens 40 000 Stimmen, so hat Kibala kalkuliert, brauchte er, um einen der Sitze zu gewinnen. Das Wahlgesetz begünstigte Bewerber die einer Parteien angehörten. Aber er hatte diverse Angebote abgelehnt, unter anderem von der Partei des Übergangspräsidenten Joseph Kabila, dessen Machtbasis im Osten lag.

Kibalas größte Chancen lagen in der Bergbaustadt Kamituga und der näheren Umgebung. Unter der Erde des Bezirks lag Gold, viel Gold. Von den Bergbauanlagen aus den späteren Kolonialjahren, von den Betriebsschulen, Kantinen und Arbeitersiedlungen waren nur noch Ruinen übrig und die älteren Bewohner erinnerten sich wehmütig an *les oncles*, die Onkel, wie man die ehemaligen Kolonialherren auch hier nannte. Hätten die Belgier in diesem Wahlkampf kandidiert, sie hätten in Kamituga gute Chancen gehabt.

Kibala hatte sein Wahlkampfteam am nächsten Tag für acht Uhr morgens nach Kalingi einberufen. Tragende Säulen der Mannschaft waren sein jüngerer Bruder Gilbert, Arzt im städtischen Krankenhaus, der dicke Schatzmeister Amuli sowie die beiden stadtbesten Motorradfahrer, zwei Jungmänner mit den aparten Spitznamen »B-52« und »Capricieux«, »der Launische«. Motorräder waren die einzig tauglichen Fortbewegungsmittel in dieser Region, in der damals noch jede Straße aussah, als wäre sie gerade von einem Erdbeben erschüttert worden.

Um halb zehn Uhr war noch keiner seiner Leute erschienen (Kibala hasste Unpünktlichkeit). Stattdessen standen plötzlich zwölf ältere spindeldürre Herren mit langen Gehstöcken in der Tür. Sie trugen Halsketten aus Raubtierzähnen, Perücken wie James Brown und pechschwarze Kappen aus Ziegenfell. Einer hatte Damenhandschuhe an. Die *chefs coutumiers*, die traditionellen Dorfchefs, waren erschienen, um *l'honorable*, den ehrenwerten Kandidaten, in Augenschein zu nehmen. Dessen Gegner hatten das Gerücht in Umlauf gesetzt, Kibala sei »gar keiner von ihnen«, sondern ein Ausländer, von der deutschen Regierung bezahlt.

Hier, in diesem kahl geplünderten Haus in Kalingi, trafen nun die Vertreter der alten, nicht-staatlichen Macht auf einen, der Staat machen wollte. Und der sie brauchte. Denn die *chefs coutumiers* regelten, was der Staat mangels Anwesenheit nicht regelte: Familienstreitigkeiten, Ehekonflikte, Ahndung von Verbrechen und die Vergabe von Land.

Durch den missmutigen Kandidaten Kibala ging ein Ruck, diesen Auftritt durfte er nicht vermasseln. Er lobte die Alten für den Halt, den sie einer kriegszerrütteten Gesellschaft gaben. Er dankte ihnen für das *bwali*, das Initiationsritual, das die Chefs für Jungen zum Übertritt in die Welt der Erwachsenen ausrichteten: Mehrere Tage, manchmal Wochen werden sie in den Busch geschickt, müssen dort fischen, jagen und überleben lernen. Kibala hatte es in seiner Jugend absolviert, diese Erfahrung, so umgarnte er nun die Alten, habe er auch in Europa nicht vergessen. Ein gutes Leben habe er dort geführt. »Aber ich bin bereit, es aufzugeben, um mich für eure Sorgen einzusetzen.« Bedächtiges Nicken. Der Kerl da war zwar hellhäutiger als sie und zeigte auch ein urbanes Gehabe. Aber vielleicht war er ja doch einer von ihnen geblieben.

Es war das erste Mal, dass ich einer kongolesischen Bürgersprechstunde beiwohnte. Als wäre die Arche Noah in Kamituga gelandet, standen die Menschen Schlange vor Kibalas Haus. Es kamen Vertreter diverser Fußballvereine, die neue Schuhe, neue Trikots, neue Tore brauchten; eine Delegation von Pastoren, in der Spannungen zwischen Methodisten und Evangelikalen hörbar die Stimmung trübten. Der Methodistenpfarrer versprach 500 Wählerstimmen, wenn Kibala ein neues Wellblechdach für die Kirche finanzierte. Es kam der Verband der Polizistinnen der Provinz Süd-Kivu, Bezirk Mwenga, Stadt Kamituga, die Geld für die Teilnahme an Kibalas Zug durch die Stadt verlangten, außerdem eine regelmäßige Auszahlung der Gehälter und neue Uniformen. Die ganz armen Schlucker wollten nur ein T-Shirt. Kibala verteilte Geld, denn »ein Kandidat, der nichts verteilt, hat schon verloren«. Er schlichtete Streits, beschwichtigte Ungeduldige, dementierte Gerüchte, dämpfte Erwartungen. Jawohl, er sei ein echter Kongolese; nein, er habe nie versprochen, in Kamituga eine Fernsehstation aufzubauen.

Mitten in der Masse der männlichen Antragsteller, Würdenträger und Wichtigtuer stand plötzlich ein Mädchen. Sie sah aus wie 13. Auf dem Rücken trug sie einen Säugling, ein älterer Mann neben ihr hielt ein zweites Baby im Arm. Sie sprach leise und flehend auf Kibala ein. Seit vier Monaten würde sie, Mutter von Zwillingen, im Krankenhaus von Kamituga zusammen mit 14 anderen Frauen festgehalten. Sie alle hätten mit Kaiserschnitt entbinden müssen und seien nun nicht in der Lage, die fällige Rechnung von 80 Dollar zu bezahlen. Kibala stellte den Mann zur Rede, ein Arzt aus dem Krankenhaus, der dem Mädchen als Aufpasser mitgeschickt worden war. »*Honorable*, was sollen wir machen«, sagte er achselzuckend, »wir werden selbst nicht bezahlt. Wir haben kein Geld mehr für Medikamente.« Kibala stand für einen Moment sprachlos da. Er kannte die Zustände im Krankenhaus, die schimmeligen Wände auf der Entbindungsstation, das durchlöcherte Dach, den rostigen Operationstisch, die siechenden Aids- und Tuberkulose-Kranken. Ins *Hopital General de Kamituga*, einst ein gutes Krankenhaus, in dem seine Mutter ihre Kinder entbunden hatte, ging man heute zum Sterben, nicht um geheilt zu werden. »Arbeiten Sie mal für zwei Monate bei uns«, sagte der Arzt, »dann können Sie nicht mal mehr weinen.«

Das Wahlkampfkonto des Kandidaten schrumpfte an diesem Tag um mehrere hundert Dollar – eine humanitäre Geste, die ihm zum Wahlkampfmanöver geriet. Die Nachricht verbreitete sich in Windeseile im Bezirk: Kibala hatte die Mütter freigekauft.

Die Wahlkampftage begannen früh morgens um sechs und endeten selten vor Mitternacht, wenn im Licht einiger Kerzen oder Taschenlampen noch Lagebesprechungen abgehalten wurden. Es gab Probleme mit den Plakaten (sie wurden, weil sie so schön glänzten, geklaut und landeten als Wandschmuck in den Lehmhäusern) und mit den Manövern der Gegenkandidaten (einer ließ seine Gehilfen seit Tagen Schlaglöcher in den Straßen ausbessern, was bei der Bevölkerung gut ankam). In einer der Nachbarstädte Kamitugas wollte man den Kandidaten verhexen, weil er mit dem Wahlversprechen, Brücken instand zu setzen, das Geschäft Dutzender Fährleute gefährdete, von deren Einnahmen auch der lokale *chef coutumier* profitierte. Hexerei als politische Lobbyarbeit – das war mal was Neues.

Und es kursierten Gerüchte über bevorstehenden Wahlbetrug. Einer der Konkurrenten, ein ehemaliger lokaler Warlord, war mit dem stellvertretenden Wahlleiter des Bezirks Mwenga verwandt. Zwei südafrikanische Wahlbeobachter waren für den 30. Juli in Kamituga angekündigt. Doch die sprachen vermutlich weder Swahili noch französisch.

Noch zehn Tage bis zum Urnengang. Kibala hatte sich mit

Kibalas Wahlkampf-Lkw

drei Helfern und den Worten »Sind locker heute abend zurück« auf zwei Motorrädern in die umliegenden Dörfer aufgemacht. Ich nutzte den Tag, um mich bei einem der mächtigsten Männer in Kamituga vorzustellen. Auf Kibalas Bitte. Ausländer in der Stadt sollten sich beim lokalen Militärkommandanten melden. Damit dieser sich nicht gekränkt fühlte oder Spionagevorwurf erhob.

Major Amuli Civiri, stellvertretender Kommandant der 122. Brigade, hielt an diesem Morgen seine Audienz auf der Veranda eines baufälligen Hauses, das er als Hauptquartier und Wohnsitz requiriert hatte. Seine Soldaten hatten sich im Garten Hütten aus Stroh und Bambus errichtet, winzig kleine, vom Rauch des Kochfeuers verrußte Höhlen. Civiris Ausstattung seines Freiluftbüros bestand aus zwei Mobiltelefonen, einer Packung Vitamin-Tabletten und seinem Armeerevolver – akkurat aufgereiht auf einem Holztischchen. Im Schatten der Verandamauer kauerten unterwürfig Bittsteller und

Polizistinnen bei einer Kundgebung in Kamituga

Händler, die mit dem Major ins Geschäft kommen wollten. Civiri hatte im ersten Kongo-Krieg bei Laurent Kabilas Rebellen mitgekämpft, im zweiten hatte er sich auf die pro-ruandische Seite geschlagen, was ihn angesichts des verbreiteten Hasses auf alles Ruandische in Kamituga nicht zum Sympathieträger machte. »Kibala ist der heimgekehrte Sohn der Stadt«, gurrte er. »Ich unterstütze ihn aus ganzem Herzen.« Soldaten dürfen zwar nicht wählen, aber »wir haben andere Mittel, uns Gehör zu verschaffen. Wir reden ja täglich mit der Bevölkerung.« Als ich einwarf, dass die Bevölkerung sich über Plünderungen und Vergewaltigungen durch seine Soldaten beklagte, schlug seine Stimmung schlagartig um. »Wir haben hier alles unter Kontrolle«, sagte er eisig. Damit war meine Audienz beendet.

Abgesehen davon, dass Civiri log, weil die Armee garantiert keine Parteilosen unterstützte, hätte sich Kibala solche Hilfe verbeten. Aber der wusste von seinem Glück noch gar nichts. Er war verschwunden. Kein Telefonkontakt. Erst in der folgenden Nacht tauchte er schlammbespritzt und mit vor Erschöpfung geschwollenen Augen wieder auf. Hinter ihm standen, wie aus Dreck gegossen, seine Fahrer B-52 und Capricieux mit den Motorrädern. Sechs Stunden hatten sie für die 30 Kilometer von der benachbarten Kleinstadt zurück nach Kamituga gebraucht. Am Nachmittag zuvor waren sie in einen Regenguss geraten, wie er nur in diesen Breitengraden über einen hereinbrechen kann. Sie mussten übernachten – zur Freude der lokalen Bewohner, denn Kibala war der erste Kandidat, der sich bei ihnen hatte blicken lassen.

Am folgenden Morgen erfuhr er, dass während der Nacht die FDLR wenige hundert Meter von seiner Schlafstatt entfernt Häuser überfallen hatte. Keine Toten, auch keine Verletzten. Für Vergewaltigungen hatten es die Rebellen offenbar zu eilig gehabt. »Ich habe geschlafen«, sagte Kibala verdattert. »Ich bin so kaputt, ich war so müde, ich habe nichts bemerkt.«

Kibala präsentierte als einziger Kandidat ein Wahlprogramm. Das hinterließ keinen besonderen Eindruck. Wie alle Kongolesen hatten auch die Bürger von Kamituga Politik bislang nicht als Lösung von Problemen durch Kompromisse erlebt, sondern als paternalistisches Ausbeutungsverhältnis: Der Staat brachte keine Leistung, er saugte stattdessen Steuern und Rohstoffe ab. Hin und wieder fiel für die Bevölkerung ein Happen der Beute ab, wenn die *Honorables* aus Kinshasa auf Besuch in ihrer Heimat ein paar Geldbündel an lokale Macht- und Würdenträger und ein paar Geldscheine an die Menge verteilten.

Aber der *Allemand*, wie sie ihn in Kamituga nannten, schien trotzdem gut anzukommen. Seine Familie war gut vernetzt. Wählerinnen waren durchaus angetan davon, dass sich überhaupt ein Politiker für die Landwirtschaft und ihre Plackerei auf den Feldern interessierte.

Und seinen größten Triumph würde er erst jetzt ausspielen: ein Fußballspiel, bei dem die Mannschaften in den von ihm gespendeten Trikots antreten würden, und ein Open-Air Konzert mit *Quartier des As*, der derzeit heißesten Band aus Bukavu.

Es war mein letzter Tag in Kamituga. Den Wahltag selbst würde ich in Kinshasa verbringen, wohin die EU ein Militärkontingent zur Absicherung des Urnengangs entsandt hatte. Darunter auch Soldaten der Bundeswehr, was in der deutschen Öffentlichkeit gehörig Aufregung und Sorge um »unsere Jungs« mitten im »Herz der Finsternis« ausgelöst hatte.

Der Spielbeginn verzögerte sich um zwei Stunden, weil der chinesische Lieferant beim Bedrucken einiger Mannschaftstrikots die immer gleiche Nummer verwendet hatte. Vier Euro pro Hemd waren ja auch zu schön, um wahr zu sein. Das Match endete 0:0 unentschieden. Dann fielen die ersten Regentropfen, verdichteten sich zu einer Wand aus Wasser und schwemmten das angekündigte Konzert von der Tagesordnung. Kibala stapfte durch den knöcheltiefen Schlamm zurück in seine Wahlkampfzentrale. Was aussah wie ein trostloser Abgang, wandelte sich nach ein paar hundert Metern in eine Fanparade. Tanzend und klatschend folgten ihm die Leute durch den Regen, sangen »*Votez Kibala*, wählt Kibala«, diesmal ohne Geld oder Bier zu verlangen. Kibala lächelte müde. Irgendwo in seinem völlig überreizten Gehirn musste sich eine vage Erinnerung an ein ruhiges Leben mit Frau und zwei Kindern in Troisdorf verbergen.

Ich flog am nächsten Morgen mit demselben russischen Piloten, der uns hergebracht hatte, zurück nach Bukavu, von dort mit der MONUC nach Kinshasa. In der Hauptstadt war es zu ersten gewalttätigen Demonstrationen zwischen Anhängern des ehemaligen Kriegsherrn und Präsidentschaftskandidaten Jean Pierre Bemba und des amtierenden Militärchefs und Interims-Präsidenten Joseph Kabila gekommen. Ich stand mitten im Stau auf dem Boulevard Lumumba, als mein Handy klingelte. Ein hörbar panischer Kibala stammelte: »Auf mich ist geschossen worden!«

Er war nicht verletzt. Auf seiner letzten Wahlversammlung hatte jemand das Feuer eröffnet, die Menschen waren schreiend in alle Richtungen auseinander gestoben, Kibala hatte sich mit dem Motorrad zum naheliegenden Stützpunkt der Blauhelme geflüchtet. Die ließen ihn nicht rein. Der Schutz von Kandidaten fiel nicht unter das Mandat.

Die folgenden drei Stunden telefonierte ich hektisch mit UN-Pressesprechern und Verbindungsoffizieren in Bukavu.

»Lassen Sie ihn wenigstens die Nacht bei den Blauhelmen verbringen.«

»Tut uns wirklich leid, aber das geht nicht. Wenn wir das bei einem erlauben, kommen alle Kandidaten.«

»Der Wahlkampf ist morgen eh vorbei«, bettelte ich.

»*Very, very sorry*. Aber wir können nichts machen.«

Kibala fuhr schließlich auf Schleichwegen zurück in die Stadt. Später stellte sich heraus, dass die Schüsse nicht ihm gegolten hatten. Vermutlich hatte ein besoffener Soldat aus Wut auf irgendjemanden oder irgendetwas abgedrückt.

Am 30. Juli 2006 gaben fast zwanzig Millionen Kongolesen in weitgehend friedlichen, freien und fairen Wahlen ihre Stimme ab. Mich beeindruckte damals in Kinshasa ungemein die leise Würde, mit der die Menschen stundenlang vor den Wahllokalen warteten, die Erhabenheit, die sie allein aus der Teilnahme an diesem Ereignis zogen. Dabei wussten sie, dass das zur Wahl stehende politische Personal alles andere als erhebend war. Kabila gewann erst nach einem zweiten Wahlgang und nach mehreren blutigen Scharmützeln zwischen seiner Leibgarde und Bembas Privatarmee die Präsidentschaft. Der alte Antoine Gizenga, einst stellvertretender Premierminister der ersten gewählten Regierung des Kongo unter Patrice Lumumba, war mit 13 Prozent überraschend auf den dritten

Platz gekommen und wurde schließlich von Kabila zum Premierminister ernannt und mit der Regierungsbildung beauftragt.

Jean-Claude Kibala verfehlte den Einzug ins kongolesische Parlament nur knapp. Von 44 Kandidaten wurde er vierter.

Damit, so glaubte ich, hatte sich die politische Karriere des Kongolesen aus Troisdorf erledigt. Bis ich ihn fast zwei Jahre später wieder am Telefon hatte.

»Wie geht's denn so?«, fragte ich.

»Geht so«, sagte er. »Ich bin jetzt Vize-Gouverneur von Süd-Kivu.«

Drei Wochen nach dem Telefonat saß ich in Bukavu in seinem Büro. Es war der 3. Juni 2008, Kibalas Geburtstag, was ihm selbst allerdings erst am Nachmittag auffiel. Am Tag zuvor hatte die Erde gezittert, ganz leicht nur. Nicht zum ersten und bestimmt nicht zum letzten Mal. Bukavu liegt über dem ostafrikanischen Grabenbruch.

Kibala inspizierte den Riss, der sich wie eine schwarze Ader über die Decke seines Amtszimmers schlängelte, und murmelte halblaut vor sich hin, was die deutsche Bauaufsicht dazu sagen würde: »Sofort räumen und abreißen.« Solche Sätze, kurz und entschlossen, taten gut, auch wenn keiner außer ihm sie hörte und sie natürlich keinerlei Konsequenzen nach sich zogen.

Jean-Claude Kibala war nach seiner Niederlage bei den Parlamentswahlen dann doch einer Partei beigetreten. Nicht der PPRD des Präsidenten Kabila, was für *Parti pour la Reconstruction et la Démocratie* (Partei für Wiederaufbau und Demokratie) stand. Sondern dem MSR, dem *Mouvement Social pour le Renouveau* (Soziale Bewegung für die Erneuerung). Die Partei war in den Kivu-Provinzen verwurzelt, zählte viele ehemalige Aktivisten aus der regen Zivilgesellschaft in ihren Reihen. Ihr jetziger Chef Pierre Lumbi, Minister in Kinshasa, galt einst als scharfer Kritiker der illegalen Rohstoffgeschäfte während des Krieges. Nun, Anfang 2008, hatte er einen gigantischen Deal unter Dach und Fach gebracht. Für drei Milliarden Dollar, zu entrichten durch den Bau von über 3000 Kilometern Straße, 3000 Kilometern Eisenbahnschienen sowie Krankenhäusern, Wohnsiedlungen und zwei Universitäten, erhielt China riesige Konzessionen zum Abbau von Kupfer, Kobalt und Gold im Kongo. Es war ein vormodernes Tauschgeschäft im Namen der Modernisierung. Chinas rasant wachsende Volkswirtschaft brauchte dringend Rohstoffe. Der Kongo musste dringend eine neue Infrastruktur über seine kolonialen Ruinen legen.

Westliche Regierungen schimpften und drohten. Teils aus Wut über den Punktsieg der chinesischen Konkurrenz im Wettrennen um Kongos Bodenschätze, teils aus Ärger über Pekings absolute Weigerung, solche Deals mit Auflagen zur Korruptionsbekämpfung und Einhaltung von Menschenrechten zu verknüpfen. Hinzu kam die Befürchtung, der Kongo könnte in die nächste Schuldenfalle tappen. Denn der Wert der geplanten Bauprojekte überstieg die veranschlagten drei Milliarden Dollar deutlich. Den Rest wollte China freundlicherweise durch Kredite vorstrecken.

Kibala gehörte nun also zur oberen Garde einer Partei, die im afrikanischen Globalisierungspoker kräftig mitmischte. Als deutsch geeichter Ingenieur schauderte es ihn oft vor der Qualität chinesischer Bauarbeiten. Aber er brauchte in seiner Provinz jeden Anschub, den er kriegen konnte. Und er brauchte ihn schnell. Wirtschaftlich hatte sich für die Bevölkerung so gut wie nichts geändert. Die Aufbruchstimmung nach den Wahlen 2006 war schnell verflogen.

Kibalas statistisches Profil für Süd-Kivu sah folgendermaßen aus: 65 000 Quadratkilometer Fläche, 500 Kilometer kaum bewachter Grenze zu Ruanda, Burundi und Tansania, geschätzte 50 Kilometer geteerte Straße. Auf 4,5 Millionen Einwohner kamen 300 000 Binnenflüchtlinge und mindestens dreizehn Rebellengruppen, von denen die größten einen Stellvertreterkrieg zwischen dem Kongo und Ruanda weiterführten.

An seinem 43. Geburtstag erwarteten Kibala um neun Uhr morgens vor dem baufälligen Amtszimmer bereits eine Delegation der Lehrergewerkschaft, die wegen mehrmonatigen Lohnausfalls einen Streik androhte, sowie der Polizeichef, der Spesen für eine Reise kassieren wollte, die eindeutig keine Dienstfahrt gewesen war. Auf Kibalas Schreibtisch stapelten sich Gehaltszettel seiner Angestellten. Eigentlich sollten heute die April-Löhne ausgezahlt werden. Doch der neue Vize-Gouverneur, zuständig für Finanzen und Verwaltung, wusste nach mehreren Wochen im Amt immer noch nicht, wie viele seiner angeblich 275 Angestellten Karteileichen waren, für die jemand doppelt kassierte. Was nach einheimischer Lesart bekanntlich nicht unter den Tatbestand des Betrugs, sondern unter Selbsthilfe fällt. Gestern hatte Kibala auf einer der Gehaltslisten 18 Gärtner gezählt. Nicht, dass man es den braunen Rasenflecken vor dem Büro ansehen konnte.

Die eigentliche Herausforderung wartete an diesem Tag dreißig Kilometer weiter nördlich in Kabare. Dort plünderten seit gestern Soldaten der 14. Brigade Häuser, weil sie seit Monaten keinen Sold bekommen hatten.

»Papi, Herrgott noch mal, wo ist meine Tasche?« Papi war Kibalas Leibwächter, ein dünner, hoch aufgeschossener Kerl mit viel zu großem Jackett und ständig besorgter Miene, was wohl am Bewegungsdrang seines Chefs lag. Es war 10.30 Uhr, die Auszahlung der April-Gehälter musste warten, Kibala wollte sofort nach Kabare. Eine Protestansammlung der Bevölkerung gegen die Armee war angekündigt. Das konnte böse enden.

Der Konvoi des Vizegouverneurs, vorneweg zwei Pickup-Trucks mit Polizisten, die Kalaschnikow im Anschlag, dahinter Kibala, Papi, ein Chauffeur und ich in einem Geländewagen, raste über die Schotterpiste vorbei an haushoch beladenen Lastwagen, vorbei an dem Gewimmel von Wasserverkäufern, Marktfrauen, Geldwechslern und *femmes porteuses*, vorbei an Baustellen in bester Uferlage am Kivu-See. »Grundsteuer«, sagte Kibala und knallte mit dem Kopf fast an die Wagendecke, weil der Chauffeur ein Schlagloch getroffen hatte. »Die Leute müssen wieder Grundsteuer zahlen.« Außerdem müsse man dringend die korrupte Belegschaft des Katasteramts auswechseln. Mir war gar nicht klar gewesen, dass es so etwas hier gab.

Wir brauchten über eine Stunde bis Kabare. Alle paar Minuten dudelte eines von Kibalas zwei Mobiltelefonen. Radiostationen wollten Interviews. Sein Chef, der Gouverneur, der selbst gerade mit Rebellenführern über deren Entwaffnung verhandelte, bat, auf dem Laufenden gehalten zu werden. Dann ein Anruf aus Troisdorf, der jüngere Sohn gratulierte zum Geburtstag. »Danke«, rief der Vater. »Alles in Ordnung hier, hab viel zu tun. Wie geht's in der Schule?« Der Mann wirkte in diesem Moment nicht wie jemand, der gleich einem Haufen Plünderer gegenübertreten musste.

Still war es in Kabare, totenstill. Keine Rauchsäulen, keine Schüsse, keine Demonstranten. Hinter der Kurve zum Gemeindehaus sahen wir, warum. Alle Beteiligten dieses kleinen kongolesischen Dramas hatten sich zu Ehren des Vize-Gouverneurs in Reih und Glied aufgestellt. Vorneweg die Offiziere der 14. Brigade, dann die Polizisten, dann die Gemeindevorsteher und die Pastoren. Ein Tusch ertönte, Hacken knallten zusammen, Kommandos wurden gebrüllt. Kibala nahm mit würdevoller Miene die Parade ab und verschwand zum Krisengespräch mit Offizieren und dem Polizeichef, der schnell noch einem unbotmäßigen Untergebenen einen Fußtritt verpasste.

Auf dem Dorfplatz kehrte wieder Totenstille ein. Etwa 200 Menschen, Bauern, Lehrer, Markthändlerinnen, viele mit abgewetzten Bibeln unterm Arm, starrten auf die Soldaten, die sich auf einer Wiese versammelt hatten, Panzerfaust oder Kalaschnikow über der Schulter. Dann ein trockenes Klicken, der Reporter vom *Rundfunk des Volkes Bukavu* schaltete sein Aufnahmegerät ein, und wie auf Kommando redeten alle gleichzeitig drauflos:

»Monsieur, gestern morgen haben sie den Stall eingetreten und alle fünf Ziegen mitgenommen ...«,

»... bei mir den ganzen Maniok-Vorrat!«

»Unser Feuerholz haben sie gestohlen und meinem Sohn die Rippen gebrochen.«

Gebrochene Rippen verheilen, aber fünf Ziegen – das ist in diesem Land Sparbuch und Altersversorgung zugleich.

Die Täter starrten zurück. Rund 50 Soldaten hatten sich in einer Lehmbaracke ohne Dach einquartiert. Es war feucht, es stank, und für einen Moment wirkte dieser Haufen Schwerbewaffneter ebenso erbärmlich wie bedrohlich. »Was soll hier schon passiert sein?«, sagte einer achselzuckend. »Wir haben keinen Sold gekriegt, also müssen wir uns selber helfen.« *Se débrouiller*.

Als Kibala gegen 16 Uhr mit seinem Konvoi wieder durch das Tor des Gouverneursamts rollte, war er um einige Dollar ärmer und nur wenige Erkenntnisse reicher. Er hatte nicht herausfinden können, wer in den vergangenen Monaten den Sold für die 3000 Soldaten der 14. Brigade in die eigene Tasche gesteckt hatte. Dafür hatten ihn die Dorfchefs von Kabare vier Stunden lang über schlammige Fußpfade von einer Visite zur nächsten bugsiert. Er musste die Platzwunden der Opfer der jüngsten Plünderungen begutachten, dem *mwami*, dem Kreis-König, seine Aufwartung machen und hinter jeder zweiten Kurve vor einer Menschenmenge eine Stegreifrede halten. Er sprach vom Wiederaufbau des Landes, vom Frieden, von Eigeninitiative und davon, dass der Staat jetzt für die Bürger da sei und respektiert werden müsse. Die Leute jubelten und hielten die Hand auf. Das Übliche eben.

Und was passierte jetzt mit der 14. Brigade? »Die muss weg aus Kabare«, sagte Kibala. Er wusste auch schon, wohin. Nach Fizi, ans Ufer des Tanganajika-Sees, auf eine weitgehend unbewohnte Halbinsel, »da können sie sich Unterkünfte bauen und mit Fischfang was dazuverdienen«. Richtig durchdacht klang das nicht, aber in diesem Land gab es für solche Probleme selten schnell wirksame Lösungen. Kibala machte sich auf den Weg zum Kommandanten der pakistanischen Blauhelme. Der sollte ihm mit Lastwagen und Benzin beim Abtransport der Soldaten helfen.

Am nächsten Morgen war Kassensturz angesagt. Der monatliche Finanzausgleich aus Kinshasa war auf dem Bankkonto der Provinzregierung eingegangen. Umgerechnet rund 700 000 Dollar, dazu kamen monatliche Steuereinnahmen von 100 000 Dollar. Das ergab ein Jahresbudget von knapp zehn Millionen Dollar. Etwa den gleichen Betrag investierte Kibalas alte Heimatstadt Troisdorf 2008 in die Sanierung von Sportanlagen.

Dabei könnte Süd-Kivu in Geld schwimmen. Jede Nacht schmuggelten Fischer zentnerweise Coltan und Zinnerz über den Kivu-See nach Ruanda. Vom Ufer aus betrachtet, war das ein hübsches Schauspiel. Die mit Fackeln oder Öllampen ausgerüsteten Pirogen sahen aus wie schwimmende Glühwürmchen. Aber es raubte der Staatskasse jeden Monat Steuereinnahmen in Höhe zweistelliger Millionenbeträge.

»Damit das klar ist: Die 18 Gärtner möchte ich erst einmal zu Gesicht bekommen.«

Es war früher Nachmittag, Kibala und sein Chef, der Gouverneur, ein alerter Anwalt namens Louis Leonce Muderwha mit guten Verbindungen zum Präsidentenpalast, hatten den Vormittag über ihrer Kabinettsliste gebrütet. Einige Monate später sollten sie sich fürchterlich über die Frage verkrachen, wie viel Luxus die Staatskasse für die Ausstattung der

Gouverneursresidenz zu finanzieren hatte. Gar keinen, fand Kibala im Gegensatz zu Muderwha. Aber im Sommer 2008 galten sie noch als junges Reformer-Duo, das den Wählern eine schlanke Regierung versprochen hatte: nur sieben Minister statt wie bisher zehn, mindestens zwei sollten Frauen sein. Beide Vorsätze stießen bei lokalen Würdenträgern auf Widerstand, jede Gemeinde, jede ethnische Gruppe wollte einen Posten ergattern. Es gab theatralische Telefonanrufe, Drohungen, Charmeoffensiven. Kibala nutzte eine Kampfpause, um endlich die Angestellten auszuzahlen. Vor ihm saß der Chef des »Büros für Ausgaben«, der dem Vize-Gouverneur andächtig handgeschriebene Gehaltslisten überreichte, als wäre es teures Porzellan.

»Acht Automechaniker?«, knurrte Kibala. »Ist Ihnen aufgefallen, dass unser Fuhrpark ein Autofriedhof ist?«

»Ja, Exzellenz.«

»Und was ist das für ein Posten?« Kibala tippte mit dem Kugelschreiber auf eine Zahl.

»Exzellenz, das ist die Milchprämie für alle, die mit Computern arbeiten. Wegen der Strahlung brauchen sie Extranahrung.«

Kibala sagte einige Sekunden lang gar nichts. Ich überlegte, das Zimmer zu verlassen. Ich wollte nicht unbedingt dabei sein, wenn er jemanden zusammenbrüllte.

Aber Kibala wurde mit wachsender Wut nicht laut, sondern bedrohlich leise.

»In unserem Amt funktionieren die Computer gar nicht«, sagte er kaum mehr hörbar.

»Natürlich nicht, Exzellenz.«

»Warum erhält dann fast jeder im Haus eine Milchprämie?«

Er tippte Zahlen in den Taschenrechner, 21 Dollar Milchprämie für 275 Angestellte – das machte 5775 Dollar, mehr als ein halbes Prozent des Monatsbudgets. Kibala wechselte in

Swahili, der Chef des »Büro für Ausgaben« sah aus, als wäre jede Spannung aus seinem Körper gewichen.

»Milchprämie!«, schnaubte Kibala, als der Mann aus seinem Büro geschlichen war. »Ich glaub's nicht.«

Ich reiste nach zehn Tagen aus Bukavu ab und rief ihn vier Wochen später wieder an. Er klang erstaunlich aufgekratzt. Das Kabinett stand, hatte nun aber doch acht Minister. Und nur ein Posten war mit einer Frau besetzt. Aber das Provinzparlament hatte die von Kibala geforderte Benzinsteuer von umgerechnet drei Cent pro Liter, die in einen Fonds für Straßenbau fließen sollte, verabschiedet.

Seine Frau und die Kinder waren erstmals zu Besuch. Der Bildungsminister in Kinshasa hatte Gelder für die Bezahlung der Lehrer freigegeben. Als Nächstes werde er, sagte Kibala, in Deutschland eine Maschine zur Herstellung von Straßenschildern und Hausnummern bestellen – ein erster Schritt zum Eintreiben der Grundstückssteuer. Danach sei die Reform des Katasteramtes dran.

»Und was ist mit der 14. Brigade«, fragte ich.

»Uuh, das läuft nicht so gut.«

Die Zivilbevölkerung in Fizi, die anders als die Bewohner in Kabare über Schusswaffen verfügte, hatte deutlich gemacht, dass sie keine Soldaten in ihrer Umgebung wünschte. Kibala organisierte daraufhin Lebensmitteltransporte für die 14. Brigade nach Kabare, in der Hoffnung, das Plündern einzudämmen. Die Lebensmittel waren inzwischen aufgebraucht. Aus Protest rückten Soldaten auf Hörweite in die Nähe von Bukavu vor und feuerten. Vorerst nur in die Luft. Pakistanische Blauhelme waren angerückt. Kibala wollte in den nächste Tagen wieder zum Krisengespräch nach Kabare fahren. Plündernde Soldaten der nationalen Armee fielen eigentlich nicht in die Zuständigkeit des Vize-Gouverneurs einer Provinz. Aber wenn er einen Job mit genauen Zuständigkeiten haben wollte, hätte er in Troisdorf bleiben können.

Eigentlich, sagte Kibala am Telefon, gehe es ihm ganz gut. »Ist halt viel zu tun.«

In ein paar Monaten wollte ich wieder vorbeischauen.

Es wurden schließlich vier Begegnungen – mit vier verschiedenen Kibalas. Da war im Juni 2006 der parteilose Quereinsteiger und politische Exot, der nach knapp 18 Jahren im deutschen Exil auf einem chinesischen Motorrad durch Süd-Kivu fuhr und sich mit einem Wahlprogramm, das von den Grünen hätte stammen können, um einen Sitz im Parlament bewarb. Erfolglos.

Da war im Sommer 2008 Kibala als frisch gebackener Vize-Gouverneur der Provinz, der, am besten sofort und auf einen Schlag, die korrupte Verwaltung ausmisten, deutsche Straßenbaustandards einführen, mit neuen Steuern die Staatskasse füllen und meuternde Soldaten befrieden wollte – ein Obama-Mehrkampf auf Kongolesisch.

Da war der Kibala des Frühjahrs 2009, sichtbar angeschlagen, weil die Folgen der Weltwirtschaftskrise, eine neue Kriegsrunde gegen FDLR-Rebellen und der eskalierende Konkurrenzkampf mit seinem Gouverneur jede Reform zu sabotieren schien.

Und da war der Kibala des Jahres 2010: Weiterhin reformbesessen, weiterhin hoffnungslos überlastet, doch inzwischen auch versiert in der kongolesischen Kunst des politischen Überlebens. Er kannte die Entscheidungsprozesse in Kinshasa, die mehr dem Intrigennetz eines Shakespeare'schen Königshofes ähnelten als den Regeln demokratischer Gewaltenteilung. Und er kannte die Instrumente, mit denen der Auf- oder Abstieg eines Politikers angezeigt wurde. Das Wichtigste war das Handy. Wer hatte die persönliche Nummer des Staatschefs? Wessen Anrufe nahm Joseph Kabila entgegen, wen drückte er einfach weg? Kibalas Anrufe wurden angenommen. Der Machtkampf zwischen ihm und dem Gouverneur Süd-Kivus, einem Mann aus Kabilas Partei, wurde zugunsten des Vize-

Gouverneurs entschieden. Ersterer musste abtreten, Letzterer bereitete sich auf Neuwahlen vor. Und zwar unter dem Beifall der Bevölkerung, auch von Bürgerrechtlern wie Jean-Paul Ngongo. Sie schätzten den *Allemand*. Und sie beobachteten mit Skepsis seinen guten Draht zu einem Präsidenten, dessen Bilanz in Sachen Menschenrechte, Demokratie und guter Regierungsführung immer schärfere Proteste von *Human Rights Watch* und *amnesty international* provozierte.

Was war Kibala nun? Ein Don Quichotte mit Ingenieursdiplom? Eine Ein-Mann-Feuerwehr für 20 Brandherde? Ein Masochist mit Realitätsverlust? Nach fast zwei Jahren im Amt konnte man ein niederschmetterndes Fazit ziehen: Ewig gähnte das Loch im Staatshaushalt, die jüngste Militäroperation gegen die Hutu-Rebellen hatte sich zu einem Desaster für die Zivilbevölkerung in seiner Provinz ausgewachsen, und er selbst hatte immer noch kein Büroteam, das Aktenvorlagen erarbeitete, den Zugang zum Vorzimmer kontrollierte, Terminanfragen mit Prioritäten versah.

Oder man konnte sich darüber wundern, was innerhalb von zwei Jahren in dieser chaotischen Provinz möglich geworden war: Kibalas Sondersteuern für Benzin und Bier hatten über 300 000 Dollar für den Bau von Schulen und Straßen eingebracht. Er hatte Angestellte wegen Unterschlagung ins Gefängnis gebracht. Er hatte zusammen mit anderen Vermittlern diverse Milizen von neuen Kampfhandlungen abgehalten. Die Anzahl der Behörden und Sicherheitsdienste, die an den Grenzstationen zu Ruanda legale und illegale Zölle abkassierten, war von 23 auf vier reduziert worden. Die chinesische Blauhelmbrigade der UN sollte demnächst mit dem Bau einer Mülldeponie in Bukavu beginnen, und auf der Avenue Patrice Lumumba rollte der Verkehr nun über einen ersten runderneuerten Abschnitt von einem Kilometer Länge. »Nach deutschem Standard asphaltiert«, sagte Kibala, »mit drei Schichten.« Und eigentlich viel zu teuer. Aber er fand, die Leute in

Bukavu sollten einmal sehen, was sie bekommen würden, wenn der Staat wirklich funktionierte.

Ich fuhr schließlich noch einmal dorthin, wo Kibalas politische Karriere angefangen hatte: nach Kamituga. Die Straße von Bukavu zur Südgrenze der Provinz war nicht asphaltiert, aber inzwischen durchgehend planiert. Kamituga konnte man jetzt per Auto erreichen, die russischen Piloten hatten ihr sündhaft teures Transportgeschäft verloren, die Preise für Lebensmittel und Haushaltswaren waren dramatisch gesunken. Die deutsche Hilfsorganisation *Cap Anamur* hatte zusammen mit der kongolesischen Belegschaft das Krankenhaus wieder aufgebaut. Die Dächer waren neu gedeckt, die Wasserleitungen repariert. Ärzte und Pflegepersonal erhielten wieder regelmäßig Gehalt. Die Apotheke war mit Medikamenten aufgestockt, die Röntgenabteilung wieder hergerichtet, eine eigene Abteilung für Opfer sexueller Gewalt eingerichtet worden. Die zweite in der Provinz neben dem Panzi-Hospital in Bukavu. Eine Entbindung per Kaiserschnitt kostete jetzt zwanzig Dollar und konnte in Raten abbezahlt werden. Die Praxis, zahlungsunfähige Patienten einzusperren, war abgeschafft. Gilbert Kibala, Jean-Claudes jüngerer Bruder, leitete die Chirurgie. Zum Wiederaufbau der Stadt, sagte er trocken, fehle jetzt nur noch die Entwaffnung sämtlicher Rebellen, eine durchgehende Stromversorgung, Trinkwasser, neue Schulen sowie Investoren für den Bergbau, der immer noch brachlag. Jeden Morgen krochen hunderte von Goldschürfern auf eigene Faust in die Schächte außerhalb der Stadt, hievten Körbe voller Gesteinsbrocken nach oben, die dann von Frauen mit schweren Mörsern kleingestampft und ausgesiebt wurden. *Mamans Twangaises* hießen sie, »die Frauen, die stampfen«. Ihre stumpfen Stöße hörte man von weit her, sie klangen wie die Trommeln auf einer Galeere, einer Galeere, die auf Gold lag.

Auf dem Rückweg nach Bukavu herrschte links und rechts der Straße reges Treiben, die Märkte hatten geöffnet,

Sammeltaxis machten gute Geschäfte. Auf halber Strecke sah man die verkohlten Reste abgebrannter Hütten, Folgen eines Angriffs von FDLR-Rebellen einige Wochen zuvor – aus Rache für die militärischen Offensiven von kongolesischer Armee und UN-Blauhelmen. Wenige Wochen später gab es wieder Probleme – dieses Mal mit der Armee. Internationale Menschenrechtsorganisationen hatten gegen die militärische Kooperation zwischen UN und kongolesischen Brigaden protestiert, die der Vergewaltigungen beschuldigt wurden. Worauf die UN die Lieferung von Lebensmittelrationen an die Brigaden einstellten. Worauf deren Soldaten wieder häufiger plünderten. Kibala lachte, wenn er solche Geschichten erzählte. Über diesen alltäglichen Kreislauf des Irrsinns, über sich selbst, der er sich auf diesen Irrsinn eingelassen hatte.

2010 wählte ihn das Provinzparlament für eine zweite Amtszeit – zusammen mit einem neuen, von Kinshasa auserkorenen Gouverneur. Ein kanadischer Bergbaukonzern wollte demnächst mit der Goldförderung beginnen, nicht in Kamituga, sondern im tiefsten Hinterland der Provinz. Wiederaufbau im latenten Dauerkrieg, das kann eigentlich nicht funktionieren, aber es muss funktionieren, weil es keine andere Option gibt.

Das war Kibalas Problem, das ist bis heute das Problem des ganzen Landes: Man weiß nie, ob man gerade einen Fortschritt erzielt oder einen Schlag ins Genick bekommen hat.

Kapitel 5
Der Himmel über Katanga

Lumumba

Das Photo lässt einen so leicht nicht los. Eine Schwarz-Weiß-Aufnahme. Im Vordergrund zwei Männer in weißen Hemden, umringt von Soldaten. Man erkennt, dass die Hände der beiden auf den Rücken gefesselt sind, dem Gesicht des Vorderen sieht man die Schläge an, die linke Wange ist geschwollen, der Mann blickt schicksalsergeben ins Leere. Dem anderen reißt ein Soldat im Moment der Aufnahme die Arme nach oben, vermutlich um die Fesseln fester zu ziehen. Ein anderer hat ihn am Haarschopf gepackt. Er will den Gefangenen zwingen, in die Kamera zu sehen, als ob dieser seiner eigenen Machtlosigkeit und Erniedrigung erst gewahr werden müsste. Patrice Lumumba hat zu diesem Zeitpunkt wohl gewusst, dass ihm der Tod bevorsteht. In seinem Gesicht ist keine Angst zu erkennen, nur ein Ausdruck indignierter – man könnte sagen: entrückter – Verbitterung.

Wenige Tage zuvor, am 27. November 1960, hatte er abends bei strömendem Regen zum letzten Mal seine Residenz in der Hauptstadt Léopoldville verlassen, versteckt auf dem Boden eines Chevrolet, in dem normalerweise sein Dienstpersonal transportiert wurde. De jure war er immer noch Premierminister, de facto ein Gefangener seiner politischen Gegner, der einen Ausbruch versuchte. Sein Ziel: das über 2000 Kilometer entfernte Stanleyville am Kongo-Fluss, eine Hochburg seiner Anhänger. Er kam dort nie an. Seine Flucht und sein Leben endeten wenige Wochen später in Katanga.

Patrice Lumumba bei der Festnahme

Endstation Katanga. Lumumba hat kein Grab, dafür hatte man damals gesorgt. Aber ich wollte das Dorf suchen, in dem er gestorben war. Und Katanga sehen, wo, so sagen manche, der Kongo aufhört, der Kongo zu sein. Wo, so sagen andere, er sich in all seinen Extremen zeigt.

Katanga, fast so groß wie Frankreich. Eine Fläche von knapp 500 000 Quadratkilometern, und unter jedem liegt etwas, das man für viel Geld verkaufen kann. Nicht, dass es anderen Provinzen an Rohstoffen mangeln würde. Aber in Katanga liegt die Hälfte der weltweiten Reserven an Kobalt. In Katanga stillt China seinen Hunger nach Kupfer. Aus Katanga kam ein Teil des Urans für das US-amerikanische *Manhattan-Project* und die Atombomben auf Hiroshima und Nagasaki.

Es ist die Provinz der Riesendeals, der Riesenhalden und des Größenwahns. Mobutu träumte hier vom Aufbruch in den Weltraum. In den siebziger Jahren überließ er 100 000 Quadratkilometer im Norden Katangas einer deutschen Firma mit dem seltsamen Namen »Orbital Transport- und Raketen Aktiengesellschaft«, kurz OTRAG, damit diese Weltraum-Raketen testen konnte. Und so hoffte der Diktator, den ersten Flugkörper mit zairischem Hoheitszeichen ins All befördern würde. Die deutsch-kongolesische Kooperation endete nach drei Raketenstarts aufgrund von Drohgebärden aus Moskau, das einen geheimen NATO-Stützpunkt mitten in Afrika witterte, und von scharfen Protesten aus den USA und Israel. Außerdem war in der Provinz ein vom sozialistischen Nachbarn Angola angezettelter Sezessionskrieg ausgebrochen. Die OTRAG musste das Land verlassen, zog weiter nach Libyen, und die Kongolesen waren um eine Erfahrung reicher: Die Welt machte ihr Land immer wieder zum Irrenhaus – und Katanga war die Abteilung für besonders bizarre Fälle.

Wenn im Kongo irgendwo das Gespenst der Sezession haust, dann in Katanga. Nicht in den Kivu-Provinzen, deren dramatische Erfahrung der jüngsten Kriege sie vom Rest der Nation trennt. Auch nicht im Kasai, der sich unmittelbar nach der Unabhängigkeit für kurze Zeit abspaltete. Sondern in der Schatztruhe im Südosten. Belgien hatte in Katanga weit mehr in die industrielle Infrastruktur investiert als andernorts. Seitdem wähnen sich die Katangesen gern als wirtschaftliche Avantgarde, der es ohne den vermeintlich primitiven Rest des Landes weit besser gehen würde. Vielleicht ist da etwas dran, vielleicht ist es Ausdruck des erwähnten Größenwahns. Ich weiß es nicht, denn nach Katanga bin ich nicht gekommen. Es war eine der vielen Routen, die ich neben der Reise nach Mushenge, der »Entdeckung« Kinshasas, der Suche nach den *Mayi-Mayi*, der Befahrung des Kongo-Flusses und einer Expedition zu den Pygmäen im Regenwald geplant hatte. Was man eben so plant mit dem Finger auf der Landkarte. Einiges hat geklappt, anderes nicht. Den Kongo-Fluss kenne ich nur vom Fährhafen in Kinshasa, die Pygmäen vom Hörensagen. Und Katanga durch den Tod Patrice Lumumbas.

Man möchte meinen, dass der Mann im Kongo eine Kultfigur ist, eine Politpop-Ikone wie Che Guevara. Aber man sieht in Kinshasa, Bukavu oder Kisangani keine T-Shirts oder Kaffeebecher mit Lumumbas Konterfei, keine Graffitis, die ihn hochleben lassen. Wenn Kongolesen mit mir über Lumumba sprachen – und das taten ohnehin nur die Älteren –, dann mit einer vagen, verschwommenen Bewunderung, wie man über einen berühmten, aber unheimlichen Verwandten spricht, dessen Geschichte man um des lieben Familienfriedens willen lieber nicht zu genau erörtert. Denn ausführlich über Lumumba zu reden bedeutet, ausführlich über die jüngere Geschichte des eigenen Landes zu reden. Über den Verrat der Unabhängigkeitsbewegung an sich selbst und über innerethnische Konflikte. Also nicht nur über das, was Weiße an Schwarzen verbrochen haben, sondern was Kongolesen anderen Kongolesen angetan haben. Im Schicksal Lumumbas vermischt sich beides. Für diese Auseinandersetzung, für irgendeine Auseinandersetzung mit den jahrzehntelangen Traumatisierungen hat diese Gesellschaft bisher nie den nötigen Frieden, die nötige Stabilität und den nötigen Willen gehabt. Entstanden ist stattdessen ein kollektives Gefühl, ewiges Opfer fremder Mächte zu sein. Und das ist eben nur ein Teil der Geschichte.

30. Juni 1960, der Tag der Unabhängigkeit. Es klingt pathetisch, aber vielleicht stimmt es, was der Mythos besagt: dass Lumumba just als er sich mit einer historischen Rede auf die Weltbühne katapultiert, auch sein Todesurteil schreibt.

Es ist zunächst noch keine Tragödie, sondern ein klassisches Drama, was sich da im Palast der Nation abspielt. Der Palast am Ufer des Kongo-Flusses, eigentlich als Domizil für die belgische Königsfamilie gebaut, war in aller Eile zum Sitz des neuen kongolesischen Parlaments umgerüstet worden. Baudouin, der belgische König, sitzt an diesem 30. Juni hier nicht mehr als Hausherr, sondern als Gast einer fremden Regierung. Eine ungewohnte, höchst unliebsame Rolle. Getriebene einer historischen Entwicklung – in diesem Fall der afrikanischen Unabhängigkeitsbewegungen – zu sein, passt nicht in das Selbstbild europäischer Kolonialherren. Baudouin, gerade 29 Jahre alt, ist da keine Ausnahme. Also erklärt er in seiner Rede die Übergabe der Macht an eine souveräne kongolesische Regierung nicht zum Erfolg für die Schwarzen, sondern zur großzügigen Geste einer grandiosen belgischen Nation.

»Die Unabhängigkeit des Kongo stellt den Höhepunkt des Werkes dar, welches vom Genie König Leopolds II. entworfen, von ihm mit zähem Mut umgesetzt und schließlich von Belgien mit Ausdauer fortgesetzt wurde. (…) 80 Jahre lang hat Belgien dem Kongo seine besten Söhne geschickt, zuerst um das Kongo-Becken vom abscheulichen Sklavenhandel zu befreien, der die Bevölkerung dezimiert hatte; dann, um die einst verfeindeten Stämme zusammenzubringen, die nun den größten aller unabhängigen Staaten Afrikas ausmachen werden.«

Macht hat, wer die Geschichte schreibt. Baudouin und sein Land mögen soeben ihre einzige Kolonie verloren haben. Aber um keinen Preis wollten sie die Kontrolle über die Interpretation der Vergangenheit aufgeben. Der Kongo unter belgischer Herrschaft – zuerst als Privatbesitz des Königs, dann als Territorium des Staates – war nach ihrer Lesart ein hehres Zivilisierungsprojekt. Und zwar eines, das sich im Unterschied zur französischen, portugiesischen und britischen Kolonialpolitik durch besondere Fürsorglichkeit und besondere Opferbereitschaft für das Ziel der Zivilisierung Afrikas ausgezeichnet hatte. *Dominer pour servir*, beherrschen, um zu dienen – so lautete das Selbstverständnis der belgischen Kolonialherren in den 40er und 50er Jahren. Der Tod von Millionen Afrikanern und die Plünderung ihres Landes unter dem »Genie

Leopolds II.« ist dahinter wie ein immer unschärfer werdendes Bild verschwunden.

Man darf annehmen, dass Baudouin, ein Urgroßneffe Leopolds, mit Inbrunst glaubt, was er an jenem 30. Juni 1960 sagt. Die Unabhängigkeit ist in seinen Augen ein Geschenk, keine historische Unausweichlichkeit, schon gar kein Anrecht der Kongolesen. Beschenkte aber, zumal solche, die immer noch Hilfe und Erziehung benötigen, haben dankbar zu sein. Als Lumumba an diesem 30. Juni zur Überraschung aller Anwesenden ans Rednerpult tritt, lässt er nicht nur Dankbarkeit vermissen. Er macht den Belgiern, den Weißen, den Anspruch streitig, die Geschichte seines Landes zu schreiben. Die Unabhängigkeit als Geschenk? Kein Kongolese, sagt Lumumba, »der dieses Namens würdig ist, wird je vergessen, dass es der Kampf war, der sie uns bescherte.«

Vor der versammelten Weltpresse, den Radiomikrofonen und Fernsehkameras hält er eine Anklage. Nicht spontan. Ein Manuskript ist vorbereitet. Auch nicht mit Pathos und Wut, sondern mit einem eigenartig ruhigen, fast tröstenden Ton, als habe er nur seine Landsleute vor Augen, deren Leiden es zu bezeugen gilt; als seien die belgische Staats- und Regierungsspitze und das gesamte diplomatische Corps Luft für ihn:

»Wir haben erleben müssen, dass man uns verhöhnte, beleidigte, schlug, tagaus, tagein, von morgens bis abends, nur weil wir Neger waren. Niemand wird je vergessen, dass man einen Schwarzen selbstverständlich duzte – nicht etwa, weil man ihn als Freund betrachtete, sondern weil das ehrbare Sie den Weißen vorbehalten war. Wir haben erleben müssen, dass man unser Land raubte, aufgrund irgendwelcher Texte, die sich Gesetze nannten, aber in Wahrheit nur das Recht des Stärkeren verbrieften. (...) Wir haben erleben müssen, wie unsäglich Menschen zugesetzt wurde, die sich offen zu ihrer politischen Meinung oder ihrem Glauben bekannten: man verbannte sie, machte sie zu Exilanten im eigenen Land – ein

Schicksal schlimmer als der Tod. (...) Auch die Erschießungen, denen so viele unserer Brüder zum Opfer fielen, wird niemand von uns je vergessen, die Kerker, in die man gnadenlos alle warf, deren einziges Verbrechen es war, sich nicht länger einer Justiz fügen zu wollen, die das Geschäft der Unterdrücker und Ausbeuter besorgte. (...)
All dies, meine Brüder, haben wir erlitten.«

Achtmal unterbrechen Kongolesen im Saal die Rede durch Beifall. Am Ende erhält Lumumba stehende Ovationen. Menschen im ganzen Land, die seine Ansprache im Radio gehört haben, klatschen ungläubig. Auch die Frauen, die zu erwähnen der erste Premierminister nicht für nötig befindet. Zum ersten Mal hat ein Politiker sie direkt als Angehörige einer Nation angesprochen – einer Nation, deren Zusammengehörigkeitsgefühl nicht auf gemeinsamer Sprache und Kultur beruht, sondern auf der gemeinsam erlittenen Kolonialzeit.

Man muss sich die Filmaufzeichnungen dieses Auftritts ansehen, muss die fassungslosen, eisigen Mienen Baudouins und der Diplomaten studieren. Dann begreift man, was diese Rede auslöste unter den Weißen in Léopoldville, aber auch in Brüssel, Paris, Lissabon, Washington, in den Bastionen der Apartheid Südafrika und Rhodesien. Ein »Schwarzer aus dem Busch« hatte in seltsam klingendem Französisch und mit unverschämtem Selbstbewusstsein einen weißen Regenten beleidigt. Hatte ihm von Angesicht zu Angesicht Gräueltaten vorgeworfen, den Ruhm der kolonialen Ära beschmutzt, die Dreistigkeit besessen, die Geschichte neu zu interpretieren. Das ist mehr als ein Eklat, mehr als eine Majestätsbeleidigung. Das ist in weißen Ohren eine Kriegserklärung. »Welch eine Anmaßung«, empört sich die belgische Presse über Lumumba, den sie fortan als »Teufel« oder *sale nègre,* »dreckigen Neger«, tituliert. Im Weißen Haus in Washington, wo man mangelnde Demut in der Dritten Welt als Ausdruck kommunistischer

Tendenzen sieht, denkt man ähnlich. Ein rohstoffreiches Riesenland in den Händen eines unberechenbaren, primitiven, unverschämten »Negers«, der auch noch einen *goatee*, einen Ziegenbart, trägt. Diese Mode pflegen in den USA damals die *Beatniks*, eine als subversiv und unpatriotisch geltende Subkultur. Lumumbas Bart wird zu einer Obsession der amerikanischen Presse und zu einem physischen »Beweis« für dessen Affinität zu Moskau.

Tatsächlich spricht der »dreckige Neger« mit dem Ziegenbart perfektes Französisch mit einem rollenden R, außerdem fließend Lingala und Swahili. An Marx und Lenin hat er ebenso wenig Interesse wie an den *Beatniks*. Wenn man nach einem politischen Ziehvater in Lumumbas Biografie sucht, findet man diesen nicht in Moskau, sondern in Accra, der Hauptstadt von Ghana. Es dauerte, bis er den Weg dorthin fand.

Patrice Émery Lumumba. 1925 in einem Dorf im Kasai als eines von vier Kindern zur Welt gekommen. Das koloniale Schulwesen war damals fest in kirchlicher Hand, aber Lumumba war spät genug geboren, um der Ära der schlimmen Gewaltexzesse der Patres zu entgehen. Er machte Karriere, soweit ein Schwarzer in diesen Zeiten Karriere machen konnte. Schloss eine Ausbildung für den Postdienst ab. Erhielt 1954 die *Carte d'Immatriculation*, die ihn als *évolué* auswies, als »zivilisierten Neger«. Diese Karte war 1948 eingeführt worden. Antragsteller mussten nachweisen, dass sie der Polygamie und der Hexerei abgeschworen hatten, außerdem des Lesens und Schreibens mächtig waren sowie den Umgang mit Messer und Gabel beherrschten, kurzum, »von europäischer Zivilisation durchdrungen« waren. Das glich in weiten Teilen den Geboten, die rund dreißig Jahre zuvor der Erweckungsprediger Simon Kimbangu seinen Anhängern auferlegt hatte – und wofür er schließlich ins Gefängnis kam. Was bei den Kimbanguisten Ausdruck des Widerstands war, der Versuch, die Weißen mit ihren eigenen Waffen zu schlagen, geriet unter der Kolonialverwaltung zu einer paternalistischen Demütigung. Bis kurz vor der Unabhängigkeit hatte sie gerade 1500 Kongolesen eine *Carte d'Immatriculation* ausgestellt. Was bedeutete: Die Mündel bedurften noch auf Jahrzehnte ihrer väterlichen Herren. Davon war Lumumba wie viele *évolués* lange Zeit selbst überzeugt. »Belgiens Mission im Kongo ist im Grunde eine zivilisierende«, schrieb er 1956 in seinem Buch *Der Kongo, mein Land*, das nach seinem Tod veröffentlicht wurde. »Die Saat des politischen Lebens zu früh unter den unwissenden und unverantwortlichen Massen auszustreuen (...) hieße, die Saat der Zwietracht und Uneinigkeit zu säen.«

Lumumba hätte seine Rede zur Unabhängigkeit wahrscheinlich nie gehalten, wäre er im Dezember 1958 nicht für seine Partei, das *Mouvement National Congolais* (MNC), zur *All-African People's*-Konferenz nach Accra geschickt worden. In der Hauptstadt Ghanas, seit 1957 unabhängig, traf sich auf Einladung von Präsident Kwame Nkrumah alles, was in der anti-kolonialen Bewegung Afrikas Rang und Namen hatte. Lumumba kehrte mit einer dezidiert anderen Ansicht über Unabhängigkeit nach Hause zurück: Staatliche Souveränität war für ihn von nun an ein Recht der Kongolesen, kein Geschenk der Belgier.

Aber es wurde schließlich weder eine erkämpfte noch eine geschenkte Unabhängigkeit – eher schon eine den Kongolesen hastig hingeworfene. Die kurzen, aber blutigen Unruhen in Léopoldville im Januar 1959 hatten einer realitätsfernen belgischen Öffentlichkeit schockartig klargemacht, dass ihre schwarzen »Kinder« im fernen Afrika mitnichten froh und zufrieden waren. Also ließ man die Kolonie in die Freiheit fallen, worauf beide Seiten nicht wirklich vorbereitet waren. Am 30. Juni 1960 gab es im Kongo kaum mehr als ein Dutzend Universitätsabsolventen, keine ausgebildeten höheren Offiziere, keine einheimischen Fachkräfte für die öffentliche Verwaltung oder das Management von Bergwerken und Plantagen. Dafür gab es soziale Spannungen, innenpolitische Fraktionskämpfe und eine Ex-Kolonialmacht, die gar nicht daran dachte, ihre Kontrolle über die Armee und über die größte Schatztruhe des Landes aufzugeben: Katanga.

So rasch wie die Unabhängigkeit über die Kongolesen gekommen ist, so schnell geht sie in einer Kettenreaktion faktisch wieder verloren. Innerhalb von zwei Wochen meutern kongolesische Soldaten gegen ihre belgischen Offiziere, worauf ein Massenexodus von Europäern einsetzt. Der dient wiederum als Rechtfertigung für eine belgische Militärintervention, die ihrseits den katangesischen Politiker Moise Tschombe, wegen seiner Bestechlichkeit im Volksmund auch »Monsieur Ladenkasse« genannt, zur Sezession ermuntert. Die von Lumumba zu Hilfe gerufenen UN-Truppen unternehmen wiederum zunächst nichts gegen den Sezessionisten, sondern reklamieren, die neue Ordnungsmacht in Léopoldville zu sein.

Denn auch die Führungsetage der Vereinten Nationen glaubt zu diesem Zeitpunkt an eben jenes Bild vom ewigen Chaos im Kongo, das amerikanische und europäische Medien in immer grelleren Farben malen. »Mit urzeitlichem Geheul«, schreibt das amerikanische Nachrichtenmagazin *Time* am 18. Juli 1960, »ist eine Nation von 14 Millionen Einwohnern in die Barbarei zurückgekehrt.« Und zwar unter Führung eines Regierungschefs, den der belgische Botschafter öffentlich mit »Luzifer« vergleicht und dessen Ermordung einige belgische Kommentatoren als opportune »Lösung« des Problems ansehen.

Als Patrice Lumumba am Abend des 27. November 1960 auf dem Boden eines Autos versteckt, aus Léopoldville flieht, hat er eigentlich schon verloren. Zwischen ihm und UN-Generalsekretär Dag Hammarskjöld ist es längst zum Bruch gekommen, weil Letzterer auch nichts gegen die Abspaltung einer zweiten Provinz, dem damaligen Süd-Kasai, unternimmt. Die CIA plant, offenbar mit Billigung des amerikanischen Präsidenten Dwight Eisenhower, Lumumbas Ermordung, weil der auf eigene Faust die kongolesische Armee gegen Sezessionisten eingesetzt und dabei sowjetische Flugzeuge benutzt hat (zuvor hatte er die USA erfolglos um die Bereitstellung von Flugzeugen gebeten).

Vor allem aber hat Lumumba seine Reputation als Galionsfigur der nationalen Einheit eingebüßt, die über allen ethnischen Loyalitäten und Spannungen steht: bei dem Versuch, die Sezession im Kasai niederzuschlagen, verüben die Truppen Massaker unter Zivilisten, vor allem an der Bevölkerungsgruppe der Luba. Dieser hatte Lumumbas Partei schon bei den Wahlen übel mitgespielt – bis hin zur Duldung und Unterstützung von Pogromen. Er, der das kollektive Leiden aller Kongolesen zur Basis einer nationalen Identität machen wollte, ist selbst in den Verdacht ethnisch motivierter Gewalt geraten. Ähnlich wie im zerfallenden Jugoslawien die Erinnerung an lang verdrängte Gräueltaten der einzelnen Volksgruppen aus dem Zweiten Weltkrieg die Kriege der 90er Jahre befeuerte, wird auch Lumumba von der Geschichte eingeholt. Denn während der Kolonialzeit waren eben nicht alle nur Opfer, sondern manche auch Täter. Die gefürchtete, von den Belgiern kommandierte *Force Publique* bestand zu einem erheblichen Teil aus Angehörigen der Volksgruppe der Tetela. Aus der stammt auch Lumumba.

Die Massaker im Kasai tragen Lumumba von Seiten der UN den allerdings absurden Vorwurf des Völkermords ein – und liefern seinem innenpolitischen Gegenspieler, Präsident Joseph Kasavubu, den Vorwand, ihn seines Amtes zu entheben. Was das Parlament wiederum für illegal erklärt, woraufhin Mobutu, damals bereits hochrangiger Oberst der kongolesischen Armee, die Regierung »zeitweilig« entmachtet und Lumumba schließlich mit Rückendeckung der UN und der USA unter Hausarrest stellt. Es vergeht in dieser zweiten Hälfte des Jahres 1960 kaum ein Tag ohne internationale Schlagzeilen über die »Kongo-Krise«.

N'sele, Kenge, Masi-Manimba, Kikwit ...
Ich kannte die Fluchtroute Lumumbas, zumindest die Strecke der ersten tausend Kilometer. Ich hatte sie auf meiner Tour nach Mushenge zum Königreich der Kuba bereist, im Auto von Willy Mubobo, dem Parlamentsabgeordneten der Lumumbisten. Die Straßen waren im Jahr 2010 in sehr viel erbärmlicherem Zustand als fünfzig Jahre zuvor. Aber Lumumbas kleiner Konvoi kam trotzdem nur langsam voran. Die Provinz Bandundu war eine seiner Hochburgen, und nun wurde ihm seine Popularität auf der Flucht zum Verhängnis. Wann immer er ausstieg, versammelten sich Anhänger und verlangten eine Ansprache. Mobutu, die UN-Kommandanten, der belgische Geheimdienst waren per Telegramm von jedem Menschenauflauf unterrichtet. In Port Francqui, dem heutigen Ilebo, hielt Patrice Lumumba eine seiner letzten Reden an das Volk. Dann schnappte die Falle zu. Knapp hundert Kilometer weiter, am Ufer des Sankuru-Flusses, tauchten Mobutus Soldaten auf, nahmen Lumumbas Frau und seinen kleinen Sohn Roland fest. Lumumba, bereits ans andere Ufer übergesetzt, kehrte zurück, um die Freilassung seiner Familie zu erwirken. Offenbar fühlte er sich bereits so sicher, dass er davon ausging, die Soldaten würden seinen Anweisungen gehorchen. Kurze Zeit später war er wieder in Port Francqui. Als Gefangener. Ein Fluchtversuch zu einem Stützpunkt ghanaischer UN-Soldaten scheiterte, weil deren Kommandant erklärte, er sei nicht berechtigt, den Premierminister unter seinen Schutz zu stellen. Kongolesische Militärs schlugen mit Gewehrkolben auf Lumumba ein und führten ihn endgültig ab.

Es war mein letzter Abend in Ilebo gewesen, meine kongolesischen Bekannten hatten mir als Abschiedsgeschenk eine Stadtführung versprochen. Leider etwas spät. Als wir vor der, wie sie fanden, »größten Sehenswürdigkeit« der Stadt standen, war es bereits dunkel und der Strom mal wieder ausgefallen. Das Gefängnis, so viel konnte ich erkennen, war ein verfallener Steinbau, an dessen Mauern es nach Urin, verbranntem Plastik und vergorenen Früchten stank. Typischer kongolesischer Strafvollzug eben. Trotz Dunkelheit lungerten einige Neugierige vor dem Tor herum, völlig vertieft in den sensationellen Tratsch vom Tage. Wenige Stunden zuvor war ein neuer Häftling eingeliefert worden, ein Fischer, der seine Frau der Hexerei verdächtigt und mit der Machete erschlagen hatte.

Am 2. Dezember 1960 verbrachte Lumumba mehrere Stunden in diesem Gefängnis, bis ihn Armee und Sicherheitsdienst per Flugzeug nach Léopoldville brachten. »Die Zelle, in der er saß«, sagte einer meiner Begleiter an jenem Abend in Ilebo, heiße seither *la cellule du Lumumba*. Die »Zelle Lumumbas«.

»Sie wird aber nicht mehr benutzt.«

»Warum nicht?«, fragte ich.

»Weil seither keiner die Tür mehr aufkriegt.«

Es gab ihn also doch, Lumumbas Geist.

Martyrium. Noch so ein pathetisches Wort. Aber anders lassen sich Lumumbas letzte Tage wohl nicht beschreiben. Er wurde zusammen mit zwei Mitgefangenen und Parteigenossen, Maurice Mpolo und Joseph Okito, in ein Militärcamp in der Nähe von Mobutus Wohnsitz gebracht, dort auf Geheiß der Offiziere von Soldaten zusammengeschlagen. Man stopft ihm eine seiner Presseerklärungen in den Mund, in der er betont hatte, er sei der einzige legitime Regierungschef des Landes. Mobutu sah den Misshandlungen eine Weile zu, der belgische Außenminister Pierre Wigny erhielt per Telegramm die

Nachricht, der körperliche Zustand der Gefangenen sei miserabel. Inzwischen waren die Fotos vom gefesselten und geschlagenen Lumumba um die Welt gegangen; Washington befürchtete ein PR-Desaster. Die UN ernteten wütende Proteste afrikanischer und asiatischer Delegationen, weil sie Lumumba nicht beschützt hatten. Brüssel bereitete bereits heimlich die Überstellung des Premierministers an die Sezessionsregierung in Katanga vor, wo ihm der kurze Prozess gemacht werden sollte. Damit wäre das Ganze eine Angelegenheit unter Afrikanern. Und es eilte, denn Lumumba gelang es trotz fortgesetzter Schläge in der Haft, Briefe nach draußen zu schmuggeln und Soldaten auf seine Seite zu ziehen. Es drohte die Meuterei. In Léopoldville wuchs die Unruhe auf den Straßen. Afrikanische Blauhelme der unteren Ränge protestierten inzwischen laut gegen die Rolle der UN. Antoine Gizenga hatte Stanleyville zum vorläufigen Sitz der Zentralregierung ausgerufen, lumumbistische Armeeeinheiten waren auf dem Vormarsch. Am 15. Januar 1961 veranlasste Belgiens Regierung, Lumumba, Mpolo und Okito nach Katanga zu fliegen. Während des Fluges schlugen betrunkene Soldaten die Gefangenen halb bewusstlos, rissen Lumumba Haare und Bart aus. Sämtliche Besatzungsmitglieder schlossen sich aus Angst im Cockpit ein. »Mehr tot als lebendig« – so beschrieb ein belgischer Major den Zustand der Gefangenen bei ihrer Ankunft auf dem Flughafen von Élisabethville, dem heutigen Lubumbashi.

Lumumba, Mpolo und Okito standen noch mehrere Stunden Folter bevor, ausgeführt von Soldaten, von betrunkenen Ministern aus Tschombes Kabinett, von belgischen Sicherheitsoffizieren. Dann fuhr man sie in der Nacht zu einer Waldschneise. »Jetzt werden wir getötet, nicht wahr?« Das sind die letzten von Lumumba überlieferten Worte. Immer noch keine Angst in der Stimme, vermerkt später ein belgischer Sicherheitsoffizier in seinen Aufzeichnungen. Die Gefangenen hätten sich bis zum Schluss »aufrecht gehalten«.

201 Tage nach der Unabhängigkeit war Lumumba tot. Das Erschießungskommando verballert angeblich ein halbes Kilo Patronen. Die Leichen wurden von belgischen Polizeikommissaren nahe der Grenze zu Rhodesien verscharrt, dann wieder ausgegraben, mit Äxten und Sägen zerteilt und in ein Fass voll Säure geworfen. Die restlichen Knochen wurden verbrannt, die Asche in alle Richtungen verstreut. Es sollte nichts übrig bleiben vom »Teufel«.

Warum man das alles so genau weiß? Weil die Täter Aufzeichnungen führten, weil sie sich in Interviews damit brüsteten. Vor allem aber, weil fast vierzig Jahre später ein belgischer Soziologe namens Ludo de Witte die Archive des Außenministeriums durchstöberte und eine fast minutiöse Chronologie der Ereignisse niederschrieb. *L'assassinat de Lumumba* hieß das Buch, das im Jahr 2000 erschien und immerhin eine offizielle Untersuchungskommission nach sich zog. Fast zeitgleich schilderten mehrere der noch lebenden Täter die Ereignisse dem deutschen Dokumentarfilmer Thomas Giefer, darunter der ehemalige Polizeikommissar Gérard Soete, der seinerzeit an der »Entsorgung« von Lumumbas Leiche beteiligt war. Vor laufender Kamera wickelt der inzwischen greise Soete aus einem Papier die Souvenirs seines Einsatzes aus: Zwei herausgebrochene Zähne. »Armer Patrice«, sagt er spöttisch, »das ist alles, was von dir übrig geblieben ist.«

Der mit Einschusslöchern übersäte Baum, an dem Lumumba hingerichtet wurde, steht angeblich immer noch auf jener Waldschneise in Katanga.

Kapitel 6
Kinshasa – Die Parade der Löffelmenschen

Die Stadt, sagte Freddy, verändere sich – und bleibe doch gleich. Ob ich die neuen Automärkte entlang der Hauptstraßen gesehen hätte, wo Händler das Brachland links und rechts mit ihrer Ware zuparkten: Landcruiser, Mercedes-Modelle, Chrysler-Geländewagen mit dunkel getönten Scheiben. Gebrauchtwagen ab 20 000 Dollar aufwärts. Das Geschäft lief gut, die Kriegsgewinnler stellten sich ihren Fuhrpark zusammen. Natürlich mit Allrad-Antrieb bei diesen Straßenverhältnissen.

Dann waren da die Baustellen in der Innenstadt. Die Werbetafeln, auf denen zukünftige Luxus-Appartements angepriesen wurden. *La cité du fleuve*, eine neue »Stadt des Flusses« sollte auf den Sandbänken des Kongo entstehen. Im *Grand Hotel* verhandelten Herren aller Hautfarben jetzt nicht mehr über Waffen, sondern über Immobilien.

Und dann waren da die Chinesen. Sie ließen sich in Vierteln nieder, in denen zu wohnen keinem Weißen eingefallen wäre. N'djili, Kimbanseke, Masina. Sie handelten mit Plastik-Sandalen, T-Shirts, importierten Heilkräuter, Batterien und Spielzeug, eröffneten Restaurants und Optikerläden, arbeiteten als Ärzte und Krankenpfleger. Wenn ich mit Monsieur Vicky, meinem Fahrer, oder mit Freddy durch diese Bezirke fuhr, grüßten die Gören auf den Straßen jetzt nicht mehr mit »*Ça va, mundele?* Alles klar, Weiße?«, sondern mit »*Ni hao*«, dem chinesischen Hallo, das sie von den Neuankömmlingen aufgeschnappt hatten.

Kinshasa hatte sich verändert. Auch Freddy trug dieser

Tatsache Rechnung. Er sammelte jetzt nicht mehr Kriegsschrott, sondern ganz gewöhnlichen Blechschrott.

Freddy Bienvenu Tsimba war Maler und Bildhauer. Von der naiven Malerei und den traditionellen Holzskulpturen, die auf Kinshasas Straßenmärkten angeboten wurden, hielt er wenig. Die Masken der Kuba, die ich im Kasai bestaunt hatte, waren für ihn eher Antiquitäten als Kunst. Seine Vorbilder hießen Alberto Giacometti und Jean-Marie Nginamau Lukiesiamo, einer der bekanntesten modernen kongolesischen Bildhauer.

Freddys Skulpturen waren wie das Land: Schön und verstörend. Oft riesig, zerrissen, taumelnd, verstümmelt, trotzig. Freddy war 2002 mit einer rostigen Barkasse zwei Wochen flussaufwärts bis Kisangani gefahren, um die Folgen des Krieges zu sehen und zu spüren, die man in Kinshasa nicht sehen und spüren konnte. Mit einem Lastkorb voller Patronen- und Granathülsen war er zurückgekommen. Aus denen schuf er mit dem Schweißbrenner den Torso einer Frau. Und dann noch einen und noch einen, bis es etwa ein halbes Dutzend waren. Wunderschön geschwungene Körper mit faustgroßen Löchern. *Silhouettes Effacées*, nannte er sie, »ausgelöschte Schattenbilder«, die er an die Wand hing.

Davor saßen mannshohe Gestalten aus Granathülsen, die in der Körperhaltung der zu Tode Erschöpften immer tiefer zusammensanken. Vor meinen Augen. Denn ich hätte schwören können, dass Freddys Figuren sich bewegten. Auch der »Diktator im Sturz«, ein scheinbar im freien Fall befindlicher Körper aus Munitionsresten auf einem senkrecht aufgehängten Motorrad, der Kopf ein Affenschädel aus Bronze, das eine Bein gen Himmel gestreckt und mit einem löchrigen Lederschuh geschmückt. George Grosz hätte seine Freude daran gehabt. Freddys Nachbarn hielten ihn für verrückt, weil er das Motorrad nicht ausschlachtete, um die Teile zu verkaufen.

So hatte ich Freddy bei einer meiner ersten Reisen nach

Freddy Tsimba in seinem Atelier

Kinshasa kennen gelernt: Ein kleiner, quirliger, melancholischer Mann in einem Atelier unter einem stürzenden Diktator. Wobei die Bezeichnung »Atelier« übertrieben war für den 20 Quadratmeter großen Schuppen in Matonge, in dem die Skulpturen wie Schlingpflanzen Schweißbrenner, Meißel und Hämmer überwucherten.

Geld verdiente Freddy kaum. Die UN-Mitarbeiter suchten auf ihrer Souvenirjagd nach traditionellen Holzmasken, nicht nach modernen Werken. Und für die kongolesische Oberschicht waren solche Arbeiten ein Affront. Die *grosses legumes*, das fette Gemüse, war politische Kunst nicht gewohnt. Es erwartete von Malern und Bildhauern das Gleiche, was seit Jahren schon die Superstars der Musikszene boten: Bücklinge und Schmeicheleien. Liedtexte, in denen Politiker, Großhändler, lokale Bosse gegen Geld gepriesen wurden. *Libanga* heißt dieses Phänomen auf Lingala. »Widmung«, »Schleimerei« könnte man es auch nennen.

Freddy schmeichelte nicht. Trotzdem winkte ab und an ein Stipendium im Ausland, klopften hin und wieder Kuratoren aus Brüssel, Brazzavile oder Dakar an. Freddy hatte sogar in Beirut ausgestellt, bevor dort die Bomben der israelischen Armee im Libanon-Krieg 2006 einschlugen und der Welt einige Tonnen neuen Munitionsschrott bescherten. Und einmal hatte er es tatsächlich geschafft, seine *Silhouettes Effacées* in einem vornehmen Hotel von Kinshasa ehemaligen Kriegsherren vorzuführen, die inzwischen zu Ministern in Schlips und Anzug mutiert waren. »Sehr interessant«, hatten sie gesagt und mit den Köpfen genickt. Gönnerhafte Herablassung von Männern, die vor kurzem noch Kindersoldaten rekrutieren und Dörfer plündern ließen – das war schlimmer als ignorante Nachbarn, die von Kunst keine Ahnung hatten. Irgendwann in dieser Zeit ging Freddy der Munitionsschrott aus. Er begann, nach einem anderen Arbeitsstoff zu suchen. Seit gut einem Jahr nun lötete er das Alltagsleben Kinshasas aus Messern, Gabeln und Löffeln zusammen, die ihm Straßenkinder aus den Müllhaufen der Stadt fischten.

Shegues nennt man die Kinder in Kinshasa, was ein Schimpfwort ist. Viele waren nicht von zuhause ausgerissen, sie waren auch keine Waisenkinder, sondern die Familie hatte sie der Hexerei beschuldigt und vor die Tür gesetzt. Dieses Phänomen machte sich breit mit dem endgültigen Niedergang der Städte Anfang der 90er Jahre. Was da an Armut auf sie zukam, konnten die Netzwerke der Familien nicht mehr auffangen. Und was da an politischem und privatem Unglück hereinbrach, ließ sich manchmal nur noch durch die Macht des Bösen, der schwarzen Magie erklären. Ein Kind der Hexerei zu bezichtigen, hieß, einen Sündenbock zu finden – und die Zahl der hungrigen Mäuler daheim um eines zu verringern. Und so stromerten nun Knirpse und Halbwüchsige, Jungen wie Mädchen, durch Kinshasa, die sich nachts in tödliche Schlangen verwandelten, in Gift mischende, fliegende Wesen oder Blut trinkende Geister. Sie glaubten oft selbst an ihre Macht. Ich hatte über die Jahre ein paar Dutzend kennen gelernt und kannte ihre Geschichten. Ein *shegue* war in Kinshasa Freiwild für die Polizei, für Soldaten und für Nachtwächter, selbst Schulkinder warfen manchmal Steine nach ihnen. Vicky, mein zutiefst christlicher Taxifahrer, nannte sie *voleurs sales*, dreckige Diebe. Freddy behandelte sie wie kleingeratene Kumpels und bezahlte sie für jeden Sack Blechschrott. Erst die Sache mit den Munitionsresten und dem Motorrad, und nun diese Kumpanei mit den *shegues*. Manche Nachbarn begannen, Freddy selbst der Hexerei zu verdächtigen.

Aber die *shegues* waren gut. Sie fanden immer, was Freddy gerade brauchte. Vor allem Löffel. Aus irgendeinem Grund lagen in Kinshasa überall Löffel herum. Freddys Löffelmenschen waren über zwei Meter groß, sie stießen an die Decke des Ateliers. Männer, die überladene Fahrräder schoben oder eine Ziege schleppten, Frauen, die hockend ihre Ware anboten, Kinder, die Lasten auf dem Kopf balancierten. Faust schüttelnde Demonstranten, Polio-Krüppel, die sich auf Handfahrrädern in die Kurve lehnten. Ein gigantisches Labyrinth aus Besteck, ein Mosaik aus Blech, und doch stach jeder Einzelne heraus mit seinen Gabelhänden und Löffelknien. Der Löffel. Symbol für den ewig knurrenden Magen der Stadt.

Freddys Nachbarn schauten manchmal herein und schüttelten die Köpfe. »Freddy, all die schönen Löffel, was soll das denn werden?« Er hasste solche Fragen. Aber unter den Schaulustigen fand sich auch eine Frau aus Matonge, die ihm fortan ihren Hinterhof vermietete. Jetzt hatte er endlich mehr Platz.

Freddys Hof war einer der wenigen Orte in Kinshasa, wo man sich dem Sog der Stadt entziehen konnte. Er arbeitete, ich sah zu und drehte im Kopf mit seinen Figuren meinen ganz eigenen Kongo-Film. Die gestikulierenden Demonstranten – das waren die Anhänger von Joseph Kabila und Jean-

Pierre Bemba, wie sie sich damals im Frühjahr 2006 vor den Wahlen bekämpft hatten. Das waren die Sprücheklopfer und Redenschwinger der Straßenparlamente, die an stadtbekannten Ecken die Schlagzeilen des Tages debattierten. Die Blechfiguren mit den Fahrrädern verwandelten sich in die *Toleka*-Händler, die keuchend und dem Kollaps nahe ihre Ware hunderte Kilometer durch Schlamm und Sand schoben. Und der blecherne Polio-Krüppel, das war einer der *handicapés* vom Fährhafen, der jeden Nachmittag um halb vier, wie ein Irrer seine Handpedale kurbelnd, das Dreirad mit Stoffballen beladen, von der Fähre aus Brazzaville an Land radelte, dann Richtung Markt sauste, um die Ware zu verkaufen. All das im hautnahen Konkurrenzkampf mit dreißig, vierzig anderen Behinderten. Eine Szene wie aus einem Fellini-Film: Vorneweg rasen die Beinamputierten auf Dreirädern, ihre Gesichter verzerrt vor Angst, aus der Kurve zu kippen. Auf ihren Ladeflächen türmen sich Kisten und Säcke. Links und rechts schieben, zerren und brüllen ihre Gehilfen, Halbwüchsige mit gesunden, kräftigen Armen und Beinen. Dazwischen lauern, hoch konzentriert, die *shegues* auf ihre Chance – einen Unfall, einen Achsenbruch oder eine herunterpurzelnde Kiste. Auf Kniehöhe wischen bullige Kerle ohne Beine vorbei, die sich, den Rumpf fest auf einem Holzbrett mit Rädern, mit den Händen vom Boden abstoßen, geschickt den Schlaglöchern und den Polio-Krüppeln ausweichend, die auf Krücken hinterherspurten und ihre Beine wie trockene Hölzer hin- und herschleudern.

Auch die Behinderten in Kinshasa galten als verhext. Aber sie waren Erwachsene und besser organisiert als die *shegues*, hatten eine eigene Gewerkschaft, kontrollierten mit oft rabiaten Methoden den kleinen Grenzhandel zwischen Kinshasa und Brazzaville. Sie waren ein Machtfaktor am Fährhafen, auch Beach Ngobila genannt, obwohl dort nichts, aber wirklich gar nichts zum Schwimmen einlud.

Der Fährhafen war Kinshasa in höchster Konzentration:

Verkehrsknotenpunkt, Industrieruine, Warenumschlagplatz, Jagdgebiet für Polizisten und Zöllner, kleinkrimineller Brennpunkt, Solidargemeinschaft, Müllhaufen und Herrschaftsgebiet der Amputierten, Behinderten und Kriegsversehrten. Zweimal am Tag kreuzte die Fähre, ein Kahn, der an Humphrey Bogarts »African Queen« erinnerte, den Fluss zwischen Kinshasa und Brazzaville, beladen mit Warenbergen und Menschentrauben. Die *handicapés* schleppten auf selbstgebauten Lasträdern – oder Rollstühlen – Seife, Waschpulver, Streichhölzer, Schaumgummi-Matratzen oder was immer in Kinshasa gerade billiger war als in Brazzaville, verkauften die Ware mit Gewinn auf der anderen Seite und kamen meist mit bunt bedruckten Stoffen zurück. Safrangelb, azurblau, karminrot, wunderschöne afrikanische Muster, alles *made in China*. Acht Dollar pro Bahn, der Einkaufspreis in Brazzaville, in Kinshasa zahlten die Händlerinnen zehn.

Samstags fuhren sie nicht zum Handeln über den Fluss, sondern zum Fußballspielen. Wobei Fußball die Sache nicht ganz zutreffend beschreibt. Es handelte sich eher um Bodenakrobatik. Die Spieler bewegten sich auf Händen und Knien, hechteten und rollten übers Feld.

Mir wurde beim Anblick von Freddys *handicapés* aus Löffeln plötzlich klar, was die Veränderung der Stadt, die Automärkte, Baustellen und Chinesen, die neuen Banken, Fast-Food-Restaurants, die boomenden Sicherheitsfirmen, die ersten Einkaufszentren, bedeuteten. 2002, zum Zeitpunkt meines ersten Besuchs, war Kinshasa eine wuchernde elendige Arche Noah, ein Zufluchtsort für alle Traumatisierten und Entwurzelten, eine alptraumhafte Hoffnung in einem kaputten Land, eine manchmal manisch, manchmal depressive Endstation mit einem New Yorker Selbstbewusstsein: Wer es hier schaffte, schaffte es überall. Es gab Reiche, es gab das »Großgemüse«, es gab tausende religiöser und sozialer Subkulturen, es gab »reiche« Viertel wie Gombé und bitterarme wie Masina.

Aber die »guten« Viertel waren immer auch Territorium der Armen, der *shegues*, Straßenhändler, Geldwechsler, Erweckungsprediger, Krüppel. Und keine Ecke der Stadt blieb vom Niedergang verschont, auch nicht von den Ausbrüchen der Gewalt, den Plünderungen durch Armee und Bevölkerung 1991 und 1993, der Lynchjustiz gegen Tutsi bei Ausbruch des zweiten Kongo-Krieges 1998, dem Kurz-Krieg zwischen den Truppen Joseph Kabilas und Jean-Pierre Bembas 2007 nur wenige Monate nach den Wahlen. Der Verfall und die Gewalt hatten etwas sehr Egalitäres.

Jetzt kamen Fortschritt und Entwicklung. Nicht im Sinn eines irgendwie definierten Gemeinwohls. Sondern mit der Aussicht auf eingezäunte Villenviertel mit regelmäßigem Strom, Trinkwasser und klimagekühlten Supermärkten und dem ewig gleichen Elend in den Quartieren der Ärmeren und Armen: Öllampen, offene Kanalisation, kaputte Straßen, Überschwemmungen und Erdrutsche. Kinshasa würde eine typisch afrikanische Mega-City werden.

Irgendwann würde vermutlich ein Investor den Fährhafen renovieren, was dringend nötig war. Aber dies wäre dann wohl das Ende für die Handelsgewerkschaft der Krüppel. Der Aktionsradius der ärmeren und armen *Kinois* im täglichen Überlebenskampf begann zu schrumpfen.

Freddy beugte sich mit dem Lötkolben über eine Löffelskulptur, die langsam die Formen eines Autos annahm. Ein Sammeltaxi, in das er später blecherne Fahrgäste hineinpferchen würde. Obwohl die Karosserie nur aus verrostetem Besteck bestand, konnte man die Beulen, aufgerissenen Sitze und eiernden Räder bereits erahnen.

»Wo willst du so etwas je ausstellen?«, fragte ich. »Das kann doch niemand transportieren.«

»Wenn's jemand haben will, kann man es auch transportieren«, sagte er.

Straße in Kinshasa

Ich verabschiedete mich von ihm, seinem Hof und der Straße, der üblichen Buckelpiste aus Schlaglöchern, grünlichen Pfützen, kokelnden Müllbergen, flankiert von verschlammten Internet-Cafés, Bierkneipen und Kiosken, aus denen scheppernd kongolesischer Rumba dröhnte. Ich zweifelte immer noch, dass ein Löffelmensch die Fahrt über solche Straßen überstehen würde. Vor ein paar Jahren hatte Freddy Straßenkinder angeheuert, um die Schlaglöcher mit Sand und Kies aufzufüllen. Die Nachbarn sahen zu, unschlüssig, ob das nun wieder eines seiner bizarren Kunstprojekte sein sollte oder Dienst an der Gemeinschaft. Einige Tage ging die Arbeit gut voran. Dann stellte der Bezirksbürgermeister Freddy zur Rede. Was das solle? Ob er sich wichtig machen wolle? Ob er ihm, dem *bourgmestre* von Matonge, etwa den Kampf ansage?

Seitdem waren Freddys Straße und, soweit ich es überblicken konnte, alle Straßen in Matonge von jeglicher Reparatur-Anstrengung unberührt geblieben. »Kinshasa«, sagte Freddy,

»hält man am besten für ein Phantom. Dann lebt es sich leichter.« Mir war dieses Phantom ans Herz gewachsen. Aber ich war eine weiße Ausländerin aus einem reichen Land. Ich konnte kommen und gehen, wann ich wollte.

Vicky fuhr mich zum Flughafen. Nicht zum letzten Mal. Ich würde wiederkommen. Mit dieser Stadt und diesem Land war ich noch lange nicht fertig. Auf der hinteren Sitzbank quietschten und kicherten seine beiden kleinen Töchter Esther und La Grace. Ich hatte sie am Vortag in den Zoo von Kinshasa eingeladen, wo es einen Eisverkäufer gab, einige Affen, die man ärgern konnte, und einige kongolesische Soldaten mit einem Pferd. Einmal draufsetzen kostete 200 Francs. Das waren umgerechnet etwa zehn europäische Cent, was in Kinshasa viel Geld ist. Aber im Vergleich zu den Praktiken anderer kongolesischer Soldaten erschien mir diese Form der Einkommensbeschaffung ziemlich maßvoll und originell. Ich wollte im Zoo vor allem die Krokodile sehen, wo mir doch auf all den Reisen keines begegnet war. Nur in Geistergeschichten. Im Zoo von Kinshasa döste ein einheimisches Prachtexemplar neben einem vermüllten kleinen Teich. Ich hatte mich immer gefragt, warum ein so hässliches, bedrohliches Tier die Menschen im Kongo zu so vielen Fabeln und Mythen inspirierte. »Weil das Krokodil uralt ist«, hatte Freddy gesagt, »und weil es jede Katastrophe auf der Erde überlebt hat.«

Vicky fädelte sich mit seinem Wagen in den Kreisverkehr zum Boulevard Lumumba ein. Wir passierten das Denkmal von Patrice Lumumba, der mit ausgestrecktem Arm Richtung N'djili winkte. Ich fand ihn nicht sonderlich vorteilhaft abgebildet. Er war ein wenig breit geraten, wie eine Erich-Honecker-Statue, bei der man den Kopf ausgetauscht hatte. Auf dem Sockel wirkte Lumumba, als hätte er sein Leben als satter Parteifunktionär beendet. Als wäre er mit kleinem Schmerbauch noch dabei gewesen, als am 30. Juni 2010 die Armee mit geputzten Lastwagen, Artillerie-Geschützen und in der Ukraine gekauften Panzern über den *Boulevard Triomphal* marschierte. Die große Parade zum 50. Jahrestag der Unabhängigkeit, vorbei am Stadion der Märtyrer, am Palast des Volkes, einigen tausend *Kinois* und einer Ehrentribüne, auf der alle Henker und Helfer des Kongo Platz genommen hatte. Wobei die Konturen zwischen beiden Rollen bekanntlich sehr verschwommen waren. Zimbabwes Präsident Robert Mugabe und sein ruandischer Amtskollege Paul Kagame hatten Platz genommen, UN-Generalsekretär Ban Ki Moon und Belgiens König Albert II. Letzterer ist der jüngere Bruder von Baudouin I., jenem Monarchen, dem Patrice Lumumba 50 Jahre zuvor mit seiner spontanen Rede die Stirn geboten hatte.

Kurz vor Masina kam der Verkehr zum Erliegen, Menschenknäuel drängten sich um Sammeltaxis, ein Laster, noch voll beladen, stand gefährlich schief und ohne rechten Vorderreifen auf der Straße. Die Luft roch nach Abgasen, Holzkohle, Müll.

Ich schloss die Augen und spulte die Stadt zehn Jahre in die Zukunft. Kinshasa, 30. Juni 2020, der 60. Jahrestag der Unabhängigkeit, die Parade, kilometerlang, setzt sich in N'djili Richtung Innenstadt in Bewegung: Vorneweg die *shegues*, tausende kleine zerlumpte Hexer. Dahinter Polio-Krüppel, die Einbeinigen, Blinden, die Geldwechsler, Schuhputzer und die Straßenbands. Dann auf großen Umzugswagen Freddys Löffelmenschen, ein paar hundert sind es inzwischen, weswegen es auf Kinshasas Müllhalden kein Besteck mehr gibt. Es folgt der »stürzende Diktator«, eskortiert von den Frauen mit ihren Patronenbäuchen. Zwischendrin ekstatische Kirchenchöre, Heiler, *Féticheurs*, Quacksalber, die Huren natürlich und die kongolesischen Catcher in ihren bizarren hautengen Kostümen. Ein Siegeszug der Verrückten, ein Totentanz der Unverwüstlichen, ein Karneval der Grenzgänger zwischen Geisterwelt und Straßenchaos.

»Fantastisch«, sagte ich laut, öffnete die Augen und schilderte Vicky meine Idee, dem durch und durch braven Kirchgänger, Familienvater und leidenschaftlichen *Kinois*, der über die Zustände seiner Stadt schimpfen konnte wie kaum ein anderer. Er sah mich an, als hätte mich der Wahn befallen. »Eine Parade mit lauter Dieben und Kriminellen?«, sagte er. »Da läuft unser Kirchenchor nicht mit.«

Dann setzte er mich am Flughafen ab, nicht ohne die Polizisten anzublaffen, die unzulässige Gebühren für den Parkplatz einstreichen wollten. »Warte, nur mein Freund«, sagte der Uniformierte und winkte uns durch. »Beim Rausfahren zahlst du doppelt.« Ich verabschiedete mich, brachte mein Gepäck zum Abfertigungsschalter. Der internationale Terminal war inzwischen mit Röntgengeräten und Sicherheitsschleusen ausgestattet, kein Grenzbeamter verlangte meinen Pass, um ihn gegen *sucre*, gegen einen 20-Dollar-Schein, wieder herauszurücken. Es gab eine klimatisierte Lounge. Der Lärm war verstummt. Ein Flughafenbus – man musste jetzt nicht mehr zum Flugzeug laufen – mit surrenden Türen sammelte die Passagiere ein. Surreal lächelnde weiße Flugbegleiter gaben surreal anmutende Anweisungen zum Verhalten bei Notlandungen. Dann sprühten sie den gesamten Innenraum mit Insektenspray aus. Ich roch an meiner Jacke – in der Hoffnung, die Spuren der Stadt in meinen Kleidern zu finden.

Dank

Kongolesen debattieren mit Leidenschaft über Gott und die Welt. Aber sie breiten ungern vor Fremden ihr eigenes Schicksal aus. Menschen, die den Tod von Familienmitgliedern, Vertreibung, Krieg und Plünderung erlebt haben, fassen ihr Leben mit einem müden Achselzucken und einem »c'était difficile« zusammen. Es war eben schwer. Und es ist immer noch schwer. Unendlich schwer.

Mein Dank gilt all denen, die mit Engelsgeduld auch meine dümmsten Fragen beantwortet und mir ihre Geschichten erzählt haben. Mit einigen bin ich in Kontakt geblieben.

Judex und Angel, der Coach und die Boxerin, leben immer noch im Stadion Tata Raphaël. Inzwischen sind sie Eltern eines Jungen, der so gesund und munter ist, wie ein Kind in den Slums von Kinshasa eben sein kann. Judex trainiert weiter seine Boxer und Boxerinnen. Und er träumt immer noch von einem Besuch Muhammad Alis.

Das *Orchestre Symphonique Kimbanguiste* setzt seine Konzerte in Kinshasa fort. Seine Mitglieder hoffen, irgendwann eine Musikschule eröffnen zu können, anstatt den Nachwuchs im Hinterhof von Dirigent Armand Diangienda zu unterrichten.

Willy Mubobo, der kongolesische Abgeordnete mit bayerischem Einschlag, hat Chancen, den erneuten Einzug ins kongolesische Parlament zu schaffen. Vorausgesetzt, die für November 2011 angekündigten Wahlen finden tatsächlich statt, was in diesem Land nie sicher ist. Henri Van Caenegem, der rasende Fabrikleiter aus Bandundu, fährt bis auf weiteres unfallfrei, und Félicien Mbikayi verheißt den Diamantensuchern in Mbuji-Mayi unverdrossen eine bessere Zukunft. In diesem Leben, nicht im nächsten.

Zu Kavira Santiche, der ehemaligen *Mayi-Mayi*-Kämpferin, und ihrem Sohn Baraka ist der Kontakt abgebrochen. Die Sicherheitslage in der Region um Beni und Butembo hatte sich einige Monate nach unserer Begegnung wieder verschlechtert.

Jean-Claude Kibala ist weiterhin Vize-Gouverneur von Süd-Kivu. Ein funktionierendes Katasteramt hat die Provinz immer noch nicht, dafür aber einige neue Schulen und neu planierte Straßen.

Patrice Lumumbas Geist ist, so behaupten manche, immer noch lebendig. Sein Fall ist jedenfalls nicht abgeschlossen. Zwei seiner Söhne haben im Herbst 2010 in Brüssel Klage gegen mehrere ehemalige belgische Polizisten und Militärangehörige eingereicht, die in den Mord an ihrem Vater verwickelt gewesen sein sollen.

Ich war auf diesen Reisen meist allein unterwegs, aber ich hatte fast überall das Glück, von der Gastfreundschaft, der Hilfe und dem Wissen anderer zu profitieren. Mein Dank gilt in Kinshasa Michel Kassa, Innocent Olenga, Jupiter Bakondji, Freddy Tsimba und ganz besonders Monsieur Vicky, ohne dessen Fahrkunst und Kenntnisse ich nicht allzu viel von dieser Stadt begriffen hätte.

Pater Longine Buhake half mir, die Route nach Mushenge zu planen.

Jean-Paul Ngongo und Venantie Bisimwa in Bukavu stopften, so gut es ging, meine Wissenslücken über Kriegsparteien und Rebellenallianzen. Ihnen und all den anderen Menschenrechtlern im Kongo gilt mein ganzer Respekt. Den Mitarbeitern von Cap Anamur und Malteser International in

Süd-Kivu danke ich für Fahrten ins Hinterland, lange Gespräche und den Einblick in ihre Arbeit, die längst ein paar Orden verdient hätte.

Der Fotograf Tim Freccia bot höchst unterhaltsame Begleitung auf einer meiner Reiseetappen und schuf Bilder jenseits des Klischees vom »Herz der Finsternis«. Gleiches gilt für Kiripi Katembo, von dem das Titelbild zu diesem Buch stammt.

Martin Baer, Claus Wischmann und Pascal Capitolin danke ich für atemlose und faszinierende Wochen in Kinshasa, bei denen meine Reportage und ihr Dokumentarfilm »Kinshasa Symphony« über das *Orchestre Symphonique Kimbanguiste* entstanden sind.

Einige der in diesem Buch beschriebenen Personen habe ich zum ersten Mal bei Recherchen für deutsche Zeitungen und Zeitschriften getroffen und nun wieder besucht. Auf die nicht ganz nahe liegende Idee, den Kongo zu erkunden, brachte mich 2002 die Redaktion von GEO, als sie mich für ein Stadtporträt nach Kinshasa schickte. Die Redaktion der ZEIT ermöglichte mir in den folgenden Jahren immer wieder Reisen in das Land und nimmt inzwischen durchaus Anteil am Werdegang eines Jean Claude Kibala oder Jean Paul Ngongo.

Christiane Kayser danke ich für anregende Diskussionen, Shungu Tundanonga für kritische Lektüre einiger Kapitel, Heike Specht für das Lektorat, Tobias Hamelmann für Dokumentationsarbeit und *fact checking*. Was immer an Fehlern übrig geblieben ist, geht auf meine Kappe.

Barbara Wenner hat dieses Buchprojekt von Anfang bis Ende mit Hingabe begleitet, was sich als hervorragendes Mittel gegen Schreibblockaden erwies.

Meine Mutter hat einzelne Kapitel vorab gelesen. Sie findet Kinshasa inzwischen durchaus interessant und meine Reisen nicht mehr ganz so verrückt.

Sebastian kennt inzwischen sämtliche Fassungen des Manuskripts – und die damit korrespondierenden Stimmungen der Autorin. Während meiner Reisen steckte er meist in Krisenherden am anderen Ende der Welt, aber in Gedanken war er immer dabei. Und den Kongo, den Fluss, befahren wir irgendwann gemeinsam.

Auswahlbibliographie

Braeckman, Colette, u.a.: Katanga Business, Liege 2009

Butchard, Alexander: The Anatomy of Power: European Constructions of the African Body, London 1998

Butcher, Tim: Blood River – Ins dunkle Herz des Kongo, München 2008

Clark, John: The African Stakes of the Congo War, New York, 2002

Conrad, Joseph: Herz der Finsternis, München 2009

De Boeck, Filip, und Plissart, Marie-Françoise: Kinshasa, Récits de la ville invisible, Brüssel 2005

De Witte, Ludo: L'assassinat de Lumumba, Paris 2000

Des Forges, Alison: Kein Zeuge darf überleben – der Genozid in Ruanda, Hamburg 2002

Devlin, Larry: Chief of Station, Congo – A Memoir from 1960 to 1967, New York

Dunn, Kevin: Imagining the Congo – the International Relations of Identity, New York 2003

Ehrsam, Thomas, Horlacher, Kurt, und Puhan, Margrit (Hrsg.): Der weiße Fleck – Die Entdeckung des Kongo 1875 bis 1908, München/Wien 2006

Findlay, Trevor: The Blue Helmets' First War? Toronto, 1999

Greene, Graham: A Burnt-Out Case, London 2004

Guevara, Ernesto: The African Dream, London 2000

Joris, Lieve: Die Stunde des Rebellen, München 2008

Joris, Lieve: Der Tanz des Leoparden, München 2004

Hepburn, Katherine: African Queen – oder wie ich mit Bogart, Bacall und Houston nach Afrika fuhr und beinahe den Verstand verlor, München 1987

Hoare, Mike: Congo Mercenary, London 1967

Hochschild, Adam: Schatten über dem Kongo, Reinbek 2002

Johnson, Dominic: Kongo – Kriege, Korruption und die Kunst des Überlebens, Frankfurt a. M. 2008

Kennedy, Pagan: Black Livingstone, New York 2002

Kingsolver, Barbara: The Poisonwood Bible, New York 1999

Lindquist, Sven: Durch das Herz der Finsternis – ein Afrika-Reisender auf den Spuren des europäischen Völkermords, Frankfurt 1999

Louis, Roger, und Stengers, Jean: E.D. Morel's History of the Congo Reform Movement, Oxford 1968

Mailer, Norman: The Fight, London 2000

Mamdani, Mahmoud: Citizen and Subject. Contemporary Africa and the Legacy of Late Colonialism, Princeton 1996

Mbembe, Achille: On the Postcolony, Berkeley 2001

McLynn, Frank: Hearts of Darkness – The European Exploration of Africa, London 1992

McLynn, Frank: Stanley – The Making of an African Explorer, London 1989

Naipaul, V.S.: A Bend in the River, London 1980

Nlandu, Thierry Mayamba: Kinshasa. Beyond Chaos. In: Okwui Enwezor et al. Under Siege: Four African Cities, Freetown, Lagos, Johannesburg and Kinshasa. Kassel 2002

Nzongola-Ntajala, Georges: The Congo from Leopold to Kabila. A People's History, London/New York 2002

Petit Futé: Congo RDC, Paris 2006

Phipps, William: William Sheppard – Congo's African-American Livingstone, Louisville 2002

Prunier, Gérard: Africa's First World War

Stanley, Henry Morton: The Exploration Diaries, London 1961

Stewart, Gary: Rumba on the River. A History of the Popular Music of the Two Congos. London 2000

Südwind (Hrsg.): Kongo: Handys, Gold und Diamanten. Kriegsfinanzierung im Zeitalter der Globalisierung, Band 2, Siegburg 2003

Tayler, Jeffrey: Facing the Congo, New York 2000

Twain, Mark: King Leopold's Soliloquy, New York 2006

Vansina, Jan: Being Colonized – The Kuba Experience in Rural Congo, 1880-1960, Madison 2010

Vansina, Jan: The Children of Woot, Madison 1978

Wrong, Michela: In the Footsteps of Mister Kurtz, London 2001

Zeittafel

1200 – Aufstieg des Königreichs Kongo in den nördlichen und westlichen Territorien der heutigen Staaten Angola und Kongo.

1482 – Der portugiesische Seefahrer Diogo Cao betritt als erster Europäer kongolesischen Boden. Portugal nimmt Beziehungen mit dem Königreich Kongo auf.

16. und 17. Jahrhundert – Briten, Niederländer, Portugiesen und Franzosen beteiligen sich im großen Stil am Sklavenhandel und benutzen dabei einheimische Zwischenhändler.

1874–1877 – Der britische Journalist und Abenteurer Henry Morton Stanley folgt dem Kongo-Fluss bis zum Atlantischen Ozean.

1879–1887 – Der belgische König Leopold II. beauftragt Stanley, das Gebiet des Kongo-Beckens für den Monarchen zu reklamieren.

1884–1885 – Auf der Berliner Konferenz erkennen die europäischen Mächte Leopolds Anspruch auf das Kongo-Becken an.

1885 – Leopold verkündet die Gründung des »Freistaats Kongo«, sein privater Besitz, dem er als alleiniger Souverän vorsteht. Bis zur Unabhängigkeit des Kongo 75 Jahre später wird es immer wieder zu Aufständen kommen.

1891 – Edouard Michelin meldet das Patent für den aufblasbaren Gummireifen an. Im Zuge der Industrialisierung steigt der globale Bedarf nach Gummi massiv. Kautschuk wird zum begehrten Rohstoff.

1891 – Im April gründet der erste schwarze Missionar, der Amerikaner William Sheppard, zusammen mit einem weißen Kollegen eine Missionsstation in Luebo im Kasai.

1898 – Die Eisenbahnlinie zwischen dem Atlantischen Ozean und Léopoldville wird eröffnet. Beim Bau sind tausende von Menschen umgekommen, darunter auch Arbeiter aus Westafrika, Barbados und China.

1908 – Nach massiven internationalen Protesten gegen Massaker und andere Gräueltaten durch Verwalter von Leopolds Freistaat übernimmt der belgische Staat die Kolonie. Unter Leopolds Herrschaft sind Millionen Kongolesen durch Gewalt und Zwangsarbeit gestorben.

1909 – William Sheppard wird von einem belgischen Gericht in Léopoldville vom Vorwurf der Verleumdung freigesprochen. Der belgische Kautschukkonzern *Compagnie du Kasai* hatte den Missionar wegen dessen Berichten über schwerste Menschenrechtsverletzungen bei der Kautschukproduktion verklagt.

1916 – Kongolesische Truppen der *Force Publique* sind im Ersten Weltkrieg am Sieg über Deutschland in Ostafrika beteiligt und besetzen die ehemals deutschen Kolonien Ruanda und Burundi.

1921 – Im April tritt der Baptist und Arbeiter Simon Kimbangu erstmals als Massenprediger auf, propagiert ein schwarzes Selbstbewusstsein und gibt sich selbst als Propheten aus. Nach wenigen Monaten wird er von der belgischen Justiz wegen »Anstiftung zum Aufruhr« zu lebenslanger Haft verurteilt.

1951 – Simon Kimbangu stirbt nach 30 Jahren politischer Haft in einem Gefängnis in Élisabethville, dem späteren Lubumbashi.

1955 – Der belgische Professor Anton van Bilsen veröffentlicht einen »30-Jahre Plan«, in dessen Rahmen dem Kongo über die nächsten drei Jahrzehnte mehr Selbstverwaltung gewährt werden soll.

1959 – Nach gewalttätigen Unruhen in Léopoldville schlägt die Stimmung in Belgien um. Nun will man den Kongo möglichst schnell in die Unabhängigkeit entlassen.

1960 – Am 30. Juni proklamiert die Republik Kongo ihre Unabhängigkeit. Aus den Wahlen kurz zuvor ist eine Regierung mit Patrice Lumumba als Premierminister und Joseph Kasavubu als Präsident hervorgegangen.

1960 Juli – Truppen der *Force Publique* meutern; Moise Tshombe verkündet die Sezession der Provinz Katanga; Belgien entsendet Truppen, vorgeblich um eigene Staatsbürger zu schützen – und um eigene Interessen an den Rohstoffen zu sichern. Die UNO schickt Blauhelme.

1960 September – Der interne Machtkampf eskaliert. Präsident Kasavubu entlässt Premierminister Lumumba. Der erklärt seinerseits Kasavubu für abgesetzt.

1960 Dezember – Lumumba wird festgenommen.

1961 – Am 17. Januar wird Patrice Lumumba nach wochenlanger Inhaftierung und Folter in Katanga im Beisein belgischer Sicherheitskräfte ermordet.

1961 August – Blauhelme beginnen mit der Entwaffnung katangesischer Soldaten.

1963 – Tshombe beendet die Sezession Katangas.

1964 – Präsident Kasavubu ernennt Tshombe zum Premierminister. In Bandundu und im Osten des Landes starten Lumumba-Anhänger eine Rebellion, rufen in Kisangani für kurze Zeit eine Gegenregierung aus. Die Rebellion wird im November durch amerikanische und belgische Militärs sowie Söldner aus mehreren Ländern fast völlig niedergeschlagen.

1965 – Tshombe gewinnt im Mai freie und faire Wahlen. Mobutu übernimmt sechs Monate später durch einem Putsch endgültig die Macht.

1969 – Sicherheitskräfte verüben in Kinshasa ein Massaker an Studenten, die friedlich demonstriert hatten.

1971 – Mobutu beginnt seine Kampagne der »Authentizität« und tauft das Land von Kongo in Zaire um.

1973 – 1974 – Zahlreiche Firmen in ausländischem Besitz werden verstaatlicht und europäische Investoren aus dem Land gewiesen.

1974 – Mobutu interveniert auf Seiten des südafrikanischen Apartheidregimes und der USA im Bürgerkrieg in Angola. Dies und die Ausrichtung des Boxkampfes zwischen Muhammad Ali und George Foreman in Kinshasa trägt ihm im Westen zunehmend gute Presse ein.

1977 – Erneute Rebellion in Katanga. Französische, belgische und marokkanische Truppen unterstützen die kongolesische Armee bei der Niederschlagung.

1989 – Nachdem Zaire bei der Zinszahlung für belgische Kredite in Verzug gerät, werden zahlreiche Entwicklungsprogramme gestrichen. Die wirtschaftliche Lage verschlechtert sich rapide.

1990 – Mobutu lässt politische Parteien wieder zu und ernennt eine Übergangsregierung.

1991 – Nach Plünderungen durch unbezahlte Soldaten in Kinshasa stimmt Mobutu einer Koalitionsregierung mit Oppositionsparteien zu, behält aber die Kontrolle über den Sicherheitsapparat und Schlüsselministerien.

1994 – Im benachbarten Ruanda begehen Hutu-Milizen während eines Bürgerkriegs einen Völkermord an 800 000 Tutsi und moderaten Hutu. Als Tutsi-Rebellen den Genozid stoppen und die Macht im Land übernehmen, fliehen fast zwei Millionen Hutu, unter ihnen die Täter des Genozids. Die meisten landen in Flüchtlingslagern im Ostkongo.

1996 – Kongolesische Tutsi rebellieren, weil Hutu-Milizen aus den Flüchtlingslagern heraus immer wieder Angriffe gegen Tutsi auf kongolesischem wie auf ruandischem Boden starten. Es folgt die von Ruanda und Uganda durchgeführte, brutale Auflösung der Flüchtlingslager. Anti-Mobutu-Rebellen unter der Führung von Laurent Kabila und unterstützt von Uganda und Ruanda marschieren Richtung Kinshasa.

1997 – Im Mai nehmen Kabilas Truppen die Hauptstadt ein. Mobutu flieht, Kabila ernennt sich zum Präsidenten. Der erste Kongo-Krieg ist zu Ende.

1998 – Nachdem Kabila die Allianz mit Uganda und Ruanda aufkündigt, marschieren deren Armeen im August erneut in den Kongo ein. Angola, Namibia und Simbabwe entsenden Truppen zur Unterstützung Kabilas. Der zweite Kongo-Krieg, auch Afrikas Erster Weltkrieg genannt, beginnt.

1999 – Die UN beginnen ihre zweite Mission im Kongo.

2000 – Im September gründen ruandische Hutu im Exil und ruandische Hutu-Milizen im Ostkongo eine neue Organisation, die *Forces Démocratiques de la Libération du Rwanda* (FDLR). Die FDLR kontrolliert bis heute größere Gebiete in den Kivu-Provinzen und wird für schwerste Menschenrechtsverletzungen verantwortlich gemacht.

2001 – Am 16. Januar wird Präsident Laurent Kabila von einem Leibwächer erschossen. Joseph Kabila tritt die Nachfolge seines Vaters an.

2002 – Im Februar entschuldigt sich die belgische Regierung beim kongolesischen Volk für die Mitverantwortung Brüssels an der Ermordung von Patrice Lumumba.

2002 – September bis Dezember: Friedensabkommen der kongolesischen Regierung mit Ruanda und Uganda sowie den größten Rebellengruppen. Deren Führer erhalten Posten in der Übergangsregierung.

2003 – In Ituri, im Nordosten des Kongo, eskaliert ein regionaler Krieg zwischen ethnischen Milizen. Eine EU-Brigade mit mehrheitlich französischen Soldaten befriedet die größte Stadt Ituris, Bunia.

2006 – Der Internationale Strafgerichtshof in Den Haag erhebt seine erste Anklage gegen Thomas Lubanga, Befehlshaber einer Miliz in Ituri. Lubanga wird der Rekrutierung von Kindersoldaten beschuldigt.

2006 – Am 30. Juli finden die ersten freien und fairen Wahlen nach über vier Jahrzehnten statt. Joseph Kabila gewinnt das Rennen um die Präsidentschaft nach einer Stichwahl am 29. Oktober gegen seinen Kontrahenten Jean-Pierre Bemba.

2007 – Zwischen Regierungstruppen und bewaffneten Anhängern Bembas kommt es im März in Kinshasa zu blutigen Auseinandersetzungen. Im April geht Bemba nach Portugal ins Exil.

2008 – Im Januar schließen Regierung und mehrere Rebellengruppen, darunter die des Tutsi-Generals Laurent Nkunda, ein Friedensabkommen in Goma. Hoffnung auf eine endgültige Befriedung des Ostkongo kommt auf.

2008 – Im August liefern sich die Armee und Nkundas Truppen erneut heftige Kämpfe. Tausende Zivilisten sind auf der Flucht, in Goma bricht angesichts des drohenden Vormarsches Nkundas Panik aus. UN-Blauhelme greifen auf Seiten der kongolesischen Armee in die Kämpfe ein.

2009 – Im Januar wird Nkunda überraschend von seinem Verbündeten, dem ruandischen Präsidenten Paul Kagame, in Ruanda unter Hausarrest gestellt. Die einstigen Todfeinde Ruanda und Kongo vereinbaren eine gemeinsame Militärkampagne gegen die Hutu-Milizen der FDLR, die seit Mitte der 90er Jahre große Gebiete in den Kivu-Provinzen unter ihrer Kontrolle halten. Im Verlauf der Militäraktionen wird die FDLR geschwächt und reagiert mit gezielten Gräueltaten gegen die Zivilbevölkerung. Auch der kongolesischen Armee werden massive Menschenrechtsverletzungen vorgeworfen.

2009 – Der Internationale Strafgerichtshof erhebt Anklage gegen den ehemaligen Präsidentschaftskandidaten Jean-Pierre Bemba wegen Kriegsverbrechen, die seine Rebellengruppe zwischen 2002 and 2003 in der Zentralafrikanischen Republik verübt haben.

2009 – Der FDLR-Führer Ignace Murwanashyaka, der seit Jahren als anerkannter politischer Flüchtling in Deutschland lebt, wird in Mannheim festgenommen.

2010 – Am 2. Juni wird der prominente Menschenrechtsaktivist Floribert Chebeya in Kinshasa ermordet. Wenige Wochen später, am 30. Juni, feiert die Regierung mit einer großen Militärparade in Kinshasa den 50. Jahrestag der Unabhängigkeit.

2010 – Im Juli stimmen Weltbank und Internationaler Währungsfonds zu, dem Kongo Schulden in Höhe von acht Milliarden Dollar zu erlassen. Ein Großteil der kongolesischen Auslandsschuld stammt aus der Ära Mobutu.

2010 – August: In einem UN-Bericht werden schwerste Kriegsverbrechen und Menschenrechtsverletzungen aller Kampfparteien während der beiden Kongo-Kriege dokumentiert. Die systematischen Massaker ruandischer Truppen und der Rebellen ihres damaligen Verbündeten Laurent Kabila an Hutu-Flüchtlingen könnten, so die UN-Ermittler, vor einem ordentlichen Gericht den Tatbestand des Völkermords erfüllen.

Bildnachweis

S. 228: Bettmann/CORBIS
S. 133, 153: Tim Freccia
Alle anderen Fotos: Andrea Böhm